W0073804

Inhalt

Paola Calvetti
Rivalinnen

PIPER

Zu diesem Buch

Einige der außergewöhnlichsten Leistungen des letzten Jahrhunderts wurden von Frauen erbracht, die danach strebten, sich gegenseitig zu übertreffen. Sie waren Pionierinnen auf ihrem Gebiet, die nicht nur gegen gesellschaftliche Normen, sondern auch gegeneinander kämpften, um sich durchzusetzen. Auf diese Weise haben sie die Industrie, die Mode, die Unterhaltungsbranche und den Journalismus maßgeblich geprägt. Dieses Buch versammelt zehn außergewöhnliche Frauen mit starker Persönlichkeit, Tatkraft und visionärem Gespür – inspirierend und unterhaltsam.

Paola Calvetti ist Journalistin und arbeitete für die Mailänder Redaktion der *Repubblica*, sie schrieb für *Corriere della Sera* und *Io Donna*. Mit ihrem Debütroman *Eine geheime Liebe* war sie Finalistin beim Bancarella-Preis. Ihre Romane wurden in zahlreiche Sprachen übersetzt. Bei Piper erschien von ihr zuletzt die Biografie *Die Queen. Elisabeth II. – Porträt einer Königin*.

Paola Calvetti

RIVALINNEN

Zehn starke Frauen, die einander
bekämpften und beflügelten

Aus dem Italienischen von Christiane Burkhardt

Mit 16 Schwarz-Weiß-Abbildungen

PIPER

Mehr über unsere Autorinnen, Autoren und Bücher:
www.piper.de

Von Paola Calvetti liegen im Piper Verlag vor:
Die Queen
Rivalinnen

Inhalte fremder Webseiten, auf die in diesem Buch (etwa durch Links) hingewiesen wird, macht sich der Verlag nicht zu eigen. Eine Haftung dafür übernimmt der Verlag nicht.

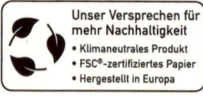

Deutsche Erstausgabe
ISBN 978-3-492-31823-5
November 2022
Die Originalausgabe erschien 2021 unter dem Titel »Le Rivali« bei Mondadori, Mailand
© Mondadori Libri S.p.A., Milano, 2021
Für die deutsche Ausgabe:
© Piper Verlag GmbH, München 2022
Umschlaggestaltung: Cornelia Niere
nach einem Entwurf von mara scanavino project
Umschlagabbildung: George Hurrell / Kontributor / Getty Images (Olivia de Havilland); Bridgeman Images (Joan Fontaine)
Satz: Satz für Satz, Wangen im Allgäu
Gesetzt aus der Adobe Caslon Pro
Litho: Lorenz & Zeller, Inning am Ammersee
Druck und Bindung: CPI books GmbH, Leck
Printed in the EU

Alessandra Ferri gewidmet,
ihrer außergewöhnlichen künstlerischen Begabung
und unserer unverbrüchlichen Freundschaft.
Die keine Rivalinnen kennt.

Sarah Bernhardt | Eleonora Duse

Eleonora Duse zieht die Handschuhe der anderen an, nur dass sie sie verkehrt angezogen hat. Und all das hat sie mit einer unendlichen Grazie und einer unbekümmerten Unbewusstheit getan. Sie ist also eine große Schauspielerin, sogar eine sehr große Schauspielerin, aber sie ist keine Künstlerin.

SARAH BERNHARDT

Sarah, ich kann das Urteil, das Sie über meine Kunst gefällt haben, nicht ignorieren – ich kann es weder ignorieren noch akzeptieren, noch vergessen.

ELEONORA DUSE

Gegenseitige Verehrung

Paris, 1. Juni 1897

Im Saal des Théâtre de la Renaissance hält man den Atem an. Es ist ein erhabener Moment. Mit der Anmut eilfertiger Dienerinnen huschen die Lichter Richtung Dunkelheit. Eine einzige Loge beleuchtet: Der Auftritt der *divine scandaleuse,* der als göttlich gefeierten und skandalös verrufenen Berühmtheit des französischen Theaters, ist nicht zu übersehen. Ein Auftritt, der demjenigen, der in wenigen Minuten auf der Bühne erwartet wird, in nichts nachstehen darf.

Sarah Bernhardt – ihr legendäres rotes Haar ist mit Rosen bekränzt, sie trägt ein Kleid aus Seidendamast und eine Kette mit einer auffälligen schwarzen Perle – kommt leichtfüßig einhergeschritten. Ihre hypnotisierenden grünen Augen strahlen die Zuschauer an. Das Licht hebt deutlich scharlachrote, zu einem maliziösen Lächeln verzogene Lippen hervor. Mit einem Nicken bedeutet sie ihrem Sohn Maurice und dessen Frau, Prinzessin Maria Teresa Wirginia Klotylda Jablonowska, neben ihr Platz zu nehmen. In der Nebenloge erkennt das Publikum die Schauspielerinnen Réjane und Julia Bartet, Prinz und Prinzessin Murat und in der Loge darüber Prinzessin Mathilde Bonaparte, eine leidenschaftliche Kunstmäzenin. Im Parkett, neben den stocksteifen französischen Kritikern und den aus Wien, London und Berlin angereisten Journalisten, sitzt ein Haufen bis gerade eben noch lebhaft schwatzender Italiener. Nicht anwesend ist der italienische Dichter Gabriele D'Annunzio, und das ist kein Zufall.

Das jetzt in Schweigen gehüllte Publikum wagt es nicht, die

Erhabenheit dieses Moments auch nur durch einen schüchternen Applaus zu stören. Alle wissen, dass dieses Theater Sarahs *Zuhause* ist, dass sie es ersteigert hat und seit dem 25. Mai 1893 regiert wie die Zarin eines kleinen Imperiums. Alle haben gelesen, dass sie ein Vermögen für den Umbau ausgegeben und die Zuschauergewohnheiten auf den Kopf gestellt hat, denn gekaufter Applaus beziehungsweise ebensolche Buhrufe und turmhohe Frisuren, die den Blick verstellen könnten, sind nun verboten. Selbst wenn es für die Pariser, die sich nur bedingt für das Stück und dafür umso mehr für Skandale interessieren, in erster Linie ein gesellschaftliches Ereignis ist, bei dem Kunst mit Klatsch und Tratsch Hand in Hand geht, ist niemandem entgangen, dass diese Uraufführung anders ist als alle davor. Die neunhundert Plätze waren innerhalb weniger Stunden ausverkauft.

Schon in den letzten Tagen ließ die von krankhafter Neugier getriebene Pressemeute nichts unversucht, um an Sarahs Gast heranzukommen, über den die Zeitungen schon seit Wochen berichteten. Um diese Dame aus nächster Nähe sehen zu können, gaben sich Reporter als Kutscher aus und fuhren sie zum Hotel, servierten ihr in Kellnerschürze das Frühstück oder ließen sich als Bühnenarbeiter am Théâtre de la Renaissance anstellen.

Der berühmten italienischen Schauspielerin haben die höheren Weihen von Paris bisher noch gefehlt.

Und da ist sie auch schon, dank der erstaunlichen Großzügigkeit Sarah Bernhardts, die, nachdem sie vom Impresario Joseph Schürmann erfahren hatte, dass »die Kollegin« nach einem Theater für ihr Frankreich-Debüt sucht, keine Sekunde zögerte, ihr ein Gastspiel anzubieten: um sie zu vernichten? Oder um ihr ihre Überlegenheit zu beweisen?[1] Es ist bestimmt ein Versehen, dass man ihr eine ebenso unpraktische wie schmucklose Garderobe zugewiesen hat, die sie zwingt, die Bühne über eine Feuertreppe zu betreten. Die Garderobe Sarahs steht nicht zur Verfügung, vollgestopft, wie sie ist, mit ihren Kostümen, die selbstverständlich nicht weggeräumt werden können.

Doch Eleonora Duse ist derjenigen dankbar, die sich als »größte Schauspielerin aller Zeiten« feiern lässt, und bereit, sich dem anstrengenden vierwöchigen Probemarathon zu stellen, sich jeden Abend in einem anderen Stück mit ihr zu messen: *Heimat* von Hermann Sudermann, *Mirandolina* von Carlo Goldoni, *Claudes Gattin* von Alexandre Dumas dem Jüngeren, *Cavalleria rusticana* von Giovanni Verga und dann noch der Einakter, den Gabriele D'Annunzio widerwillig für sie geschrieben hat: *Traum eines Frühlingsmorgens*. Denjenigen, die ihr rieten, auf Französisch zu spielen, sagte sie mit patriotischem Stolz, dass »im Théâtre de la Renaissance bis zum 30. Juni Italienisch gesprochen wird«.

Unter Vermittlung von Graf Giuseppe Primoli und dem Dandy Graf Robert de Montesquiou, Marcel Prousts Mentor und Freund von allen, die in Paris Rang und Namen haben, umarmten sich die beiden Primadonnen vor wenigen Stunden in Sarahs Atelier wie zwei alte Freundinnen. Wer das Glück hatte, bei dieser Schmierenkomödie dabei zu sein, berichtete, das Treffen sei wie ein schwindelerregender elektrischer Kurzschluss gewesen, »ein Aufeinanderprallen«, wobei sich die beiden Bühnendamen »so fest umarmt haben, dass es so aussah, als würden sie miteinander ringen«.[2]

Ah, das Theater, eine einzige Kunst der Verstellung!

In ihrer Loge lässt sich Sarah nun von ganz Paris für ihre uneigennützige, großzügige Geste bewundern. Sie wird während der gesamten Vorstellung fast völlig regungslos verharren, nur an normalerweise wenig beachteten Stellen applaudieren. Und diese von den meisten ignorierten Momente werden ausschließlich ihr gehören. Auch wird sie sich Zeit nehmen, um ihre Gäste und diejenigen, die sie in den Pausen zwischen den Akten besuchen, zu unterhalten.

Im Grunde tut sie einfach nur einen Gefallen.

Es war der 14. April, als die hochelegant in einen Mantel von Paul Poiret gekleidete Eleonora Edmond Rostands *Weib von Samaria* in der Ehrenloge sah, die zu diesem Anlass mit weißen Orchideen geschmückt war. Als der Vorhang aufging, warf ihr die Französin einen Luftkuss zu, den die Italienerin leise seufzend erwiderte.

Wie ein Engel in Gestalt einer ernsten Puppe blieb sie während der gesamten Aufführung in ehrfürchtigem Respekt stehen.

Heute Abend ist die ätherische Duse an der Reihe, sich dem Urteil der Bernhardt zu stellen, und zwar im Meisterwerk von Dumas dem Jüngeren, der *Kameliendame* – nicht zufällig die Titelrolle, mit der sich Sarah in die Herzen der Welt spielte. Sei es nun dreiste Frechheit oder schlichte Provokation – nach Jahren des indirekten Wettbewerbs bekommt das Publikum die Animositäten zwischen den beiden Primadonnen jetzt wie auf dem Silbertablett serviert.

Denn da gab es schon den Winter 1893 in Neapel, als die Duse im Teatro Sannazaro auftrat und die Bernhardt im Bellini: Der Adel in den Logen und vorderen Parkettreihen begeistert sich ganz snobistisch für die Französin, während die Kritiker, auch wenn sie sich von der exotischen Anziehungskraft der Ausländerin durchaus verführen lassen, von der Landsmännin aus der Lombardei erobert werden. Von einer Garderobe zur anderen werden Blumensträuße geschickt: gespielte Höflichkeit. Besuche? Kein einziger. Auch wenn anonyme Zeugen berichten werden, Eleonora habe einen ihr treu ergebenen Freund gebeten, ihr einen Platz in Galerienähe zu besorgen, und sei heimlich vollständig vermummt ins Bellini gegangen.[3]

In London wird das Duell im Frühling 1895 keinen Kilometer voneinander entfernt ausgetragen: Sarah tritt im Daly's Theatre am Leicester Square auf, Eleonora im Drury Lane Theatre, sie spielen im selben Stück: *Heimat* von Sudermann.

»Die Rivalität zwischen den beiden ist mit Händen zu greifen«[4] – zur großen Freude der Kritiker und Journalisten, die zwischen den Theatern pendeln und ebenso hin- und hergerissen sind zwischen den manierierten Posen der Bernhardt und der sanften Natürlichkeit der Duse. Darunter auch George Bernard Shaw, damals Theaterkritiker bei der *Saturday Review*. »Ganz aufgeregt, weil er die Duse als Gerte benutzen kann, um die Bernhardt auszupeitschen«,[5] wohnt er mehreren Aufführungen bei und analysiert die jeweiligen Interpretationen, ohne sich vollständig entscheiden zu können – so hält er fest, dass »Sarah Bernhardt den Zauber einer noch frischen, aber etwas verwöhnten, mutwilligen Reife besitzt, dafür aber stets ein die Wolken durchbrechendes Sonnenscheinlächeln zur Hand hat, sobald man nur genug Wesens aus ihr macht (...) Sie dringt nicht in den Charakter ein, den sie darstellt, sie setzt sich an seine Stelle«, während der Duse »fünf Minuten auf der Bühne genügen, und sie ist der schönsten Frau der Welt um ein Vierteljahrhundert voraus. Im Vergleich zu ihr kann nur das Wort ›Vernichtung‹ der Niederlage der französischen Tragödin gerecht werden«.[6]

Bereits im Vorjahr erhielt ausschließlich die Italienerin das Privileg, in Schloss Windsor vor Queen Victoria aufzutreten – die dem »Bastard« einer Prostituierten eine solche Ehre niemals gewähren würde –, wie die bigotte Königin am Abend des 18. Mai 1894 ihrem Tagebuch anvertraut: »Um Viertel vor zehn haben wir uns alle in den Weißen Salon begeben, in dem eine kleine Bühne aufgebaut wurde, und die berühmte Italienerin, Signora Duse, hat uns etwas aus einem Stück namens *Mirandolina* vorgespielt.

Sie ist anmutig und hat eine sehr attraktive Stimme und Ausdrucksweise. Außerdem spielt sie wunderbar.«

Die Bernhardt sieht das anders. Nachdem sie das Drury Lane heimlich über einen Privateingang betreten hat, fällt sie ihr Urteil, verpackt in ein Wortspiel: »*Elle n'est pas une actrice, elle est une femme divigne*«. – »Sie ist keine Schauspielerin, sie ist ein ganz gewöhnliches Weib.« Keine »Göttliche« *(divine)* wie sie selbst also, sondern eine »Gastwirtin« *(divigne).*

Im Jahr darauf setzt sich die Rivalität jenseits des Ozeans fort, als beide wieder mit denselben Stücken, *Die Kameliendame* und *Heimat,* durch die Vereinigten Staaten touren und das Interesse der Klatschpresse auf sich ziehen: Am 17. Februar 1896 tritt die Duse im Lafayette Square Opera House in Washington auf und wird von Präsident Grover Cleveland zum Tee ins Weiße Haus eingeladen. Eine Ehre, die der Bernhardt nicht zuteilwird, die im selben Zeitraum auf den New Yorker Bühnen triumphiert, während sie sich über die demonstrative Straßenbahnwerbung ärgert, die die unmittelbar bevorstehende Ankunft von »Eleonora Duse – The Passing Star« verkündet. Die Journalisten, die ihre Extravaganzen lieben, halten zu Sarah, mit Ausnahme des Kritikers des *New York Dramatic Mirror,* der betont, dass die Ausstrahlung der Duse die der Bernhardt übersteige, weil sie wahrhaftig sei, die Bernhardt dagegen theatralisch.[7]

Und das Ergebnis? Unentschieden.

Auch weil noch Russland, Österreich und Deutschland beteiligt waren, die beide bejubelten. Wie an dem Abend zu Ehren von Dumas dem Jüngeren mit der Bernhardt in *Die Kameliendame* und der Duse im zweiten Akt von *Claudes Gattin,* als sich die beiden Schauspielerinnen zum ersten und einzigen Mal Hand in Hand vor dem Publikum verbeugen.

Aber an diesem Abend in Paris, bei einem Treffen, das eher aus mondänen als aus kulturellen Gründen in Erinnerung bleiben wird, droht die Überlegenheit der Bernhardt von ihrer Rivalin untergraben zu werden, die, auch wenn sie es nicht ausspricht, danach strebt, ihr den Beinamen »Die Göttliche« zu entreißen. Und sich vielleicht dafür zu rächen, dass ausgerechnet die Französin, die sie selbst einst rückhaltlos bewunderte, ihr erst vor wenigen Monaten *Die tote Stadt* weggeschnappt hat, ein Stück, das ursprünglich von »ihrem« D'Annunzio extra für sie geschrieben wurde.

Was sie an diesem Abend miteinander verbindet, ist ein Name: Marguérite Gauthier – die Kameliendame.

Und was sie von allen anderen unterscheidet, ist das rätselhafte Phänomen Talent.

Nervös, aufgeregt und voller Angst steht die Duse hinter den Kulissen, »blasser als sonst, wie ihre Feinde beim Aufgehen des Vorhangs nicht unerwähnt lassen, ungewöhnlich elegant«.[8] Trotz der Anmut, mit der sie Einzug hält, bekommt die Bernhardt Gänsehaut – oder ist sie verärgert? Vor Sarahs smaragdgrünen Augen entbrennt und verzehrt sich da eine Frau nach Armando … in Unterwäsche! Wo ist der Faltenwurf prächtiger Kostüme, wo die glühende, verwegene Leidenschaft »ihrer« Marguérite?

Hat *diese Italienerin* etwa vergessen, dass die Figur eine Prostituierte ist?

Von der Perlenkette des Couturiers Jean-Philippe Worth einmal abgesehen keinerlei Schmuck, kein Ring an den feingliedrigen Fingern, die die Duse in die Luft streckt, als wollte sie nach den Wolken greifen. Keine Spur von Schminke in ihrem Gesicht, und im Bühnenlicht kann man die ersten vorzeitig ergrauten Strähnen in ihrem schönen dunklen Haar erkennen.

Sarah ist dreiundfünfzig.

Eleonora ist vierzehn Jahre jünger.

Dem Publikum, das die Bernhardt gewöhnt ist, kommt die Duse vor wie eine harmlose weiße Kamelie. Sie erobert es ganz ohne Schreie, Tränen oder Schluchzer; es wirkt fast so, als spielte sie gar nicht, und dennoch erzählt sie mit den Händen viel mehr als nur das, was Dumas' Verse heraufbeschwören, um das Schicksal einer Frau begreiflich zu machen, die geliebt, erniedrigt und am Ende besiegt werden wird. Sie streckt sich auf einem Sofa aus und reckt die Arme. Als ihr Armandos Vater angekündigt wird, damit die Zuschauer das Drama erahnen, das sich in Kürze abspielen wird, braucht sie nur zwei Schritte, um zurückzuweichen, und als sie den Brief schreibt, in dem sie ihrer Liebe entsagt, ist sie vollkommen beherrscht, wie distanziert, ja fast schon geistesabwesend.

Doch es ist der letzte Akt, in dem Eleonora ihrer Rivalin das Messer ins Herz rammt.

Die Bernhardt hat das Publikum an wildes Zucken und Stöhnen gewöhnt; die Duse liegt ausgestreckt da, den Kopf in den Kissen wie eine verwelkte Kamelie. Den Nacken des Geliebten umschlungen wartet sie auf den Tod. Stumm lässt sie erst den rechten und dann den linken Arm von seiner Schulter rutschen. Als auch der inzwischen kraftlose Kopf zur Seite fällt, ist sie *tatsächlich* ein lebloses Geschöpf.

Der Vorhang fällt. Der gesamte Saal ist in Tränen aufgelöst.

Auf der Bühne regnet es Blumen.

Nach einem zwanzigminütigen Applaus, befeuert durch die übertriebene Begeisterung der Italiener, steht die Duse allein in der Bühnenmitte, den Oberkörper leicht vorgebeugt. Sie sammelt sich, findet wieder zu sich selbst. Sie streicht eine ihr in die Stirn fallende Strähne zurück. Sie lächelt nicht, in ihren Augen ist keine Freude zu erkennen, sondern die Bescheidenheit derjenigen, die sich ihrer Rolle ganz untergeordnet hat und das Schicksal ihrer Figur annimmt.

Die Kritiker können gar nicht anders, als eine mit der anderen zu vergleichen.

Allerdings eher zugunsten von Sarah.

Während Jules Lemaître schreibt, die beiden Bühnengenies hätten keinerlei Gemeinsamkeiten, »die Unsrige« verfüge eher über das, was »wir« Stil nennen würden, während die Italienerin als sanfter und geheimnisvoller in Erinnerung bleibe[9], bemerkt der mächtige Altmeister der Theaterkritik Francisque Sarcey, »dass uns die Duse – sei es, weil sie die Figur so angelegt hat, sei es, weil sie sie gar nicht anders spielen kann – ein braves, alles andere als temperamentvolles Seelchen zeigt …«.[10] Der Schauspieler und Regisseur André Antoine hingegen ist begeistert: »Die Duse bleibt ganz sie selbst, ein Geschöpf von einer ganz wunderbaren Empfindsamkeit und Zartheit, zu keinem Zeitpunkt auf der Bühne sieht man die Kurtisane in ihr. Während Sarah sie mit Haut und Haaren ist.«

So oder so ähnlich äußern sich viele weitere Kritiker.

Sie alle werden gegen Ende der Tournee noch Abbitte leisten, einschließlich Sarcey, der, nachdem er *Claudes Gattin* und andere Stücke gesehen hat, seinen Artikel in *Le Temps* mit den eindeutigen Worten beschließt: »Die Duse geht siegreich aus der Auseinandersetzung hervor; sie hat uns etwas gezeigt, von dem wir alle lernen sollten … uns mit der schieren Kraft der Wahrhaftigkeit in den Bann geschlagen.«

Und als die Truppe der Comédie-Française, seit Jahren Sarahs Zuhause, eine Art Abschiedspicknick im Bois du Boulogne für Eleonora gibt und Schauspieler wie Schauspielerinnen ein Loblied auf sie singen, erspart eine aufgebrachte Bernhardt der Duse keine noch so beleidigenden Vorwürfe: »Die wollen mich zu Grabe tragen«, beschwert sie sich in einem Brief an Montesquiou, »all das ist niederträchtig, einschließlich der Duse, die ein falsches Spiel spielt … Die italienische Künstlerin ist ein scheinheiliges, verwerfliches Geschöpf. Sie hat mir nicht mal geschrieben, um sich zu bedanken oder sich zu verabschieden.«[11]

Gut möglich, dass sie im gedämpften Licht ihrer Loge erstmals die Gefahr einer tatsächlichen Widersacherin gewittert hat. Bei Sarah bleibt das Gefühl zurück, veraltet zu sein. Sie hat das moderne Theater »gesehen« und weiß, dass das nichts für sie ist. Sie ahnt nicht, dass ausgerechnet sie es war, die Eleonoras schlummerndes Talent einst geweckt hat. Die ließ, bevor sie sich in die enge Garderobe zurückzog und zur Loge der großen Tragödin hinüberschaute, einen Abend vor fünfzehn Jahren Revue passieren. Nachdem sie gehört hatte, die berühmte Sarah Bernhardt werde in die Hauptstadt des Piemonts kommen, wohnte sie einer ihrer Aufführungen bei.

An jenem Abend, im Dunkel des Saals, wurde der Grundstein zu ihrer Rivalität gelegt.

Die Offenbarung

Am 25. Februar 1882 spielt Sarah Bernhardt in Turin *Die Kameliendame.* Vor ihrem Eintreffen gab es einen Riesenhype – »alles redet nur noch von ihr … in der Stadt und im Theater«.[12] Begleitet wird sie von einer Entourage aus getreuen Anhängern, von einem angeleinten Löwenwelpen und von ihrem unbedeutenden Ehemann Aristides Damala. Im Teatro Carignano summen die Logen wie Bienenstöcke, überall Schemen, die sich wie Geister zwischen verblichenem Samt und lackiertem Dekor verbergen.

In einem Sessel im Parkett kauert Eleonora, die der Aufführung fiebernd und geschwächt beiwohnt.

Als die Bernhardt die Bühne betritt, wirft sie dem Publikum Küsse zu. Sie verneigt sich tief, um den Zuschauern anschließend den Rücken zuzukehren und langsam, katzengleich, in die Mitte der Bühne zu schreiten. Getröstet von der Dunkelheit im Saal lässt sich Eleonora von ihrer Magie verzaubern, die das Theater für sie in ein Reich der Träume verwandelt. Doch nur wenige Verse, und solche Klischees lösen sich in Luft auf: Schon bei den ersten Sätzen erfasst die »goldene Stimme« Logen und Parkett wie Lava. Sarah *ist* Marguérite, auf eine einzigartige Weise, sie ist schön und deklamiert virtuos, mit jeder Faser ihres Körpers. Während sie Armando schreibt, kaut sie am Federkiel, zerreißt ein Blatt nach dem anderen, lässt ihre Stimme erzittern: Jede Geste ist meisterlich einstudiert. Als der Vorhang aufgeht, nimmt eine mondäne Geschichte ihren Lauf, die zu einer langen Agonie wird und mit der kalten Einsamkeit des Todes endet. Während sie als Marguérite in den Armen des Geliebten dahingerafft wird, steht die Bernhardt bis zum letzten Moment und sinkt ihm dann mit einer schwindelerregenden Drehung an die Brust: ihre »Spezialität«. Als sie die Bühne nach den Ovationen eines elektrisierten Publikums verlässt, hat Eleonora das Gefühl, dass sogar ihr Abgang mit skandalöser Meisterschaft *einstudiert* ist. Manche finden ihr Spiel »hysterisch«, aber »keine schluchzt, verzweifelt und stirbt so schön wie die Bernhardt«.[13]

Auch wenn Marguérite eine Vulgarität besitzt, die so ganz anders ist als die Unschuld, an die Eleonora glaubt, hat sie es dieser Begegnung aus der Ferne zu verdanken – »ich bin jeden Abend hin, um sie zu erleben und zu weinen!« –, dass sie spürt: Jetzt ist der Moment gekommen, ein neues Kapitel aufzuschlagen. »Als Reaktion darauf fühlte auch ich mich wie befreit, glaubte, das

Recht zu haben, alles zu tun, was ich will, statt das, was mir auferlegt wird.«[14] Die Französin wird zu einer Quelle der Inspiration und Genugtuung, zu einem Vorbild in Sachen Unabhängigkeit und Autonomie. Mit siebenunddreißig und genug Geld, um auf eigenen Beinen zu stehen, ist Sarah ein »*one woman dramatic enterprise*«; in einer Welt – dem Theater –, in der Frauen noch nicht das Recht haben, sich frei zu bewegen, hat die Bernhardt die kreative und finanzielle Kontrolle über ihre Produktionen: Sie mietet die Theater an, sie engagiert die Schauspieler, sie wählt die Stücke aus, die sie auf den Spielplan setzt, sowie die Rollen, die sie interpretiert. Sie gibt das Bühnenbild und die Kostüme in Auftrag, sie kann damit rechnen, dass die Autoren ihr die Stücke auf den Leib schreiben.

»All das hat eine Frau geschafft!«, ruft Eleonora. In Turin hat man ihr einen lukrativen Vertrag angeboten, aber die Stücke sind mittelmäßig und die Einnahmen gering. Als Primadonna muss sie jeden Abend in eine andere Rolle schlüpfen, sei sie nun komisch oder tragisch, genial oder sentimental, heldenhaft oder albern – oft ohne wirklich davon überzeugt zu sein. Routine.

Sie steht am Rande eines Nervenzusammenbruchs, aber das, was da nach diesen Auftritten in ihr vorgeht, ist eine »Offenbarung«: Sie möchte ihr Repertoire ändern und sich und ihre Kunst überall auf der Welt zeigen. Sie strebt nicht danach, genauso zu spielen wie die Bernhardt, sondern danach, genauso unabhängig zu sein wie sie, um das Theater, das sie von klein auf kennt, für immer hinter sich lassen zu können.

Eine gestohlene Kindheit

Geborene Vagabundinnen oder Frauen, die vor etwas fliehen, mit dem sie gezeichnet sind? Was die beiden zukünftigen Primadonnen miteinander verbindet, ist der fieberhafte Drang, niemals innezuhalten, und zwar schon seit sie das Licht der Welt erblickten: Henriette Rosine Bernard am 22. Oktober 1844 in einer schönen Wohnung in der Rue de l'École-de-Médecine in Paris (oder am 23. in der Rue de La Michodière? Vielleicht auch einen Monat früher, so genau weiß man das nicht, weil die Heiratsregister und ihre Geburtsurkunde 1871 bei einem von den Kommunarden im Hôtel de Ville von Paris gelegten Brand restlos zerstört wurden); am frühen Morgen des 3. Oktober 1858 in einem bescheidenen Zimmer im Hotel »Al Cannon d'Oro« von Vigevano Eleonora Giulia Amalia Duse.

Tochter der sechzehnjährigen Judith von Hart, genannt Youle, und eines unbekannten Vaters die Französin. Erstgeborene des Vincenzo Duse, Künstlername Alessandro, und der auf einer Tournee im Zug von den Wehen überraschten Angelica Cappelletto die Italienerin. Zwei Geburten, die in Memoiren und Autobiografien durch Unmengen von falschen Erinnerungen, Verschleierungsversuchen und Auslassungen süßlich verbrämt werden, um die Spuren zu verwischen ... auch wenn es natürlich schön und schrecklich romantisch ist, die Einzigartigkeit ihrer Kunst auf ihren ersten Auftritt auf der Bühne des Lebens zurückzuführen.

Eleonora ist die Tochter fahrender Komödianten, die sehr prekär leben: seltene Mahlzeiten, häufiges Frieren. Und »wie die Mannschaften der Chioggioter Segler durch die Meere, zieht nun die Truppe durch Venetien, die Lombardei, Piemont, die Romagna, geht bis nach Istrien und Dalmatien – die Häfen sind das Theaterspielen«.[15] Eleonora ist vier Jahre alt, als ihr Name das erste Mal auf einem Plakat der väterlichen Theaterkompanie für das Teatro di Chioggia auftaucht, und dort, auf diesen Brettern, die die Welt bedeuten, gibt sie die Cosette in einer Bearbeitung von Victor Hugos *Die Elenden,* bei der ihr Onkel Enrico, der große Bruder des Vaters und ebenfalls Schauspieler, gemeinsam mit Giuseppe Lagunaz Regie führt.

Während Eleonora sich mit der Armut, in der die Familie lebt, abfindet, begehrt die kleine Sarah, in deren Adern das jüdisch-holländische Blut der Mutter fließt, schon bald gegen die Regeln auf. Der Vater? Wie gesagt unbekannt. Die Biografen schwanken zwischen einem gewissen Morel – Student aus dem Le Havrer Großbürgertum, einer der zahlreichen Liebhaber der Mutter – und dem Adligen Edouard de Thérard, der unter dem falschen Namen Bernhardt in den »mondänen Salons« (sprich Bordellen) ein und aus geht. Wer auch immer es ist: Dieses Phantom von einem Vater, den sie in ihrer Autobiografie *Mein Doppelleben* idealisiert, hat nicht die geringste Absicht, die Tochter anzuerkennen, und beschränkt sich darauf, seiner jungen Geliebten Alimente zu zahlen.

Youle möchte sie allerdings nicht um sich haben; das Neugeborene behindert ihre Karriere als Kurtisane. Sarah ist nur wenige Wochen alt, als ihre Mutter sie in die Obhut einer Amme gibt[16] und sie aufs Land schickt, in die raue Gegend um Quimperlé, wo ihre erste Sprache nicht Französisch, sondern Bretonisch sein wird. Mit drei Jahren der erste Sturz (ins Feuer, als sie sich von ihrer Amme losreißt – ein wichtiger Hinweis auf ihre Zukunft), monatelange häusliche Pflege mit Butter- und Milchbädern, dann in Paris, wo die inzwischen verwitwete Amme den Hausmeister eines feuchten Herrenhauses in der Rue de Provence heiratet. Dort erkrankt Sarah im Nu an Tuberkulose.

Das Leben ist von Anfang an ein Drama für dieses unruhige Kind, das die anderen gerne verblüfft, indem es vor aller Augen seinen zweiten spektakulären Sturz aufführt: In einer kindlich-heroischen Geste und in der Hoffnung, mit Mutter und Schwester wiedervereint zu werden, stürzt es sich bei dem Versuch, einer Tante zu folgen, die zu Besuch war, aus dem Fenster. Die Provokation funktioniert, und mit einem gebrochenen Arm und einer gebrochenen Kniescheibe wird Sarah in einem chaotischen Frauenhaushalt aufwachsen.

Die Tage verbringt die kleine Eleonora in verwirrendem Schweigen, die Nächte allein und in traurige Gedanken versunken in heruntergekommenen Pensionen. Dem stillen, heimatlosen Mädchen kappt das Wanderleben von einer Bühne zur nächsten – seien es nun Freiluft- oder winzige Provinztheater – sämtliche Wurzeln und verstärkt seine Ausgrenzung. Nicht einmal die Schule, die sie nur jeden zweiten Tag in immer wieder neuen Städten besucht, kann dem etwas entgegensetzen. Sie ist so »anders«, so einsam und noch dazu … das Kind von Komödianten, sodass die Mitschüler sie auf Distanz halten. Eleonora wächst ohne richtige Erziehung auf, ist im Grunde Autodidaktin, sie spielt aus Pflichtgefühl ebenfalls Theater, auch wenn sie vom Vater und der immer kränkeren Mutter sehr geliebt wird. Von ihr hat sie die anfällige Lunge geerbt, die ihr zeitlebens Probleme machen wird.

Mit sieben kann Sarah weder lesen noch schreiben. Als am 22. März 1851 ihre Schwester Jeanne geboren wird, ist das Mädchen mit den grünen Augen, dem roten Band im Haar und dem ebenso stolzen wie ängstlichen Blick erneut eine Last. Auf Rat eines Liebhabers schickt Youle sie nach Auteuil, wo sie im Pensionat von Mademoiselle Frassard lesen, schreiben und sticken lernen kann. Mit dem Theater kommt sie dank der Schauspielerin Stella Colas in Berührung, die bei einem Besuch vor den Schülerinnen und Lehrerinnen aus *Athalie* spielt. Diese Verse von Racine beeindrucken Sarah sehr, und einige Monate später debütiert sie vor den Mitschülerinnen in dem Stück *Clothilde*, das die erste »Sterbeszene« enthält, die von der Kleinen nach einem heftigen Todeskampf gespielt wird. Doch die künstlerischen Neigungen werden rasch erstickt: Sarah kommt auf die Klosterschule Grand-Champs in Versailles – auf Veranlassung ihres Vaters, wie sie erzählt. Die Einsamkeitsgefühle eines Mädchens, das nie ein Zuhause gekannt hat, ja sich nirgendwo zu Hause fühlen durfte, sind deutlich spürbar: »Meine Mutter liebte das Reisen: Sie fuhr von Spanien nach England, von London nach Paris, von Paris nach Berlin, von dort nach *Christiania* (Oslo), dann kehrte sie zurück, küsste mich und reiste weiter.«[17]

Da meldet sich erneut das Theater in ihrem Leben, ja mehr noch: Als der Erzbischof von Paris das Pensionat besucht, verkörpert Sarah den Erzengel Raphael, und ihr Glaube entflammt wie eine heftige Verliebtheit. Sarah begeistert sich für Heiligenlegenden, Hymnen und Gebete. Ihre religiöse Leidenschaft wird zu ihrem Ein und Alles. Sie lässt sich taufen, wird Katholikin (im Rahmen der sogenannten Dreyfus-Affäre macht sie allerdings ab Mitte der 1890er-Jahre ihre jüdische Herkunft geltend, als sie sich für den jüdischen französischen Heeresoffizier Alfred Dreyfus einsetzt, der in einem antisemitisch geprägten Umfeld von einem Kriegsgericht zu Unrecht wegen Landesverrats verurteilt wurde). Sie ist fest entschlossen, Nonne zu werden – auch um gegen die Geburt ihrer Schwester Régine zu rebellieren. Aber die kleine, überempfindliche Egozentrikerin bekommt eine Lungenentzündung, und nach Wochen, in denen sie zwischen Leben und Tod schwebte, schickt man sie im Juni 1859 wieder zur Mutter nach Paris in die Rue Saint-Honoré 265.

Ein nur scheinbarer, brüchiger Waffenstillstand.

Das rebellische Geschöpf ist vierzehn Jahre alt, voller Wut und Lebenshunger.

Der Herbst des Jahres 1873 kommt früh, das Wetter ist trüb.

Eleonora, die Primadonna aus Notwendigkeit, ist vierzehn, als sie die Mutter ersetzt und Frauen spielt, die so viel reifer sind als sie, und Verse aufsagt, ohne sie überhaupt richtig zu verstehen. Angelica Cappelletto bleibt der Bühne immer öfter fern, als Tuberkulosekranke muss sie stets aufs Neue ins Krankenhaus. Am 15. September wird sie in Ancona eingewiesen, während Eleonora in Verona auftritt. Der zweite Akt ist gerade vorbei, als man ihr mit der nötigen Behutsamkeit, die so eine Nachricht erfordert, ein Telegramm in die Hand drückt. Zwei Worte werden ihr Leben für immer verändern.

MAMA GESTORBEN.

Am Morgen des endgültigen Abschieds zittert Eleonora vor Erschütterung. Völlig neben sich, die Beine taub vor Müdigkeit schlingt sie die Arme um den Oberkörper. Sie trägt ein zerlumptes Kleid, das einzige, das sie besitzt, was die Umstehenden zu gehässigen Kommentaren veranlasst: »Wie herzlos dieses Mädchen ist: Es trägt nicht mal Trauer – auf der Beerdigung der eigenen Mutter!«[18] Eleonoras Wangen sind tränenüberströmt, aber niemand merkt, dass sich das junge Mädchen in seinem heftigen Schmerz an sein Leid klammert, ja dass in dieser herzzerreißenden Gedankenhölle das Mitgefühl für alle Leidenden angelegt wird.

Daraus wird sich alles Weitere entwickeln.

Sie kann sich an niemandem festhalten, nur an sich selbst.

Es ist erst wenige Monate her, dass sie in der Bühne, auf die sie sich eher aus Pflichtgefühl gestellt sah, einen Lebensmittelpunkt gefunden hat.

In Verona hat Eleonora den Tod kennengelernt.

In Verona breitet sich das Theater in ihr aus wie der Trunk, der Julia Capulet retten soll: »Dann an einem Sonntag in der ungeheuren Arena, dem alten Amphitheater unter freiem Himmel, vor einer Menge Volkes, das schon mit der Atemluft die Legende von Liebe und Tod eingesogen hatte, war ich die Julia. Kein erregtes Beben, kein rauschender Erfolg, kein Triumph ist für mich je wieder der Trunkenheit jener großen Stunde gleichgekommen.«[19]

Julia ist laut Shakespeare ein junges Mädchen. Und genauso liebt und stirbt auch Eleonora Abend für Abend auf der Bühne neben ihrem Romeo, dem Schauspieler Carlo Rosaspina. Mit dunkel umrandeten Augen und einem gequälten Blick, der direkt in einen Abgrund zu schauen scheint, erlebt Eleonora ihre erste, visionäre Einfühlung in die Rolle. Und als sie nach der Vorstellung spätabends durch die Gassen der Stadt läuft, entdeckt sie »den Trost, die Zuflucht«, die sie Jahre später, als sie bereits eine berühmte Schauspielerin ist, als »Zustand der Gnade« bezeichnen wird.

Lieber Schauspielerin als Ehefrau

Familienrat: Es wird Zeit zu entscheiden, was einmal aus der egozentrischen, nervösen jungen Frau werden soll. Sarah ist fünfzehn, ein Alter, in dem man verheiratet wird. Die »Familie« hat die Wahl, sie *ins Gewerbe einzuführen* oder aber nach einer guten Partie für sie zu suchen. Letzteres entspricht dem Wunsch des vermuteten Vaters, der ihr eine Mitgift von hunderttausend Francs in Aussicht gestellt hat, wenn sie sich einen Mann nimmt. Um sie hingegen ins Gewerbe einzuführen, macht Youle, in deren Salon Stammgäste wie Alexandre Dumas der Ältere und Gioachino Rossini ein und aus gehen, die Probe aufs Exempel: Sie lässt die Kutsche eines ihrer vermögenden Freunde vorfahren. In dieser Zeit ist es legitim, dass sich Männer außerhalb der Ehe vergnügen, ihre Frauen drücken ein Auge zu, und Sarah spielt lieber mit, als sich einer Ehe mit einem alten oder von anderen ausgesuchten fremden Mann zu fügen. Sie hat keinerlei Bedürfnis, *unter die Haube* zu kommen oder, schlimmer noch, eine Trophäe zu werden, mit der man sich schmückt. Ihr einziger Traum ist der, eine freie Frau zu sein, auch wenn die Geborgenheit einer Familie ihre größte Sehnsucht bleiben wird. Ohne je erfüllt zu werden.

Die Lösung kommt in Gestalt des großzügigen Herzogs Charles de Morny, einer von Youles Liebhabern (oder einer der Tante, was letztlich einerlei ist). Er nimmt am Familienrat teil und findet, dass Sarah zu schön ist, um in einem Kloster begraben zu werden. So wird er ihr eine Ausbildung angedeihen lassen – und ihr seinen Bruder vorstellen,[20] besser gesagt den unehelichen Stiefbruder, den zukünftigen Napoleon III. Die vom Herzog vorgeschlagene Lösung ist das Schauspielgewerbe, auch wenn einem das Theaterspielen einen Ruf einbringt, der genauso wenig respektabel ist wie der einer Kurtisane. De Morny verschafft Sarah ein Vorsprechen am Conservatoire national supérieur d'art dramatique, der besten Schauspielschule von ganz Paris.

Klein, »mager wie ein abgenagter Knochen«, mit krausem Haar und einer »jüdischen Nase« sieht Sarah so anders aus als die drallen Fräulein, die auf der Bühne (oder jenseits davon) Erfolg haben. In dieser Epoche ist Molligkeit eine Art Vorzug. Auf die Frage der Aufnahmekommission, welches Stück sie sich ausgesucht habe, erwidert Sarah provozierend: »*Fédora*, III. Akt, 2. Aufzug, die Rolle der Aricia.«

Verblüfft über so viel Arroganz erwidern die Prüfer: »Und wer gibt Ihnen das Stichwort, Mademoiselle?«

Sarah schaut ihnen direkt in die Augen und lächelt, begreift aber, dass sie einen Weg gewählt hat, der ihren Traum vereiteln kann. Selbstsicher schlägt sie einen anderen Ton an und beginnt, die Prüfer mit einem Auszug aus La Fontaines Fabel *Die zwei Tauben* zu verzaubern. Aber bei einer späteren Prüfung funktioniert nichts, das Urteil der Kommission ist gnadenlos.

»Du bist mager, klein … und dein Gesicht, das in der Nähe ganz hübsch aussieht, ist von Weitem hässlich, dazu kommt, dass deine Stimme nicht trägt! Du wirst niemals etwas beim Theater erreichen! Verheirate dich!«,[21] schlägt ein Liebhaber der Mutter vor, der bei der Prüfung dabei ist.

Was für eine Schmach!

Sie mag zwar nicht schön sein, aber dafür besonders. Sie ist extrem zierlich, hat riesengroße grüne Augen und wird ihr »seltsames« Gesicht und ihre markante Nase zu einem unwiderstehlichen Trumpf machen. Der einflussreiche de Morny kann erwirken, dass sie trotzdem zugelassen wird.

»Ich beschloss nicht, Schauspielerin zu werden, ich entdeckte, dass ich es war. Alle begabten oder genialen Menschen werden Ihnen bestätigen, dass es sich so und nicht anders abspielt«,[22] wird Françoise Sagan schreiben, während sie sich ausmalt, Sarah zu sein.

Die Mutter hätte es vorgezogen, von der versprochenen Apanage des Vaters zu profitieren, aber Sarah beweist unter offener Missachtung der Ewiggestrigen vom Konservatorium einen eisernen Willen. Obwohl Disziplin etwas für introvertierte Perfektionisten ist, stürzt sich die anarchische, dreiste Sarah in die Ausbildung: Diktion, Gesang, Fechten: Sie erlernt das Alphabet der Gesten, studiert eine Rolle nach der anderen ein – mit derselben hartnäckigen Inbrunst, wie sie damals die Gebete lernte, die sie als Kind so faszinierten. Sie seufzt, wie sie soll, mit einer ihr angeborenen Musikalität, über die Victor Hugo eines Tages sagen wird: »Wir erleben eine goldene Stimme.« Frech, zickig, und undiszipliniert ist sie der Schrecken aller Lehrer, von Voltaire springt sie zu Racine, von der Zaïre zur Iphigénie, von komödiantischem Geschäker in nur einer Unterrichtsstunde zu tragischen Gesten. Keinerlei Improvisation, sondern eiserne Disziplin – mit dem einzigen Ziel, »die berühmteste Schauspielerin der Welt zu werden«.

Sie neigt nicht nur zu Provokationen und Doppeldeutigkeiten, sondern auch zu Übertreibungen, und als sie beim Endexamen hinter einer gewissen Marie Lloyd Zweitbeste wird, ist das eigentlich nur ein kleiner Kratzer auf ihrer alabasterweißen Haut. Doch diese Schmach genügt, damit sie das Konservatorium verlässt. Und dank de Morny in die Comédie-Française aufgenommen wird.

Mit achtzehn sucht die unbekannte, vorwitzige Schauspielschülerin den Boulevard des Capucines 36 auf, das Atelier des größten Porträtfotografen der damaligen Zeit, Gaspard-Félix Tournachon, Künstlername Nadar. Von ihm lässt sie sich in der Pose der schmachtenden Primadonna verewigen, »in der Hoffnung, damit für sich werben zu können. Die damaligen Kritiker und Impresarios sind begeistert von diesen Aufnahmen, die so effektiv sind, dass sie eine künstlerische Allianz zwischen der Schauspielerin und dem Fotografen schmieden, der sie zu einem Mythos machen wird«.[23] Die fantastischen Porträts gehen weg wie nichts, und in Paris beginnt man, von ihr zu sprechen. Sarah spürt, dass die Fotografie zu ihrer größten Verbündeten werden kann. Nachdem Nadar sie groß herausgebracht hat, fährt sie auch weiterhin damit fort, ihr öffentliches Bild zu pflegen. Sie hängt sich an sämtliche Fotografen von Paris – wobei es ihr nur darum geht, auf den Titelseiten der Zeitschriften zu landen.

Am 11. August 1862 debütiert Sarah in *Iphigénie* von Racine. Der junge, doch bereits strenge Francisque Sarcey (der zum mächtigsten Theaterkritiker von *Le Temps* aufsteigen wird) äußert sich herablassend über den ersten Auftritt der Schauspielerin, die nur aus Haut, Knochen und Augen zu bestehen scheint: »Eine zierliche junge Frau, schön, vor allem, was die obere Gesichtshälfte betrifft, mit perfekter Diktion. Mehr lässt sich bislang nicht über sie sagen.«

Und Sarahs Reaktion? Ein stolzes Achselzucken und die beiden Worte, die sie für den Rest ihres Lebens begleiten werden, *quand même,* »trotz alledem«, als wollte sie sagen: Mich hält so schnell nichts auf. Das wird zu ihrem Motto, zum Trost in schwierigen Phasen, zum Markenzeichen, das sie in ihre Wäsche einsticken und in Tassen, Teller und Besteck eingravieren lässt.

Was den Vorwurf, sie sei zu mager, betrifft, sagt man ihr den genialen Spruch nach: »Dünne junge Frauen können zwischen den Regentropfen hindurchlaufen, ohne dabei nass zu werden.«

Und Sarcey? Sie schafft es, ihn zu treffen und rasch von ihrem Talent zu überzeugen.

Primadonnen im Spiegel

Nach der *Kameliendame* im Turiner Teatro Carignano ist Eleonora fest entschlossen, in Sarahs Fußstapfen zu treten. Eine gewagte Wette auf die Zukunft, ein entscheidender Bruch in ihrem bisherigen Leben.

Sie hat keine Zeit zu verlieren, einfach keine Zeit zu verlieren.

»Ich möchte die Leonetta in *Die Prinzessin von Bagdad* spielen!«

»Nach Sarah? Du spinnst ja wohl!«

»Von wegen.«

Ein starker Charakter, eine starke Persönlichkeit. Oder aber der Drang nachzuahmen?

Der Impresario Cesare Rossi, der Eleonora unter Vertrag hat, behindert ihr Streben nach Erneuerung, wo er nur kann. Unterstützt und für ihren Mut bewundert wird sie jedoch von ihrem aufmerksamen Kollegen Tebaldo Checchi. Er tröstet sie mit seiner Zuneigung, ja vielleicht liebt er sie bereits. Eleonora droht damit, zu gehen, sie weiß zwar nicht, wohin oder mit wem, trotzdem gelingt es ihr, den unwilligen Impresario umzustimmen. *Die Prinzessin von Bagdad* von Alexandre Dumas dem Jüngeren wird endlich aufgeführt und bedeutet eine entscheidende Wende in ihrer Karriere. Bei der Comédie-Française war dieses Stück ein Fiasko, in Turin feiert es Triumphe, und Dumas schreibt Eleonora persönlich einen Dankesbrief.

1878 spielt sie im Teatro dei Fiorentini in Neapel unter den Fittichen der Primadonna Giacinta Pezzana, und ein Jahr später sind alle von der Grausamkeit hingerissen, mit der sie die *Thérèse Raquin* von Émile Zola gibt, auch wenn die Pezzana sie dem Autor mit lauwarmen Lobesworten vorstellt: »Ich habe die Rolle der Thérèse an eine blasse, große und dünne junge Frau mit schwarzen Augen und schwarzen Haaren abgegeben.«[24] Mehr sagt sie nicht dazu.

Obwohl Eleonora mit dreiundzwanzig Jahren zur Hauptdarstellerin der gesamten Truppe wurde, kleidet sie sich wie eine Bohemienne mit Schlabbermänteln über kurzen Kleidchen, dazu ein Filzhut, was ihr wenig schmeichelhafte Kommentare ein-

bringt, so etwa: »Diese Schauspielerin ist ärmlich und bescheiden. Sie läuft in einem kurzen schwarzen Rock herum, in einer
eng um den Körper geschlungenen grauen Stola und mit einem
ausgeblichenen schwarzen Strohhut, der an den Rändern schon
ganz zerfranst ist«,[25] oder »mit schräg sitzenden Hüten, weiten
Mänteln, losen Schleiern, falsch zugeknöpften Blusen, schlecht
geschlossenen Röcken, eine Hand behandschuht, die andere
nicht«.[26]

Die von einer Primadonna geforderte Eleganz ist ihr egal.
Eleonora, die sich stets weiter von ihren familiären Wurzeln entfernt, hat ihren eigenen Kopf. Sie lebt ihre Rollen – echte Frauen
und keine dick geschminkten Larven –, wobei sie die Grenze
zwischen ihrem wahren Ich und den von ihr gespielten Figuren
verschwimmen lässt. Sie »ist« die Figur, das ist typisch Duse:
Sie spielt mit dem ganzen Körper und mit gesenktem Kopf, sie
scheut jede bühnenreife Geste, kauert sich in einen Sessel, nutzt
die Pausen genauso wie das gesprochene Wort. Überall, wo sie
auftritt, verstreut sie Blumen auf der Bühne, trägt sie an der
Kleidung oder hält sie in der Hand, wobei sie gedankenverloren
damit spielt. Blumen wie Kinder, Frauen wie Schwestern: »Diese
armen Frauen in meinen Stücken sind dermaßen in meinem
Herzen und in meinem Kopf, dass sie – während ich mich be-
mühe, sie meinen Zuschauern nahezubringen, als wollte ich sie
trösten – langsam, aber sicher auch mich trösten!«[27]

Bei ihrer hartnäckigen Suche nach der Wahrheit der jeweiligen Figur bricht sie alle Regeln: Sie geht ungeschminkt auf die
Bühne, zeigt dem Publikum rote Flecken, Schweißperlen, Makel. Sie skandiert die Worte, dehnt die Vokale, betont die Konso-
nanten, lächelt fast schon entschuldigend. Auch ihre Haltung, die
im Stehen schlaff herabhängenden Arme oder die auf die Ober-
schenkel gestützten Ellbogen, während sie breitbeinig dasitzt, ist

höchst ungewöhnlich, genauso wie ihr Gang aus mühsamen oder dahinhuschenden Schritten, bei denen sie kaum die Füße hebt. Sie ist ruhig, bedächtig, fast schon distanziert. Seltsam distanziert.

Die Duse ist einmalig. Ein Rätsel.

Woraus besteht ihr Talent? Aus nichts, was sich konkret fassen ließe. Aber es ist unbestreitbar vorhanden.

Sarahs Abenteuer bei der Comédie ist nur von kurzer Dauer und endet aufgrund einer Begebenheit, die alles über die Dreistigkeit der schwierigen Debütantin aussagt.

Jeden 15. Januar organisiert die Comédie anlässlich von Molières Geburtstag eine verdiente Huldigung in seinem einstigen Haus. Dabei treten die Schauspieler der Kompanie in Zweierreihen vor die Büste des Dramatikers und senken den Kopf. Sarah nimmt ihre Schwester Régine mit, aber als die Kleine aus Versehen über die Schleppe der stattlichen Madame Nathalie, einer *Sociétaire de la Comédie*, stolpert, reagiert diese, indem sie das Mädchen brutal gegen eine Säule stößt. Sarah, die sich vom Status der Aktrice kein bisschen einschüchtern lässt, geht auf sie los und beschimpft sie als »großes Rindvieh«. Die Schauspieler, die ohnehin Schwierigkeiten mit Sarahs Dreistigkeit haben, sind entsetzt; der Theaterdirektor, der ihr noch kein Jahr zuvor einen Vertrag angeboten hat, ruft sie in sein Büro und verlangt, dass sie sich entschuldigt. Sarah weigert sich und schickt ihn zur Hölle. Ganz Paris redet darüber, und in den Zeitungen erscheinen bissige Karikaturen von der »fetten Kuh« und der »klapperdürren Sarah«.

Mit diesem PR-Coup wird Sarah, die tatsächliche Primadonna, zu einer kleinen Berühmtheit.

Dennoch ist sie nun arbeitslos und hat keine Alternative – außer in die Fußstapfen der Mutter zu treten. Zwei Jahre lang wird sie männliche Gönner amüsieren und den Schmeicheleien eines Liebhabers nachgeben: des ersten von vielen, Baron Émile de Kératry.

Wie sehr ihr das Theater fehlt! Ihm fernbleiben zu müssen ist eine Qual, aber eine unverhoffte, schicksalhafte Reise lenkt sie von ihrem Kummer ab … und wird nicht ohne Folgen bleiben.

Mütter

Wir schreiben das Jahr 1864, Sarah ist in Brüssel.

Hier, auf einem Maskenball, auf dem sie sich als die englische Königin Elisabeth I. verkleidet hat, lernt sie den belgischen Adligen Charles-Joseph Eugène Henri Georges Lamoral de Ligne kennen, den Sohn des Staatsministers Eugène, 8. Fürst von Ligne. Er ist als Hamlet kostümiert und bittet sie zum Tanz. Und dann?

Dann kehrt Sarah schwanger nach Paris zurück.

Schenkt man ihr Glauben, erinnert das Ganze sehr an die *Kameliendame:* Der junge de Ligne ist bereit, sie zu heiraten, vorausgesetzt, sie kehrt dem Theater den Rücken, aber seine Familie sträubt sich. Die weniger geschönte Version lautet, dass Sarah von ihm die Tür gewiesen bekommt, als sie bei den de Lignes auftaucht und verkündet, dass sie ein Kind erwartet. Er entlässt sie mit dem Bonmot: *»Chère amie, quand on s'est assis sur un buisson d'épines, on se demande pas celle qui vous a piqué«* – »Meine Liebe, wenn man sich in einen Dornenstrauch setzt, sucht man auch nicht nach dem Dorn, der einen gestochen hat.« Ob das nun wahr ist oder nicht – für Sarah ist ein Leben jenseits der Bühne genauso undenkbar wie ein Kind für diesen blasierten jungen Mann. Er hat nicht vor, es anzuerkennen.

»Quand même!«

Maurice Bernhardt kommt am 20. Dezember 1864 in Paris zur Welt, Vater »unbekannt«. Der Enkel wird von Youle, die ihre Hoffnungen auf einen Schwiegersohn comme il faut wegen dieses »Hindernisses« in Rauch aufgehen sieht, nicht sehr geschätzt.

Die selbst unehelich geborene Sarah kümmert sich nicht um den Skandal, um Vorurteile und Konventionen. Sie zögert nicht, allein für ihr uneheliches Kind zu sorgen. Da die Mutter sie gnadenlos rauswirft, ist sie trotz der kleinen Apanage, die ihr die de Lignes großzügigerweise gewähren, gezwungen, zusammen mit dem Sohn, ihrer Schwester Régine und der Großmutter in einer kleinen Wohnung in der Rue Duphot zu leben. Dort gründet sie ihren eigenen »Salon«: Sie möchte Maurice um jeden Preis wie den Prinzen aufwachsen lassen, der er hätte sein können – ja müssen!

Kein Theater mehr, dafür Treffen mit Männern in und außerhalb der Wohnung zu gesalzenen Preisen: Eine »intime Bewunderung« kostet zwischen 1000 und 1500 Francs. Es ist ihr egal, dass sie bei der Polizei registriert wird, zusammen mit einem ausführlichen Verzeichnis ihrer Freier – »der Salon der Bernhardt wird von Politikern und Generälen besucht« –, ihres Mobiliars und ihrer Marotten: »Sarah Bernhardt hat ziemlich makabre Ideen: Sie legt sich gern in einen gefütterten Holzsarg, und in ihrem Salon steht ein Totenschädel auf einem Silberteller.«[28]

Es ist eine stürmische Zeit, aber das Theaterfieber brennt nach wie vor in ihr. Und dank des stets verständnisvollen de Morny und einer Begegnung mit Félix Duquesnel, Vizedirektor des Odéon, der sich ihrem Charme nicht entziehen kann (»Sie ist nicht hübsch, das macht es noch schlimmer«, wird er seine Schwäche später gestehen),[29] erhält Sarah im zweitbesten Theater von Paris eine Anstellung für 150 Francs im Monat. Das ist ungefähr die Hälfte dessen, was ein Kleid kostet. Auf ein langweiliges Debüt folgen Wochen, in denen der Name Sarah Bernhardt auch in anderen Rollen auftaucht, die ihr eine Lohnerhöhung auf 500 Francs im Monat einbringen. Das genügt, um nicht länger gezwungen zu sein, mit zig reichen und häufig alten Liebhabern ins Bett steigen zu müssen. Maurice ist zwei Jahre alt und begleitet die Mutter auf Theaterproben, Abendessen und Feste, wo er auf Chaiselongues und Sofas schläft.

Im Jahr 1878 ist Neapel nicht nur die Stadt, in der die triumphale Tournee der jungen Primadonna gastiert, sondern auch Kulisse für eine leidenschaftliche Begegnung. Der Mann heißt Martino Cafiero, ist Gründer und Direktor des *Corriere del Mattino*. Der unverbesserliche Verführer erobert Eleonora, indem er ihr Kunst in Museen und Kirchen zeigt, sie in seiner Kutsche auf die Hügel Posillipo und Vomero mitnimmt, auf Terrassen mit Meerblick.

Salons, neue Freunde, Schmeicheleien.

Körperliches Verlangen.

Eleonora gibt sich diesem Mann und dem allumfassenden Gefühl hin, das sie als unschuldige Zwanzigjährige empfindet. So sieht wahre Liebe aus, da ist sie sich sicher, als sie bald darauf wieder mit Rossis Kompanie nach Turin zurückkehren muss und Cafiero um ein Abschiedstreffen bittet.

Doch zum Gleis kommt nur die Journalistin und Freundin Matilde Serao.

Wenige Wochen später stellt Eleonora fest, dass sie schwanger ist. Als sie den Geliebten in einem Hotelzimmer im Zentrum von Rom aufsucht, ist sie voller Hoffnung. Doch Cafiero ist abweisend, reagiert gereizt auf jedes romantische Gefühl vonseiten der jungen Frau, die ihm etwas von Kindern und einer gemeinsamen Zukunft erzählt. Er bleibt sitzen und schaut sie nur an, als müsste er überlegen, wie er reagieren, was er sagen soll, schafft es aber auch nicht, sie wirklich zu belügen. Er liebt sie nicht und tritt feige den Rückzug an, ohne ihr eine wirkliche Erklärung zu geben. Den Mund zu einem angestrengten Lächeln verzogen, der Rücken krumm und die Glieder bleischwer, spürt Eleonora, wie der unterdrückte, heftige Schmerz aus ihrer Kindheit wieder hochkommt.

Die Verzweiflung darüber, im Stich gelassen zu werden, geht ihr durch Mark und Bein.

An Matilde Serao, die ihr die Treue hält, schreibt Eleonora sinngemäß: In diesem Alter liebe man weniger den Mann, sondern vielleicht eher die Liebe. Wenn man sich umdrehe, was bleibe dann von ihm? Nichts. Und von eigener Erfahrung? Alles.

Unter solchen Umständen ein Kind zur Welt zu bringen gilt in Italien als Verbrechen. Italien ist nicht Frankreich, wo die Bernhardt ungeachtet des Klatsches ihren Maurice alleine großzieht.

Nach dem Ende der Aufführungen im Carignano verlässt Eleonora Turin und fährt nach Marina di Pisa auf einen Bauernhof, wo sie ein Kind gebiert und sich zwingt, nicht einzuschlafen – wohl wissend, dass man ihr das Neugeborene wegnehmen wird, sobald sie die Augen schließt. Doch dazu kommt es erst gar nicht. Dario, das »Kind der Schande«, stirbt wenige Tage später. Eleonora trägt den gleichsam federleichten Sarg selbst zum Friedhof. In diesen Wochen schreckt der unverschämte Cafiero nicht davor zurück, in seiner Zeitung einen Fortsetzungsroman zu veröffentlichen, der von der Liebesgeschichte einer Schauspielerin und eines Journalisten sowie der Geburt ihres gemeinsamen Kindes erzählt.

Was, wenn er doch noch schwach wird?

Aber dem ist nicht so. Und Eleonora ist nicht mehr dieselbe, als sie nach Turin zurückkehrt, wo nichts als die Stille ihrer Wohnung auf sie wartet, wo ihr alles ganz weit weg, verblasst und unerreichbar vorkommt und sie sich fühlt wie eine leere Hülle. Dieser durch eine toxische Liebe bedingte Kummer nagt an ihr und macht sie noch empfindsamer. Die brennende Enttäuschung im ersten Akt mit Cafiero und die Katastrophe des gestorbenen Kindes bringen die geschwächte, verletzte und schmollende Eleonora dazu, sich in die Arme von Tebaldo Checchi zu flüchten, einem nicht gerade herausragenden Schauspieler, der bereit ist, im Schatten seiner zukünftigen Frau zu leben. Sie heiraten am 7. September 1881. Die nach dem Bühnenabschied der Pezzana inzwischen einzige Primadonna der Turiner Truppe ist erneut schwanger, diesmal mit dem Rückhalt der Ehe und der bis dahin fehlenden »bürgerlichen« Sicherheit. Am 7. Januar 1882 kommt die Tochter Enrichetta zur Welt.

Nach der Geburt, nur wenige Wochen nach der alles verändernden Begegnung mit der Kunst Sarah Bernhardts, erkrankt Eleonora.

Versorgt von einem Bauernehepaar aus dem unweit von Turin gelegenen Leini, wird das Mädchen die Mutter bis zu seinem fünften Lebensjahr begleiten, doch Eleonora möchte ihm unbedingt ein anderes Leben bieten und hält es strikt von der Bühne und ihrem Vagabundenleben fern. Sie wünscht sich für ihre Tochter die Sicherheit, die sie selbst nie gehabt hat. Doch Enrichetta leidet darunter, sie lauscht auf die Schritte ihrer Mutter wie ein Arzt auf eine Krankheit, »während sie elegant-beschwingt über die Allee flaniert und wieder aus meinem Gesichtsfeld verschwindet«.

»Enrichetta, die Mama muss los … fort, aufbrechen …«

Es folgen Internate in Turin und Dresden, schließlich sogar in England. Eleonora und Enrichetta werden sich nur selten sehen und ihr Leben, von den kurzen Ferien einmal abgesehen, weit voneinander entfernt verbringen, sich aber lange Briefe schicken. »*Je suis chaque instant auprès de toi* [ich bin jeden Augenblick bei Dir]«, schreibt sie ihr, »und jeder Deiner Briefe, der mich erreicht, ist mir eine große Freude, aber auch eine große Sorge. Mutter.«

Eleonora erlaubt ihrer Tochter nicht, sie von ihrer Arbeit abzulenken. Sie fühlt sich ganz in »Mutterrollen« ein, doch die reale Rolle scheint ihr fremd zu bleiben, als müsste die Mutter Eleonora ständig auf die Schauspielerin Duse, auf deren extremes Bedürfnis nach Einsamkeit Rücksicht nehmen: »Sie hat den Mutterinstinkt für heilig erklärt, den ihr Theaterleben zwar gedämpft, aber nicht zerstört hat«,[30] und indem sie in der Welt der Fiktion in andere Frauenrollen schlüpft, entdeckt sie die Töne und Nuancen einer erfundenen Mutterschaft. Die Duse wird dem Konzept Mutterschaft stets hinterherjagen, ist aber unfähig, die Liebe zu ihrer Tochter zuzulassen. Leidend verkörpert sie auf der Bühne verzweifelte Mütter wie in *Denise,* einem Theaterstück, das Dumas der Ältere für sie schreibt: »Sie hatte die Mutterschaft in Grauen und Glück erfahren, und was da um Mutterschaft ging, war ihre Sache. Fiebrig begann sie zu arbeiten, sie wollte das Stück schnell, schnell spielen … musste gerade vor sich hin schauen: Denn da, vor der toten Fassade, war etwas, was sie verlangte, was nach ihr griff. Da war ein winziges graues, faltiges Gesicht mit starren Augen, die sie totenhaft erloschen anschauten, o das Gesicht aus Marina di Pisa.«[31]

Auch in *Gespenster* und *Nora oder Ein Puppenhaus* wird sie die Mutter geben sowie in ihrem einzigen Film *Cenere* [Asche], in dem die Heldin den von ihr geborenen und seinem Schicksal überlassenen Sohn als alte Frau wiedersieht und sich, um dessen Hochzeit nicht zu gefährden, am Ende das Leben nimmt, ohne Vergebung erhalten zu haben.

Nicht so in der Realität. In den letzten Jahren ihres Lebens wird sich Eleonora Enrichetta zunehmend anvertrauen: »*Ma fille*, halt mich ganz fest. Ich weiß nicht, wohin ich gehe, ich weiß nur, dass ich in deinem Licht wandle, und die Seele verheißt Frieden. Ich bin so müde, alles ist eine einzige Anstrengung. Gott möge uns geleiten, Mama.«

Die Bernhardt spielt alle möglichen Frauen. Unglaubwürdige, unvorhersehbare, vorhersehbare, verliebte, verführte, verachtenswerte, heldenhafte Frauen. Sünderinnen, Ehebrecherinnen, Huren, Heilige, Königinnen, Verbrecherinnen, Mörderinnen, Künstlerinnen. Nur selten bringt sie das Thema Mutterschaft auf die Bühne. Sie braucht keine Theaterfiktion: Maurice ist stets bei ihr, die stolze junge Mutter nimmt ihn mit hinter die Bühne, sobald es geht, was er ihr mit einer fast krankhaften Anhänglichkeit dankt. Er wächst verzogen auf, ist ein ganz schlechter Schüler. Als Erwachsener sichert er sich Aufträge als Bühnenautor und wird mithilfe seiner Mutter Direktor des Théâtre de l'Ambigu-Comique von Paris. Zum Dank fordert er jeden zum Duell auf, der es wagt, sie zu beleidigen. Sie finanziert ihm ein Luxusleben, lässt weiterhin zu, dass er extrem verwöhnt wird, und zahlt seine astronomischen Spielschulden. Auch damit provoziert sie eine von ihrem Genie in den Bann gezogene Gesellschaft, die jedoch die von ihr ausgelebte Freiheit nur schwer ertragen kann.

Ein Theater für sich allein

Im Odéon ist Sarah die Silvia in *Das Spiel von Liebe und Zufall,*
aber Marivaux passt nicht zu ihr; sie will andere Rollen spielen, Frauen voller Leidenschaft verkörpern, die nur so strotzen
vor Weiblichkeit. Einen solchen Part bietet ihr der siebzigjährige
Victor Hugo, der mithilfe des begeisterten Direktors des Odéon
das Stück *Ruy Blas* wiederaufgreift, das 1838 uraufgeführt, dann
aber vor zwanzig Jahren im Zweiten Kaiserreich verboten worden
war. Ursprünglich sollte die Figur der Dona Maria de Neubourg,
Königin von Spanien, von einer anderen verkörpert werden,
aber mit ihren siebenundzwanzig Jahren und ihrer berüchtigten
Verführungskunst sichert sich Sarah die Rolle. Die Premiere am
19. Februar 1872 ist für sie wie für Hugo ein Triumph. Das Tagebuch des Schriftstellers vermerkt die einzelnen Etappen und
Fortschritte eines hartnäckigen Werbens: 20. Februar: »Kuss auf
den Mund«; 28. März: »Mlle. Bernhardt in ihrer Garderobe besucht. Sie zog sich gerade um.« Bis hin zu dem Abendessen, mit
dem die hundertste Aufführung des Werkes gefeiert wird und bei
dem Sarah ihn ausdrücklich auffordert: »Kommen Sie! Geben
Sie allen Damen einen Kuss. Fangen Sie bei mir an! Und enden
Sie bei mir!«

Für Sarah ist es der Gipfel des Erfolgs. Und der neue Direktor
der Comédie-Française, Monsieur Perrin, fleht sie an, zur Kompanie zurückzukehren, bietet ihr einen Vertrag über 12 000 Francs
jährlich an. Schweren Herzens, aber mit dick gefülltem Portemonnaie verlässt Sarah das Odéon und kehrt ganz anders zur
Comédie zurück, als sie sie verließ. Inzwischen ist sie berühmt
und sich ihres Talents so sehr bewusst, dass sie nach dem Abgang
von der Bühne am Ende des Stückes in ihre Garderobe geht und
sagt: *»Je me quitte«* – »ich verlasse mich«: Nach und nach identifi-

ziert sie sich mit ihrer Figur, kleidet sie sorgfältig an und schickt Sarah Bernhardt in die Ecke. Sie macht sie zur Zuschauerin ihres neuen Ichs und betritt die Bühne, bereit, zu leiden, zu weinen, zu lachen, zu lieben, wobei sie ignoriert, was das »Ich« da oben auf der Bühne tut.[32]

Die Nachricht, dass Sarah zur Comédie zurückkehrt, beherrscht die Titelseiten noch wochenlang, alle am Theater, einschließlich der Kolleginnen, fiebern mit, wünschen sich, dass sie mit Jean Mounet-Sully, einem der besten Schauspieler der damaligen Zeit, Triumphe feiert. Er ist kraftstrotzend männlich, sie zerbrechlich und feminin, auf der Bühne sind sie ein fantastisches Paar und jenseits davon die Protagonisten einer stürmischen Liebesgeschichte. Ihre Popularität schenkt »Mademoiselle Révolte« jedoch nicht, was sie sich erhofft hat. Das »Angestelltendasein« engt sie zunehmend ein, sie erträgt die Kasernenhierarchie nicht, toleriert nicht, dass der Direktor ihre Rollen bestimmt.

Um sich abzulenken, widmet sie sich der Bildhauerei. Sie nimmt Unterricht an der Académie Julian, kauft ein helles Atelier, in das sie sich – nach Anfertigung mehrerer Fotografien, die sie in Hose und weißem Hemd vor einem Lehmblock zeigen und die sie an die Presse weitergibt – tagelang einschließt. Die Rolle der Bildhauerin steht ihr dermaßen gut, dass sie die Skulpturengruppe *Nach dem Sturm* 1880 beim Pariser Salon für zehn Millionen Francs verkauft und Auguste Rodin die wütende Reaktion entlockt: »Es ist eine Schande, dass dieser Mist ausgestellt wird! Das Publikum will das Zeug nur, weil es von Sarah Bernhardt ist.«[33]

Doch anders als in der Kunstbildnerei läuft es mit Sully nicht mehr gut. Sarah ist unersättlich, auch sexuell, die Liebe wird zur Sackgasse. Als sie ihn verlässt, gesteht sie ihm: »Ich kann nichts dafür, dass ich immer auf der Suche nach neuen Empfindungen, nach neuen Emotionen bin. Das wird auch so bleiben, solange ich lebe. Wenn ich am nächsten Morgen aufwache, fühle ich mich genauso unbefriedigt wie am Abend zuvor. Mein Herz möchte über die Grenzen des Möglichen hinaus erregt werden. Mein zerbrechlicher Körper ist von den Anstrengungen der Liebe erschöpft. Und dennoch träume ich von Liebe.«[34]

»*Quand même!*«

Es ist der Sommer des Jahres 1880. Im Hafen von Folkestone, England, marmorieren längliche Wolken den Himmel. Sarah steht die Erleichterung einer Schiffbrüchigen ins Gesicht geschrieben, die gerade das gelobte Land erreicht hat, als sie sieht, wie sich aufgeregte Bewunderer in Erwartung des Dampfers aus Frankreich am Kai drängen. Ein eleganter Herr, den Arm voller Lilien, bahnt sich einen Weg durch die Menge und ruft: »Es lebe Sarah Bernhardt!«

Wer hätte je gedacht, dass *der* Dandy schlechthin, der hochelegante Oscar Wilde, extra kommt, um ihr Gesicht zu sehen, ja den Ärmel ihres Kleides zu berühren – es ist derselbe Schriftsteller, der Jahre später, als er ihren Proben zu seiner *Salomé* beiwohnt, die leider nie aufgeführt werden wird, »die größte künstlerische Freude empfindet, die man nur empfinden kann«.[35]

Als die triumphale Tournee mit der Truppe der Comédie beendet und sie sich ihrer Popularität gewiss ist, beschließt die Bernhardt, dass der Moment gekommen ist, die Fesseln zu lösen. Sie verlässt die Comédie trotz Androhung einer Strafzahlung von 300 000 Francs wegen Vertragsbruchs, die sie mitnichten zu zahlen gedenkt. Ihre Kündigung ist von nationaler Tragweite; Erklärungen, Dementis, Interviews werden die Zeitungen noch Wochen beschäftigen, doch Klatsch, Neid und Gehässigkeiten perlen einfach an ihr ab. In einer Zeit, in der Frauen auf dienende Rollen beschränkt sind, ist Sarah als Feministin *avant la lettre* gerade dabei, das zu werden, was sie sein möchte: Theaterimpresaria. Sollte es dazu kommen, dass Schulden sie am Weitermachen hindern – wozu es auch kommen wird –, geht sie eben auf Tournee.

Um dann mit der Anmut eines geborenen Freigeists noch mal von vorn anzufangen.

Dezember 1886. Inzwischen gibt es keine italienische Stadt mehr, in der man den Namen Duse nicht kennt.

Eleonora ist ungeduldig. Sie hat Angst, aber Impresario und Arbeitgeber Cesare Rossi kann sie nicht mehr inspirieren. Auf der Suche nach Freiheit, die viele für unanständig und illusorisch halten, schwebt ihr das Modell Sarah Bernhardt vor. Ist sie in der Lage, eine eigene Truppe zu leiten, die Stücke auszuwählen, die Proben zu beaufsichtigen, die Ausgaben und Einnahmen zu verwalten, die Verträge zu verhandeln und Tourneen zu organisieren?

In Momenten der Einsamkeit und der Angst, künstlerisch und, viel prosaischer, auch wirtschaftlich zu scheitern, sagt sie sich immer wieder: »Theater = Liebe = Freiheit.« So als wäre ihr gesamtes bisheriges Leben nichts weiter als der Auftakt dazu.

Am 19. Dezember verkündet der *Corriere di Roma*, dass die Compagnia Rossi ihren letzten Auftritt haben wird. Und wenige Monate später gründet die Duse die Drammatica Compagnia della Città di Roma zusammen mit ein paar wenigen Getreuen: dem *Primo Attore* Flavio Andò, einem weiteren Charakterdarsteller, einer zweiten Hauptdarstellerin und einem Nebendarsteller, den sie je nach Bedarf ergänzt. Die Rollen der Primadonna, der Regisseurin und Direktorin bleiben ihr vorbehalten.

Sie hält Carlo Goldoni, Giuseppe Giacosa, Giovanni Verga und der *Cavalleria rusticana* die Treue, möchte aber auch das französische Repertoire erkunden. Georges Feydeau, Victorien Sardou, Eugène Scribe und Dumas der Jüngere werden für sie übersetzt.

Es ist nicht einfach, ihren Kollegen zu vermitteln, was ihr nie beigebracht wurde, sondern was sie schon mit der Muttermilch aufgesogen hat. Ihr, die so »für ihre Gestik, ihr nervöses Zittern, ihren intensiven Blick und die Fähigkeit, wie ›in Trance‹«[36] zu wirken, bewundert wird, fällt es schwer, ihre Kunst weiterzugeben. Im Gegensatz zu ihren Schauspielern hasst sie es, auf der Bühne zu proben, sie zieht Foyers und Hotelzimmer vor, »wo sie ihre Figur gedanklich erschaffen kann«. Nur für sie verständlich, aber für alle anderen unleserlich sind ihre Regiebücher. Darin vermerkt sie in ihrer schmalen, zierlichen Schrift Tempowechsel wie bei einer Partitur: »verhaltene Trauer« … Es ist ein sehr persönliches Theater, eine Kompanie, die ganz auf »ihre« Heldinnen, die ihre Züge tragen, zugeschnitten ist: »Mich interessiert nicht, ob sie gelogen, betrogen, gesündigt haben, ob sie pervers geboren wurden: Hauptsache, ich spüre, dass sie geweint, gelitten haben, um anschließend zu lügen, zu betrügen oder zu lieben … Ich bin ganz bei ihnen, auf ihrer Seite und erkunde sie – nicht weil ich unbedingt leiden will, sondern weil weibliche Trauer das Größte und viel facettenreicher, sanfter und allumfassender ist als die der Männer«.[37]

Eleonora liest und liest, sie lernt Französisch. Dann, 1885, vor ihrer Reise nach Lateinamerika, hat sie wie die Stille vor dem Sturm jede Menge Vorahnungen.

Diva gegen Diva

Sarahs Zug fährt schnaufend durch die dunkle Nacht. Er wird schneller, rast an Häusern, Bäumen, fremden Landschaften vorbei und durchquert die Vereinigten Staaten. Gebettet auf den scharlachroten Samt des für sie reservierten Waggons, im Schein des funkelnden Kronleuchters des an eine Theaterbühne erinnernden Speisewagens, im Schlafwagen mit den gestärkten Laken und mit einem eigenen Wagen für die Kostümtruhen, absolvieren Sarah und ihre Frauengestalten – Tosca, Fédora, Theodora, Cleopatra, Adriana, Marguérite, Lady Macbeth, Johanna von Orleans – Tourneen, die bis zu anderthalb Jahren dauern. Darüber hinaus reist ein ganzer Hofstaat aus Bühnenarbeitern, Beleuchtern und Schneiderinnen sowie ein Diener mit, der stets in weißer Jacke für sie parat steht. Nie ist Sarah glücklicher, als wenn sie ihren Zug, einen Ozeandampfer oder auch nur eine Kutsche besteigt. Die Aussicht, auf neu zu erobernde Zuschauer und Länder zu treffen, berauscht sie. Und wenn der Zug dann langsamer wird und in den Bahnhof einfährt, stößt die Lokomotive einen gedehnten Pfiff aus, der die Ankunft von »Mademoiselle Bernhardt« verkündet.

Die kühne, unternehmerische und verwegene Frau ist inzwischen ein berühmter Weltstar, sie hat die Disziplin und den Mut, das Undenkbare zu tun, und lässt sich von nichts aufhalten. Ihre sinnliche und zugleich artifizielle Erscheinung fällt auf in den USA, sie ist das genaue Gegenteil der Anständigkeit von sogenannten »ernsthaften« Schauspielerinnen, und trotzdem sind alle verrückt nach ihr. Jeder, der von ihr gelesen hat, kennt ihr Konterfei von Postkarten, auch wenn er sie noch nie hat spielen sehen. Die Menschen strömen zu Tausenden herbei, nur um sie zu sehen. Sie spricht eine Sprache, die keiner versteht, aber die Kleinstadttheater sind stets ausverkauft, und wenn es keine Theater gibt, dann Freiluftarenen und Zirkuszelte, die sie auf- und wieder abbauen und zurück auf den Zug verladen lässt.

Doch manchmal kann auch eine noch so sehnlichst erwartete Reise enttäuschen, und das passiert der Duse auf ihrer Südamerikatournee: Nur wenige Auftritte, ein lauwarmer Empfang, die Kosten werden von den Einnahmen aus dem Kartenverkauf nicht gedeckt, und ihre Ehe zerbricht. Man trennt sich, und Tebaldo Checchi beschließt, in Buenos Aires zu bleiben. Eleonora hat sich nämlich in Fabio Andò, den Schauspielkollegen, verliebt und versucht nicht länger, es zu verbergen. »Er ist schön, aber ansonsten ein Depp«, wird sie Jahre später über ihn sagen.

Um frei atmen zu können, muss die Duse in Bewegung bleiben. Sie ist eine geborene Nomadin, und die neue Verantwortung als Direktorin der Truppe fördert diese Neigung nur noch. Sie liebt es, jeden Tag neue, unbekannte Orte zu entdecken, und auf dem Schiff bietet ihr die tagelange Überfahrt Gelegenheit, sich auszuruhen, die salzige Meeresluft zu genießen und ihre geliebten Bücher zu lesen. Ihre ständigen Reisen dienen nicht nur dazu, neues Publikum zu erobern, sondern sind auch ein Anlass, sich neu zu erfinden, Rollenvariationen zu entwickeln, die ihre Inspiration nicht einengen. Sie bricht mit Truhen voller Kleider und Kostüme auf, mit einer kleinen Kupferwaage, als Erinnerung an das Sternzeichen, in dem sie geboren wurde, und mit einem Koffer, der Likörfläschchen sowie ein Teeservice enthält: eine Kanne mit Deckel, ein Milchkännchen und ein Glas mit silbernem Halter. Bei vier, fünf Auftritten die Woche zwischen Europa und Amerika ist ihr Pensum brutal. Nach Spanien, Portugal, Frankreich, Belgien, England, Schweden, Norwegen, Dänemark, Österreich, Deutschland, Rumänien, Ungarn, Holland, Russland und in die Vereinigten Staaten begleiten sie Marguérite, Cesarina, Mirandolina, Santuzza, Theodora und Julia. Sie ist eine gewiefte Impresaria und deckelt die Zuschauerzahl beziehungsweise verschiebt ihre Auftritte kurzfristig, wobei sie Organisatoren, Publikum und Journalisten vergrätzt. Sie macht sich in den US-Bundesstaaten rar, in denen man sie am meisten verehrt, um umso mehr begehrt zu werden. Und die Konkurrenzsituation mit der Bernhardt, die sie offiziell nie zugibt, wird auf jeder Tournee von interkontinentalem Klatsch begleitet, »ohne dass die Duse etwas dagegen unternimmt – im Gegenteil: Indem sie stets dasselbe Repertoire anbietet wie ihre Rivalin, scheint sie den Vergleich regelrecht zu suchen«.[38]

Die Bernhardt, die sämtliche Femmes fatales auf einmal verkörpert, hat einen starken Sex-Appeal, ihre Stimme ist hypnotisierend, ihre Posen sind majestätisch, dazu kommen noch die Schminke, der Schmuck, die exotischen Kostüme. Ihr Körper transportiert eine Botschaft. In der Saison 1905/06 trägt sie auf dem Plakat der »Farewell American Tour« im Empire Theatre, New York, mit der sich Sarah von den Amerikanern verabschiedet, ein weißes Kleid. Sie ist ein einziger Triumph aus Blumen, weiblichen Allegorien, goldenen Flügeln und kostbaren Juwelen. Zum Programm dieser Auftritte hat Mark Twain eine dezidierte Meinung: »Es gibt fünf Arten von Schauspielerinnen: schlechte Schauspielerinnen, mittelmäßige Schauspielerinnen, gute Schauspielerinnen, große Schauspielerinnen und Sarah Bernhardt.«

Die Duse ist das genaue Gegenteil: Sie ist bescheiden, unauffällig und reduziert ihre Gesten auf ein Minimum. Sie verkörpert Natürlichkeit, Wahrhaftigkeit und Tiefgang. Zumindest ist das ihre Absicht. »Mit ihrer geschminkten Ungeschminktheit stellt sie ihre berühmte Blässe zur Schau, ihre mit wenigen Spangen kaum befestigte Frisur ist bewusst unordentlich. Das ist gekünstelte Ungekünsteltheit: Ein geschickter Umgang mit Puder sorgt für den ›natürlichen‹ Effekt ›authentischer‹ Blässe – das genaue Gegenteil der grellen Haarfarben Sarah Bernhardts. Aber es ist diese stilistische Kohärenz, die sie überhaupt erst zu Diven macht.«[39] In Amerika ist die Duse das Idol der Intellektuellen und der einheimischen Schauspielerinnen, die Muse der Suffragetten. Nicht so die Bernhardt, die rein gar nichts mit deren Kampf am Hut hat.

Autoren liegen ihnen zu Füßen

Über den gesamten Erdball hinweg befeuern Bewunderer die Fehde.

1891 droht die erste Russlandtournee der Duse zunächst zu scheitern. Die ersten Tage ist der Saal des Korš Teatr in Moskau halb leer, doch dann sind die einundzwanzig Wiederholungen von *Antonius und Cleopatra*, eine Bearbeitung von *Romeo und Julia* durch Arrigo Boito und natürlich *Die Kameliendame*, die das russische Publikum in der Interpretation der Bernhardt kennt, dank Mundpropaganda und Kritiken komplett ausverkauft. »Ich habe die italienische Schauspielerin Duse in *Antonius und Cleopatra* von Shakespeare gesehen. Ich kann kein Italienisch, aber sie hat so gut gespielt, dass ich meinte, jedes Wort zu verstehen. Was für eine wunderbare Schauspielerin – so ganz anders als die unsrigen, die das Theater zu einem solch langweiligen Ort machen … Ich habe den ersten und zweiten Akt abgewartet, um sie endlich spielen zu sehen. Und als das Stück vorbei war, habe ich gemerkt, dass sie niemals spielen würde. Sie und ihre Figur sind ein und dasselbe.« Diese Zeilen an die Schwester stammen vom Dramatiker Anton Tschechow, der als Chronist der Zeitung *Le Specta-*

teur auch über die Bernhardt schreibt, sie sei »diejenige, die an beiden Polen der Erde war, die fünf Kontinente kreuz und quer bereist und die Ozeane überquert hat und mehr als nur einmal zum Himmel aufgestiegen ist«.

In Moskau und Kiew triumphiert die Duse in *Mirandolina* von Goldoni. Das Stück hat eine solche Resonanz, dass ihr Ruhm bis nach Österreich und Deutschland reicht, wo sie 1892 auftritt, umtost vom Applaus Schnitzlers, Hofmannsthals, Sudermanns und Hauptmanns, die sie als »erste Interpretin der Kunst der Psychologie« begrüßen.

In Wien, wo direkt nach ihr die Bernhardt gastiert, zieht diese den Kürzeren. Sie tritt in Kostümen auf, die einfach nur übertrieben sind und oft nicht das Geringste mit dem Stück zu tun haben, nur um dafür beklatscht zu werden. Vielleicht auch als Reaktion auf den »Pomp« der Bernhardt betritt die Duse ganz unscheinbar die Bühne, fast schon nachlässig gekleidet oder gar mit dem Rücken zum Publikum.

James Joyce hat ein Foto der Duse auf seinem Dubliner Schreibtisch stehen, Anatole France sagt, sie sei in der Lage, »Körper, Seele, Anmut und sich selbst vollständig in ihre Rollen einzubringen«. Sie schaffte es sogar, Sarcey einzuwickeln, der als Anhänger Sarahs und um seine Landsleute nicht zu verärgern, gezwungen ist, seine Worte zu dämpfen. Als er sie in Wien sieht, beschränkt er sich darauf, in *Le Temps* zu schreiben: »Gut möglich, dass die Duse wirklich eine großartige Künstlerin ist.« Während Jean Cocteau für Sarah den Begriff des *monstre sacrée* erfindet, des »heiligen Monsters«, beschert sie dem englischen Kritiker Lytton Strachey »eine Gänsehaut nach der anderen, sie packt und strapaziert die Nerven des Publikums.«[40]

Im November 1885 applaudiert der achtundzwanzigjährige Sigmund Freud Sarah in Paris in *Theodora* von Sardou. Er ist hingerissen und schreibt an seine zukünftige Frau Martha Bernays, alle Gliedmaßen, alle Gelenke seien Teil des Spiels.[41] In Erinnerung an diesen Abend werden die Patienten im Foyer seiner Wiener Praxis in der Berggasse 19 von einem Porträt der Bernhardt begrüßt.

Als Marcel Proust in *Auf der Suche nach der verlorenen Zeit* von der großartigen Vorstellung der Berma in *Fédora* erzählt, beschreibt er in Wahrheit Sarah Bernhardt. Dasselbe macht Henry James mit Miriam Rooth in *The Tragic Muse*. Der Dichter Rainer Maria Rilke wiederum ist von der Duse hingerissen und bezeichnet ihre Inspiration als »Gnade«.

1908 wohnt David Herbert Lawrence der Aufführung von *Die Kameliendame* bei; er ist dreiundzwanzig und Sarah dreiundsechzig, aber er findet sie dermaßen aufwühlend, dass er zartbesaiteten Personen von ihren Stücken abrät und sie als »Gazelle mit dem Furor und der Faszination eines Panthers« beschreibt.[42]

Sascha Guitry geht sogar noch weiter: »Madame Sarah hat eine wichtige Rolle in unserem Leben gespielt. Neben Vater und Mutter ist sie aus unserer Sicht der wichtigste Mensch der Welt. Dass man sie gern mit anderen Schauspielerinnen vergleicht, ist mir nicht nur verhasst: Ich kann es schlichtweg nicht ertragen.«[43]

Die Duse ihrerseits inspiriert Konstantin Stanislawski, den Gründer des Moskauer Künstlertheaters: »Ich habe noch niemanden so Nein sagen hören wie sie, dieses Wort enthält einen ganzen Kosmos menschlicher Emotionen«, während Hermann Hesse ihr Spiel im Allgemeinen und das ihrer Hände im Besonderen als sensibel und mitreißend lobt und sich auch bewundernd über ihre zu jeder Nuance fähigen Stimme äußert, die ebenso rührend kindlich klingen wie einem das Blut in den Adern gefrieren lassen könne.

Der spanische Philosoph José Ortega y Gasset erinnert sich,

»welchen Eindruck die berühmte Schauspielerin Eleonora Duse auf mich gemacht hat, als ich noch ein junger Mann war. Wir verließen das Theater mit zusammengezogenem Herzen und mit einer Art törichtem Feuer darin, dem Feuer jugendlicher Liebe«.[44]

Die Übertreibungen einer Bernhardt vs. die Rätselhaftigkeit der Duse. Aber wieso davon Abstand nehmen? Im Grunde benutzen sie sich gegenseitig.

Wenn sie können, setzen sie alles auf eine Karte. Wenn sie müssen, verzichten sie auf alles.

Die eine war zur Prostituierten und die andere zur Schmierenkomödiantin bestimmt.

Um am Ende zu einem Symbol der Frauenemanzipation zu werden.

Alles ist erlaubt, Hauptsache, es wird (über mich) geredet

Von Sarah weiß das Publikum alles: Gewicht, Gehalt, Haustiere, Leidenschaften, Männer. Sie weiß genau, was sie tut und was man über sie und ihre Ideen berichten soll. Sie macht jede ihrer Gesten öffentlich, verführt alle, die ihr noch mal nützlich sein können. Sie stellt sich aus und zwinkert von Postkarten, Plakaten, Knöpfen und Porträts befreundeter Künstler. Ihre Verbündeten, die Zeitungen und Zeitschriften, geben den Lesern, was die sich wünschen. Und sie wollen die Bernhardt, deren öffentliches und privates Treiben den Verkauf ankurbelt. Gefällt ihr nicht, was über sie geschrieben wird, klagt sie dagegen oder gibt vor, ihre Version der Geschichte zu erzählen: 1878 äußert ein Journalist Zweifel an ihrer Haarfarbe, was die Bernhardt mit einem maliziösen »Tut mir leid, Ihnen nicht beweisen zu können, dass ich eine natürliche Blondine bin« kontert. Die geniale Selbstdarstellerin und geborene Diva hat das Konzept »Weltstar« überhaupt erst erfunden – mit Unmengen von Ideen, wie man die Aufmerksamkeit auf sich zieht. Sie begibt sich auf eine Ballonfahrt, nimmt Erdbeeren und Champagner mit, wofür sie von der Presse gefeiert wird. 1899 schreibt *Le Figaro,* »dass alle nach Paris fahren, um zwei Profile zu sehen: das vom Eiffelturm und das von Sarah Bernhardt«.

Sie ist auch eine Modepionierin, ihre Silhouette ist Vorbild für den »Art Nouveau«-Stil. 1890 ist sie die Erste in Paris, die Hosen trägt, etwas bisher nie Dagewesenes. Engen Korsetts zieht sie fließende Gewänder vor, unter denen sich zuweilen der Busen abmalt, womit sie das Publikum zu Begeisterungsstürmen und die Damen der guten Gesellschaft zu missbilligenden Worten hinreißt. Aber als die Mode geometrisch und die Röcke gerade werden, tanzt sie aus der Reihe und zeigt sich auf Bällen im Stil des 18. Jahrhunderts.

Neben der Mode inspiriert sie auch die schönen Künste und die Werbegrafik. Auf diesem Gebiet hat sie einen wertvollen Verbündeten: Beim Plakat zu *Gismonda* entscheidet sie sich für den Entwurf eines unbekannten tschechischen Künstlers, Alfons Mucha, der sie wie eine Göttin darstellt. Die Zusammenarbeit wird fortgesetzt, und Mucha sollte Sarahs Bild jahrzehntelang prägen. Neben Frankreich hat sie in den Vereinigten Staaten den größten Erfolg. Dort lernt Sarah, dass man mit Werbung nicht nur Unmengen von Geld verdienen, sondern sich auch wie auf der Bühne mit verschiedensten Produkten präsentieren kann: Gesichtscremes, Brühwürfeln, Hüten, Immobilien, Automobilen, Parfüms, Seifen und der Zahnpaste Sozodont, die in Amerika als »einzige Zahnpasta von internationalem Ruf« beworben wird. Und wenn Sarah auf Tournee geht, stellt sie sicher, dass in jeder Stadt die besten Fotografen auf sie warten, in England ist es das Studio William & Daniel Downey, in Amerika Napoleon Sarony.

Im Gegensatz zur Bernhardt wendet die Duse »die Werbestrategie des Schweigens« an. Sie vernachlässigt ein Land bewusst jahrelang, um dann ganz plötzlich dorthin zurückzukehren,[45] doch während die Amerikaner die Bernhardt anbeten, die sich ihnen als alternde Diva präsentiert, werfen sie der Duse Snobismus vor.

Eine Schauspielerin verschwindet

Eleonoras Abneigung gegen den Starkult ist fast schon krankhaft. Im Januar 1896, vor der Tournee, die sie erneut nach New York, Philadelphia, Brooklyn, Chicago und Boston führen wird, gibt die Duse eine Erklärung ab: »Ich habe es stets für möglich gehalten, mit meiner Arbeit Erfolg zu haben, ohne dafür auf die üblichen Methoden zurückzugreifen. Ich habe fest vor, meiner Überzeugung treu zu bleiben, selbst in einem Land wie Amerika, wo übertriebene Werbung absolut unverzichtbar sein soll. Ich bin mir sicher, dass es in den Vereinigten Staaten ein kultiviertes, gebildetes und unvoreingenommenes Publikum gibt, und das ist das Einzige, das mich interessiert. Dieses Publikum ist diese ganzen Übertreibungen ebenso leid wie ich, die man für ein ernsthaftes und unabhängiges Urteil kein bisschen braucht.«

Die auf die Presse allergisch reagierende Duse zeigt den Journalisten, wenn sie sich ihnen denn stellen muss, ihre Zurückhaltung, indem sie die Arme hängen lässt, sich Interviews verweigert und nichts aus ihrem Privatleben preisgibt – »wozu die Marionettenfäden zeigen?«; sie bittet darum, ausschließlich an ihrer Arbeit gemessen zu werden: »Von sieben bis elf Uhr abends gehöre ich der Öffentlichkeit, ansonsten bin ich eine Frau wie jede andere auch mit Recht auf ein Privatleben.«

Und spätabends, nach der Aufführung, findet sie ihren Frieden, indem sie verschwindet.

Und tatsächlich hat der Kritiker des *New York Dramatic Mirror* recht, wenn er schreibt, dass »Eleonora Duse mit ihrer bescheidenen Zurückhaltung viel sensationeller ist als die Bernhardt mit ihren Werbegags«. Er begreift, dass ihr Sich-rar-machen, ihre Zurückgezogenheit, die geheimnisvolle Aura, mit der sie sich umgibt, ihr Charisma nur vergrößern: Indem sie sich verweigert, steigert sie die Spannung und verwandelt »ihre Begegnungen mit dem Publikum in plötzliche Epiphanien, in dramatische Enthüllungen«. In Wahrheit schreibt sie heimlich nicht nur italienischen Journalisten lange Briefe, in denen sie sie über ihre Projekte informiert und vorgibt, sich Rat und Tipps zu holen. So schafft sie es, ein Beziehungsnetz zu knüpfen, ohne je in den Verdacht der Eitelkeit zu geraten.

Sie mag zwar in New York den Journalisten aus dem Weg gehen, vernachlässigt aber nicht die High Society – jene Elite, die der Bernhardt die Tür vor der Nase zugeknallt hat, »aus Angst, von ihrer europäischen Verderbtheit angesteckt zu werden, von der Tatsache, dass sie Jüdin war, von ihrer schamlosen Liebe zur Werbung«.[46] Ihre Beziehung zur Fotografie ist deutlich entspannter. Sie zeigt ihren privaten Charme Gegè Primoli, der sie vor allem in Venedig porträtiert, sowie D'Annunzio, der sie im Garten von Settignano fotografiert, lässt aber auch die wichtigsten Fotostudios nicht aus – angefangen bei Bettini in Livorno über den Franzosen Henri Le Lieure in Turin und den Spanier Paul Audouard bis hin zu den Amerikanern Joseph Byron und

Edward Steichen, dem zukünftigen Cheffotografen von *Vogue* beziehungsweise *Vanity Fair* in den Zwanziger- und Dreißiger-jahren.

High Infidelity

»Die Liebe ist ein Schlag unter die Gürtellinie und ein Schlag ins Kontor«, dieser treffende Spruch fasst das »bewegte« Privatleben der Bernhardt perfekt zusammen. Youle hat es ihr vorgelebt und sie geprägt, auch wenn Sarah es nicht vermisst, das Haus der Mut-ter voller Männer: Je mehr sie davon sieht, desto weniger gefällt es ihr. Alle, Männer wie Frauen, wollen sie privat treffen. Und sie weiß nie, für wen sie sich entscheiden soll.

Unter den (bekannten) Männern ihres Lebens soll sie als Lieb-haber gehabt haben: Schauspieler wie Jean Mounet-Sully und Lou Tellegen, Künstler wie Gustave Doré und Georges Clairin, Lebemänner wie Charles Haas. Man munkelt von Victor Hugo, von Politikern wie Léon Gambetta, Henri Ducasse und dem Grafen von Rémusat, dem Prince of Wales (der zukünftige eng-lische König Edward VII.) und dem Enkel Napoleons, auch von ihrem »*Doctor Dieu*« Samuel-Jean Pozzi, einem Pionier der Gy-näkologie, der sie von einer gefährlichen Eierstockzyste befreit und verführt. Die Männer bleiben ihr freundschaftlich verbun-den, teilweise wie Haas bis zu ihrem Tod.

Aber gehört Sarahs sexuelle Freizügigkeit nicht vielmehr ins Reich des Klatsches? Oder liegt es einfach bloß daran, dass sie nicht gut allein sein kann? Denn darin ist Sarah, die für und durch ihr Publikum lebt, wirklich nicht gut. Böse Zungen be-haupten (und schreiben), sie sei eine Nymphomanin, die nur über ihre Frigidität hinwegtäusche. Doch ihre wahre Erotik findet auf der Bühne statt, wo die Bernhardt »tut, was noch keine vor ihr gewagt hat: Sie spielt mit dem ganzen Körper, legt nicht nur ihre gesamte Seele, ihre ganze Intelligenz und ihre ganze körperliche Anmut in die Rolle, sondern auch ihre sexuellen Reize – und damit meine ich nicht ihr Talent, sondern die Anziehungskraft, die sie auf uns ausübt«.[47]

Doch 1881 kapituliert die Bernhardt. Sie verliebt sich in den elf Jahre jüngeren Aristide Damala mit dem markanten Profil und den vollen Lippen eines Nichtsnutzes, der das Geld nur so zum Fenster hinauswirft. Er ist ein ehemaliger griechischer Diplomat, der sich dem Theater verschrieben hat, gefall- und morphiumsüchtig, aber dafür hochgewachsen, elegant und stets in eine Parfümwolke gehüllt. Obwohl er ganz schlecht Französisch spricht und obwohl Sarah um seine Mittelmäßigkeit weiß, integriert sie ihn als Schauspieler in ihre Stücke und heiratet ihn am 4. April 1882 in London in der protestantischen Kirche St. Andrew in der Wells Street. Die Ehe ist eine Katastrophe und währt nur kurz. Damala stirbt 1889 im Alter von vierunddreißig Jahren. Und Sarah verhält sich so, als wäre er nur vorübergehend fort. Sie reagiert auf die einzige Art, die ihr möglich ist: Sie arbeitet Tag und Nacht, ohne sich zu schonen, auch wenn auf ihrer Visitenkarte noch jahrelang »Sarah Bernhardt, verwitwete Damala« stehen soll.

Sarah liebt auch Frauen. Von der Tänzerin Ida Rubinstein und der Schriftstellerin Anna de Noailles umworben lebt sie mit der Malerin Louise Abbéma zusammen, die fantastische Porträts von ihr anfertigen und ihr, auch im Bett, bis zum letzten Tag ihres Lebens zur Seite stehen wird.

Die Duse neigt dazu, sich in mittelmäßige Schauspieler, Nichtsnutze, verheiratete Männer oder eingefleischte Junggesellen zu verlieben.

Dazu gehört auch Arrigo Boito.

Am 15. Mai 1884, bei einem Essen im Cova in Mailand, das die Schauspielerin nach ihrem Triumph in *Die Kameliendame* im Teatro Carcano gibt, lernt Eleonora den zweiundvierzigjährigen Kritiker und Literaten kennen, ein Mitglied der Mailänder Künstler- und Schriftstellergruppe La Scapigliatura. Drei Jahre lang führen die beiden nur eine eifrige Korrespondenz. Schon in den Briefen wird spürbar, wie sehr er sich wünscht, »dem Geschöpf, das er nur flüchtig kennenlernte, Freude, Ausgeglichenheit, echte Intensität und eine Liebe voller Überzeugungskraft und Respekt« zu schenken.[48] »Bubo«, wie sie ihn nennt, versteht ihr heimliches Bedürfnis, den Zwängen der Spätromantik zu entrinnen. Er befreit sie von einer Art Minderwertigkeitskomplex, begeistert sie für Dante und Shakespeare. Der Mann, der mehr als sieben Jahre Giuseppe Verdis Librettist war, wird zu ihrem spirituellen Führer, der sie mit der literarischen Welt Mailands bekannt macht und drei Shakespeare-Tragödien für sie bearbeitet, *Macbeth, Romeo und Julia* und den Misserfolg *Antonius und Cleopatra*, der am 22. November im Mailänder Teatro Manzoni Premiere hat und wegen der schlechten Übersetzung und der zu eigenmächtigen Eingriffe mit Pfiffen quittiert wird.

Im Ausland läuft es auch nicht besser, und der englische Kritiker William Archer kritisiert nach der ersten Londoner Aufführung im Lyric Theatre im Juni 1893 vernichtend: »Ihre Darstellung hat so gar nichts Erotisches, Sinnliches oder Verführerisches. Ihre Umarmungen sind kalt und ihre Küsse wie die eines Kanarienvogels … Die Cleopatra der Duse ist keine Sekunde die Verkörperung von Liebe und Leidenschaft, von allem, was die Weiblichkeit so an Wunderbarem und Verführerischem bereithält und den Mann seit neunzehn Jahrhunderten an dieser Rolle so fasziniert. Sie ist einfach bloß eine schlaue kleine Frau wie Nora oder

Mirandolina. Aber nicht Cleopatra, sondern ein Cleopatrachen, ein kleines Cleopatrachen.«[49]

Eleonora hingegen sehnt sich nach der ewigen, perfekten Liebe, und obwohl ihr Ex-Mann Tebaldo Checchi damit droht, ihr die Tochter wegzunehmen, träumt sie von einem ruhigen Familienleben mit Boito. Doch das wird nicht passieren, es bleibt eine heimliche Liebe.

Im Herbst 1894 kommt die Duse nach Venedig. »Ich habe jahrelang geschuftet – meine ganze Jugend –, und jetzt brauche ich eine längere Erholungsphase. Ich habe genug verdient, um davon leben zu können: Damit will ich mich zufriedengeben. Denn ich besitze den größten Reichtum überhaupt, der darin besteht, ihn gar nicht erst anzustreben. Ich habe mir eine kleine Wohnung mit weiß gekalkten Wänden eingerichtet, im letzten Stock eines alten Palazzo in Venedig, unterm Dach, mit einem großen Bogenfenster, von dem aus man die ganze Stadt überblickt. Und dorthin werde ich mich zurückziehen. Der Herbst ist ruhig, und die Luft, so wie eine Seele«, schreibt sie Gegè Primoli.

Aber ausgerechnet dort trifft sie auf Gabriele D'Annunzio, dem sie schon im Februar 1888 im Teatro Valle in Rom begegnet ist. »Nach schlafloser Nacht früh am Morgen stößt sie auf Gabriele D'Annunzio, der einer Gondel entsteigt. Sie sprechen von Kunst, Theater und Dichtung.«[50] Der Schriftsteller ist einunddreißig, die Duse sechsunddreißig. Sie ist berühmt, er ein von der Vergänglichkeit besessener Ästhet. Die Liebe trifft beide wie ein Blitz und wird sofort durch Briefe besiegelt. Enttäuscht von Boitos Unschlüssigkeit und unzufrieden mit ihrem Repertoire, glaubt die Duse bei dem Mann »mit dem unschuldigen und herzlichen Lächeln eines Knaben« das zu finden, was sie schon seit Langem sucht: ein neues Repertoire, gespeist aus der Utopie einer gemeinsamen Kunst. Sie ist dermaßen fasziniert, dass sie ihm einen unseligen Pakt vorschlägt: Sollte er Werke für die Bühne schaffen, wird sie die Mittel beisteuern, um sie aufführen zu lassen.

Heimlich bleibt sie Boito noch eine Weile verbunden, während D'Annunzio in schwindelerregendem Tempo eine Eroberung an die nächste reiht: Auf seine Rechtfertigung »Ich bin untreu aus Liebe, ja aus Liebeskunst, wenn ich zu Tode liebe« reagiert sie mit »Mir gegenüber bist du genauso frei wie dem Leben gegenüber«. Zwischen den beiden fehlt es nicht an Gegensätzen, die sich auch durch das gemeinsame Projekt eines Freilufttheaters in Albano vor den Toren Roms nicht überbrücken lassen. Um es zu verwirklichen, bräuchte man die Einnahmen aller von D'Annunzio zwischen 1896 und 1901 verfassten Dramen – *Traum eines Frühlingsmorgens, Die Gioconda, La Gloria Francesca da Rimini* –, die diese jedoch gar nicht einspielen.

Während die Beziehung zu Boito verheimlicht wird, ist die zu D'Annunzio bald öffentlich bekannt – vor allem nach Erscheinen seines Romans *Feuer* (1900), in dem die Beziehung zwischen der Schauspielerin Foscarina und dem fünf Jahre jüngeren Dichter Stelio Effrena autobiografisch ist und in dem er »den körperlichen Verfall« seiner Geliebten auf grausame Weise bloßstellt: Wasser auf den Mühlen der Karikaturisten, die eine schlanke, snobistisch wirkende Duse zeichnen, unter der ein winziger, diensteifriger D'Annunzio zappelt. Aber Eleonora verteidigt ihn und schreibt an Impresario Schürmann: »Ich kenne den Roman und habe ihn zum Druck freigegeben, ganz einfach weil mein Kummer, falls es ihn denn überhaupt gibt, keine Rolle spielt, wenn es darum geht, der italienischen Literatur ein weiteres Meisterwerk hinzuzufügen. Außerdem bin ich vierzig ... und eine liebende Frau!«

Und Enrichetta? Sie hasst ihn dafür, dass er das Leben der Mutter öffentlich beschmutzt hat.

Trotz des verletzten Stolzes bringt die Duse die Dramen D'Annunzios auf die Bühne. Sie gibt Unsummen dafür aus, ist aber unglaublich reich und kann es sich leisten, die Produktionen mit dem Geliebten zu finanzieren. Laut ihm kommt der Autor in der Theaterwelt an erster Stelle. Um seine Macht zu festigen, weist er Eleonora in die Schranken, demütigt sie, kontrolliert sie, nimmt ihre Stelle ein, indem er ihr Regieanweisungen gibt und sich überall einmischt – angefangen beim Licht über die Stoffe bis hin zu den winzigsten schauspielerischen Gesten. Die Ergebnisse sind katastrophal, D'Annunzios Theater setzt sich nicht durch, doch die Duse bleibt in den Klauen der Abhängigkeit gefangen. Was sie miteinander verbindet, ist die Kunst, die für beide, die den Realismus dieser Epoche nicht ausstehen können, nicht weniger als eine »Mission« ist – auch um den Preis des Misserfolgs; die Kreativität des Dichters hätte sie ihrem Ziel, ein Theater der Poesie zu erschaffen, näherbringen sollen. Für die Duse hat der Weg der Erneuerung nur einen Namen: Gabriele und sein Übermut in Liebesdingen.

Ihr Bündnis gegen das bürgerliche Theater und gegen das Theater des Verismo, ihre künstlerische Kooperation, mit der Eleonora glaubte, die Grenzen zwischen Bühne und Leben eingerissen zu haben, endet 1903, wie es banaler kaum geht: durch die unverzeihliche Nachlässigkeit einer zwischen den Laken D'Annunzios verlorenen Haarspange, die der Marchesa Alessandra Carlotti di Rudinì gehört – Tochter des ehemaligen Staatspräsidenten Antonio Starabba und Witwe mit zwei Töchtern. Sie ist siebenundzwanzig, er vierzig.

Der schmerzhafte letzte Gnadenstoß ist jedoch künstlerischer Natur: *Die Tochter des Iorio* ist das einzige Theaterstück D'Annunzios, das von Erfolg gekrönt sein wird. Die erkrankte Eleonora möchte, dass die auf den 2. März 1904 angesetzte Premiere im Mailänder Teatro Lirico verschoben wird, weil ihre körperliche Verfassung keine Proben zulässt. D'Annunzio findet, sie sei zu alt für die Hauptrolle, und hat keinerlei Skrupel, sie der jungen Schauspielerin Irma Gramatica anzubieten. »*Die Tochter des Iorio* war meine Rolle, meine, und sie wurde mir weggenommen«,[51] ruft Eleonora der Freundin Matilde Serao im Genueser Hotelzimmer vom Bett aus zu. Die Liebe zwischen ihr und D'Annunzio hat schon vorher deutlich an Intensität, Aufrichtigkeit und Sinn eingebüßt, aber das bedeutet das Ende ihres Bündnisses.

Für die Duse ist diese künstlerische Erniedrigung durch Gabriele D'Annunzio bereits die zweite.

Die erste trägt den Namen Sarah Bernhardt.

Eleonora, Sarah, Gabriele. Und eine nie verwundene Schmach.

Pas d'oubli dans mon cœur

Paris, 1905. Im Garderobenspiegel des Nouveau Théatre mustert die Duse melancholisch ihr sanft erhelltes Gesicht. Sie ist ungeschminkt in der Rolle der *Hedda Gabler* – ein Stück des von ihr so geliebten Henrik Ibsen, zu dem sie Zuflucht gesucht hat, jetzt, wo sie wieder um die Welt tourt. Als die Pariser High Society sie nach dem Jahr ihres Triumphs im Théâtre de la Renaissance erneut wohlwollend aufnimmt, verstimmt die Duse die überempfindliche Sarah, die ihr ein Billett schickt: »Warum sind Sie nicht zu mir gekommen? Haben Sie mich etwa vergessen?«

In mehr als vierzig Jahren leidenschaftlicher Liebe zum Theater hätte Eleonora von sich aus nie nach höflichen Worten der Zurückhaltung gesucht – sie, die so wunderschöne Worte weiß, muss, ja will der Schauspielerin, die sie einst so bewundert hat, auf Französisch antworten.

Hingabe, Bewunderung, gefolgt von Enttäuschung. Rache?

29. Februar 1905

Mein Herz hat nicht vergessen.

Ihnen, Madame, gilt mein erster Gedanke voller Anerkennung, den ich Ihnen in wenigen Worten direkt nach meiner Ankunft in Paris übermittle.

Ihre Gastfreundschaft habe ich nie vergessen und werde sie auch nie vergessen.

Einst, in diesen Tagen, haben Sie alles getan, um sich mir gegenüber großzügig und gut zu zeigen.

Damals haben Sie mich an eine süße Intimität gewöhnt, die für mich zur achtungsvollen, tief empfundenen Zärtlichkeit wurde.

Doch leider: Warum, Madame, kann mein Herz heute nicht direkt zu Ihrem sprechen?

Welche Haltung sollte eine aufrichtige, dankbare und würdevolle Seele einnehmen?

Ich kann zur jetzigen Stunde das Urteil, das Sie über meine Kunst gefällt haben, nicht ignorieren – ich kann es weder ignorieren noch akzeptieren, noch vergessen, denn man vergisst ungern, was in uns die fruchtbarsten Kräfte auslöst.

Aber … die Erinnerung an Ihr künstlerisches Urteil hat mich nicht Ihre anfängliche Güte vergessen lassen, denn jede Stunde hat ihren Wert im Leben, und ich möchte mich in diesem Moment gern an jene erinnern, als sie tadellos und gut zu mir waren.

Also, was tun?

Ich wiederhole erneut, Madame, diese herzlichen Worte:
Mein Herz hat nicht vergessen. Die Erinnerung daran und
das Andenken an das andere – ich hüte sie.[52]

Eleonora kann Sarahs Worte nicht vergessen: »Die Duse geht Wege, die ihr von anderen gebahnt worden sind. Gewiss ahmt sie diese anderen nicht nach, sie pflanzt Blumen, wo jene Bäume gepflanzt hatten, und Bäume, wo bei jenen Blumen gewesen sind; aber sie hat mit ihrer Kunst niemals eine Gestalt geschaffen, die man als eins mit ihrem Namen betrachten könnte, sie hat niemals ein lebendiges Wesen oder eine Vision gestaltet, die uns unmittelbar an sie denken ließen. Sie zieht die Handschuhe der anderen an, nur dass sie sie verkehrt angezogen hat. Und all das hat sie mit einer unendlichen Grazie und einer unbekümmerten Unbewusstheit getan. Sie ist also eine große Schauspielerin, sogar eine sehr große Schauspielerin, aber sie ist keine Künstlerin.«[53]

Die Duse kann nicht vergeben.

Aber das ist noch nicht alles. Ihr Herz kann nicht vergessen: Denn die Bernhardt hat noch einen obendrauf gesetzt, indem sie einwilligte, *Die tote Stadt* von D'Annunzio aufzuführen. Noch vor ihr, wenige Monate vor ihrem Pariser Debüt im Théâtre de la Renaissance, wegen seiner Ambitionen.

September 1896. Der Dichter will seine erste große Tragödie für die französische Schauspielerin schreiben, »verfasst für das Pariser Publikum«. Wer könnte sein Bühnendebüt besser ins rechte Licht rücken als die Bernhardt? Sie ist in der Lage, ihm die entsprechende Aufmerksamkeit zu garantieren, nicht aber Eleonora.

Sarah und Gabriele treffen sich in Rom, als sie gerade durch Italien tourt. »Bewundernswert, er ist bewundernswert«, bemerkt Sarah, die sich ganz in Weiß auf einem Eisbärenfell rekelt. Und

D'Annunzio, einen dicken Strauß roter Rosen in der Hand, tönt:
»Göttliche! Sie sind so d'annunzianisch, Madame.« Sarah, die
vermutlich noch überlegt, ob sie ihn als Liebhaber in Betracht
ziehen oder sein Werben ignorieren soll, gibt vor, seinen Schmeicheleien nachzugeben. Sie überlässt es den Zeitungen, zu verkünden, dass das Théâtre de la Renaissance Gabriele D'Annunzios
Tragödie *Die tote Stadt* mit Sarah Bernhardt in der Hauptrolle
aufführen wird.

Ein schwerer Schlag für die Duse, ihr Stolz ist verletzt. Und
wie soll sie sich davon erholen – ausgerechnet jetzt, wo sie Sarahs
Einladung, in Paris zu debütieren, nach Jahren des Zögerns angenommen hat? D'Annunzio beschwichtigt sie. In nur zehn Tagen schreibt er für sie *Traum eines Frühlingsmorgens* – kaum mehr
als ein schwülstiger literarischer Exkurs. Ein Erfolg, aber mit
dem bitteren Nachgeschmack, dass er nur ein jämmerlicher Er-
satz ist.

Endspiel

1907. Je mehr sie arbeitet, desto mehr will Sarah arbeiten.

Und mit einem neuen Vorhaben Erfolg haben, nämlich die
Studenten des Pariser Konservatoriums zu unterrichten. Zwei-
mal die Woche steigt sie, von Fotografen umschart, aus dem Wa-
gen und geht die Treppe zur großen Aula im ersten Stock hoch.
Dort nehmen sie die Schüler in Empfang und heben, wenn ihr
Name aus dem Mund der Tragödin erklingt, gerührt die Hände:
»Hier … hier …« Es kommt nicht infrage, auch nur eine Stunde
der Göttlichen zu verpassen, die vorn am Pult sitzt, ohne die
Qualen ihres ersten Vorsprechens vergessen zu haben. Sie möchte
die Persönlichkeit bewerten und ignoriert die technischen Vor-

bereitungen ganz bewusst. Sie korrigiert nicht, sie lobt nicht, sie kritisiert nicht. Sie hört einfach nur zu.

Sarah kann alles, was sie sich vornimmt, und in den Jahren der Entstehung des Kinos zögert sie nicht, sich vor den simplen Kameras in Szene zu setzen: in *Hamlets Duell* von 1900, in *Die Kameliendame* von 1911 und in dem berühmten Film *Königin Elisabeth* von 1912, für den sie vom Couturier Paul Poiret luxuriöse Kostüme einfordert.

Aber das Theater – das Leben? – geht auch mit Erniedrigungen einher.

Die schmerzhafteste tritt ein, als sie um die siebzig ist: Sarah hat schreckliche Schmerzen im rechten Knie. Um sie zu lindern, wird es von den Ärzten eingegipst, aber ein Wundbrand offenbart eine Knochentuberkulose. Schuld daran haben der Sturz aus dem Fenster als kleines Mädchen, die *Johanna von Orleans,* als die sie auf der Bühne des Théâtre de la Porte Saint-Martin täglich auf die Knie fällt, und die *Tosca* in Rio de Janeiro, als sie sich in der letzten Szene beim Sprung von einer Brüstung die rechte Kniescheibe zerschmettert, weil die zerstreuten Bühnenarbeiter vergessen haben, die nötige Matratze bereitzulegen.

Am 4. Februar 1915 fleht sie den befreundeten Arzt und einstigen Liebhaber Samuel-Jean Pozzi an: »Nimm mir das Bein knapp über dem Knie ab. Keine Widerrede! Mir bleiben vielleicht noch zehn, fünfzehn Jahre. Warum soll ich zu ständigen Qualen verdammt sein, zum Nichtstun? … Wenn du dich weigerst, schieß ich mir eine Kugel ins Bein, und dann wirst du gezwungen sein, es mir abzunehmen. Ein Holzbein ist mir lieber, denn das kann ich abnehmen und täglich baden. Ich werde mit Vorträgen auf Tour gehen, unterrichten und guter Dinge bleiben.«[54]

Am 22. Februar wird Sarah Bernhardt um zehn Uhr in den Operationssaal der Klinik Saint-Augustin in Bordeaux gebracht.

Sie trägt einen Morgenrock aus weißem Satin, ist in rosa Schleier aus Crêpe de Chine gehüllt und soll angeblich die *Marseillaise* angestimmt haben. Der Chirurg Jean-Henri Maurice Denuncé, Pozzis Assistent, operiert die berühmte Patientin. Wegen der Journalistenmeute, die das Krankenhaus belagert, werden jeden Tag Krankenberichte veröffentlicht.

»Ein fantastisches Kunstgeschöpf, verstümmelt wie die Statuen von ewiger Schönheit, um das Leben flehend«,[55] lauten die bewegten Worte von Eleonora Duse an die Rivalin.

Doch Sarah negiert die Behinderung und zögert nicht, trotz ihres amputierten Beines an die Front zu fahren, um vor den Soldaten »wie eine Kaiserin von Byzanz« in einer faltbaren Tragbahre zu spielen, was ihr den Spitznamen »Mère La Chaise« einbringt. 1916 kehrt sie in die Vereinigten Staaten zurück und wird wie eine Botschafterin Frankreichs empfangen. Die Löckchen in einem Blond mit Gelbstich gefärbt, das Gesicht durch aggressive Chemie geglättet, ist sie inzwischen nur noch ein Schatten ihrer selbst, wie der Theaterkritiker George Jean Nathan mitleidslos berichtet: »Das Publikum geht weniger ins Theater, um der Schauspielerin zu huldigen, als vielmehr, um ihre Freak-Show zu bestaunen.«

»*Quand même.*«

Auf dieser letzten Tournee unterzieht sie sich einem Eingriff an den Nieren, und in der festen Überzeugung, kurz vor dem Tod zu stehen, schreibt sie ihrem Sohn Maurice einen Abschiedsbrief. Aber sie wird wieder gesund und versichert ihm bald, »die Maske und die Narrenkappe samt Schellen wieder aufgesetzt und ihr Vagabundieren durch Amerika« wiederaufgenommen zu haben.[56] Dem Direktor des Zirkus Barnum in San Francisco, der sie bittet, ihr Bein zu zeigen, entgegnet sie frech: »Welches von den beiden?«

Am 25. Januar 1909, nachdem sie in Berlin in *Die Frau vom Meer* gespielt hat, verkündet die Duse ihren Rückzug von der Bühne. Sie vertraut das Gros ihrer Finanzen dem Geschäftsmann Robert von Mendelssohn an, der ihr hohe Zinsen einbringt und ein Leben in Wohlstand ermöglicht. Sie kauft ein Haus in Florenz, das sie mit Büchern füllt.

Wie Sarah möchte auch sie unterrichten, einen Ort schaffen, an dem junge Schauspielerinnen Erholung und Aufnahme finden. Sie besucht die ersten feministischen Kongresse, lernt die Präsidentin der italienischen Frauenrechtsbewegung Associazione Nazionale per la donna, die Contessa Gabriella Spalletti Rasponi, kennen, die ihr verspricht, sie bei der Gründung ihrer »Bibliothek der Schauspielerinnen« zu unterstützen. Sie wird sie am 27. Mai 1914 einweihen, gefeiert von Journalisten, Schriftstellern und Künstlern, und sie im Februar 1915 wieder schließen. Stets an ihrer Seite ist die knapp zwanzigjährige Dichterin Lina Poletti, mit der Eleonora, so wird gemunkelt, »eine besondere Freundschaft« verbindet. In Wahrheit ist sie eher eine Art Tochterersatz für Enrichetta, die inzwischen mit dem Ästhetiker und Linguisten Edward Bullough in Cambridge verheiratet ist. Die beiden haben zwei Kinder: Sebastian, 1910, und Eleonora Ilaria, 1912 geboren.

Eleonora pendelt zwischen Florenz und Viareggio hin und her, wo sie sich um die verzweifelte Freundin/Geliebte Isadora Duncan kümmert, nachdem deren beide Kinder in der Seine ertrunken sind.

Das Kino fasziniert sie, und 1915 bringt sie Grazia Deleddas Roman *Asche* auf die Leinwand, wobei sie Febo Maris Regie und den Schnitt mit einer Sorgfalt begleitet, die ihr sämtliche Kräfte raubt.

1917 treffen sich in einer Mailänder Buchhandlung die Blicke

der knapp sechzigjährigen Eleonora und des neunzehnjährigen
Luciano Nicastro, eines sizilianischen Offiziers auf Urlaub: der
Sohn, den sie nie gehabt hat, der verlorene Sohn. Sie schreiben
sich aus platonischer Liebe, er lädt sie ein, an der Front zu spielen,
doch sie lehnt ab, bringt dafür Hilfsgüter, kümmert sich um die
Verwundeten und übermittelt Nachrichten an Soldatenmütter.
Der Krieg ruiniert sie finanziell: Die Mendelssohn-Bank in Berlin geht pleite, und die Duse verliert alles. Damit ist der Traum
von einem sorglosen Alter vorbei, Boitos Tod 1918 sowie der Tebaldo Checchis machen sie immer zerbrechlicher.

Sie muss arbeiten.

Gibt es ein Recht auf Liebe, auf Theaterspielen, auf Sich-
lebendig-Fühlen, unabhängig vom Alter?

5. Mai 1921. Die Duse kehrt neben Ermete Zacconi auf die
Bühne zurück, und zwar im Turiner Teatro Balbo in *Die verschlossene Tür* von Marco Praga und in *Die Frau vom Meer* von
Ibsen. Sie ist dreiundsechzig und verbirgt den Altersunterschied
zu ihrer Figur Ellida nicht, kaschiert die Zeichen der Zeit nicht,
weder die Falten noch die weißen, zu einem lockeren Zopf ge-
flochtenen Haare (»Wenn sie mich denn so sehen wollen … Ansonsten verstumme ich wieder«).

Das Theater platzt aus allen Nähten, es ist ein historisches Ereignis: »Und dennoch, was für ein Gefühl, als ihre Stimme nach
so vielen Jahren des Schweigens wieder in den Theatern der Welt
erklang!«[57]

Der Erfolg wiederholt sich in Mailand, die Zuschauer versammeln sich vor dem Theater, »und als die blasse Dame mit dem
zärtlichen und zugleich ernsten Blick aus dem Automobil steigt,
an dem sich einige junge Männer festgeklammert haben, brandet
langer Applaus auf«.[58]

Der blutjunge Luchino Visconti ist erschüttert: »Gleich darauf ihr Auftritt. Nach einem tosenden Applaus, der fünf oder sechs Minuten dauert, setzt sich die alte Dame, die in einem weißen Bademantel reglos und mit gesenktem Kopf am Ende der Bühne steht, in einen Gartensessel, malt auf den Boden und spricht. Das Gefühl verstörender Wahrheit.«[59]

Die Duse ist erschöpft, hat aber Scharen von Gläubigern. Die großen Namen sind Vergangenheit, die Kleider von Couturiers wie Poiret, die pflaumenfarbenen Capes mit Fledermausärmeln, die weißen, goldbestickten Plissee-Tuniken von Mariano Fortuny und von La Maison Worth. Die Zeit der kleinen Schneiderinnen ist zurückgekehrt. D'Annunzio weigert sich, ihr zu helfen, und nur dank einer vermögenden englischen Freundin, Katherine Onslow, erhält die Duse eine Einladung für sechs Vorstellungen in London, wo sie im Mai 1923 die *Gespenster* von Ibsen im New Oxford Theatre an der Ecke zur Tottenham Court Road spielt.

»Da ist sie, diese legendäre Figur, deren Karriere sechs Jahrzehnte Theatergeschichte im 19. Jahrhundert umspannte und die es schaffte, ihre eigene Legende zu überleben, auch wenn sie unbestreitbar alt und müde geworden ist«, so John Gielgud, der mit neunzehn Jahren noch ganz am Anfang seiner Laufbahn steht. Die Duse schafft es, ihre Schulden zu begleichen, und die Erfolge in London geben ihr die Kraft, einen Vertrag mit dem New Yorker Impresario Morris Gest für eine Tournee durch die Vereinigten Staaten zu schließen.

Doch zwei Dinge machen ihr zu schaffen: ihre Überempfindlichkeit und die Tuberkulose.

Göttlich für immer

Auf dem Boulevard Pereire 56 übernachten schon seit Tagen zig Journalisten und Fotografen. Das Publikum möchte auf den neuesten Stand gebracht werden, was die Gesundheit der Göttlichen angeht. Seit Tagen ist bekannt, dass Sarah Bernhardt bettlägerig ist, in ihrer Wunderkammer voller Möbel und Tiere – darunter eine Boa, Affen und ein kleiner Alligator –, umgeben von überall verstreuten Bühnenkostümen wie von abgelegten Identitäten sowie von sich turmhoch stapelnden Büchern auf türkischen Teppichen.

Bereit für die letzte Szene des letzten Akts.

Innerhalb ihrer vier Wände, geschminkt wie ein Clown und mit einer schwarzen Sonnenbrille, die sie vor dem Scheinwerferlicht schützen soll, spielt sie in ihrem letzten Film, *Die Hellseherin* von Sacha Guitry. Doch die Wahrsagerin hat ihr eigenes Schicksal in den abgegriffenen Karten ihrer Figur gelesen.

Sollen die klatschsüchtigen Journalisten doch unter ihren Fenstern schmachten.

Paris hält den Atem an. Wartet auf ein Zeichen.

Sarah hat ihre Beerdigung geplant. Der hölzerne Sarg, in dem sie geschlafen, für unvergessliche Fotos posiert, Gäste empfangen und geliebt hat, ja den sie laut Eigenaussage benutzt hat, »um die Rolle der Toten einzustudieren wie nirgendwo sonst«, wartet schon darauf, ihren verstümmelten Körper aufzunehmen. Mit ihrer Stimme, die kaum mehr ist als ein schwaches Flüstern, benennt sie die sechs jungen Schauspieler, die sie auf ihren Schultern tragen sollen. Sie bittet um einen Priester, der ihr die letzte Ölung geben soll.

Dann fällt sie ins Koma.

Nur mit Mühe halten die wenigen bis zu ihr vorgelassenen

Freunde – »*ma petite famille*« – die Tränen zurück und erleben die dramatischste Abschiedsvorstellung überhaupt. Um acht Uhr abends am 26. März 1923 macht Sarah in den Armen von Maurice, dem einzigen Mann, den sie wirklich über alles geliebt hat, ihren letzten Atemzug.

Maman ist tot, was ihm bleibt, sind die Erinnerungen, Bücher, Anekdoten und Schilderungen der anderen sowie der unersetzliche Mutterblick.

Kurz nach 21 Uhr werden die seit Tagen geschlossenen Fensterläden zum Boulevard aufgerissen. Sarahs Leibarzt Dr. Marot verkündet: »Sarah Bernhardt ist tot.«

Die Reporter besteigen ihre Motorräder und rasen zu ihren Redaktionen. Nach und nach füllt sich der Bürgersteig mit Menschen, die die Totenwache für die Künstlerin übernehmen. Im Theater Sarah Bernhardt wird *Der junge Adler* von Rostand gegeben, doch als mitten im ersten Akt abrupt der Vorhang fällt, begreifen alle, was los ist. Das Publikum strömt aus dem Theater. Gespenstische Stille, feuchte Augen und in der Hand die Eintrittskarte als letzte Reliquie.

Ganz in Schwarz schauen die Schauspielerinnen der Pariser Theater zum letzten Gruß vorbei und legen weiße Sträuße vor dem Sarg der Größten ab. Zu Dutzenden gehen sie die Treppe hinauf, um sie ein letztes Mal im weißen Kleid zu sehen, geschminkt und mit Perücke, den Orden der Ehrenlegion an der Brust. Berge von Rosen, Orchideen, Veilchen und Wiesenblumen füllen Zimmer, Treppenhaus, Foyer und den immer volleren Bürgersteig.

Am nächsten Tag bringen die Zeitungen eine Sonderausgabe mit Spezialbeilage. In einer rhetorischen Aufwallung schreibt Robert de Flers, Mitglied der Académie française, über die »größte Künstlerin unserer Zeit, der niemand das Wasser reichen kann«,[60] während dem amerikanischen Theaterproduzenten George Tyler seit Königin Victorias Tod keine Frau einfällt, die so berühmt war.[61]

In London bittet Königin Alexandra, für die Sarah drei Jahre zuvor auf Schloss Windsor gespielt hat, um eine Messe in der Westminster Cathedral.

Alle Theater Frankreichs tragen Trauer.

Auch wenn Sarah als nationales Denkmal gilt, verweigert ihr die Regierung unter dem Katholiken Henri Poincaré ein Staatsbegräbnis. Aber ob eine Beerdigung den Volkswillen wiedergibt, hängt weder von der Regierung noch vom Parlament ab: Am Mittwoch, dem 28. März 1923, tritt Sarah Bernhardt unter einem wolkenlosen Himmel endgültig ab, begleitet von einer schweigenden, riesigen Menschenmenge, die man so zuletzt nur 1885 bei der Trauerfeier für Victor Hugo erlebt hat. Die Frühlingssonne von Paris bescheint das Menschenmeer, das aus den zentral gelegenen Vierteln, von den Boulevards und aus der Peripherie herbeiströmt, um den Begräbniszug zu sehen, der aus fünf schwarz drapierten, unter weißen Kamelien begrabenen Kutschen besteht. Die Frauen klettern auf die Schultern der jungen Männer: »Sie ist es! Da kommt sie …«; und die Lahmen in ihren Rollstühlen erinnern sich, »wie auch ihr ein Bein amputiert wurde«; an den Fenstern bekreuzigen sich Hunderte von Angestellten und streuen Blumen. »Wir bitten um einen freien Nachmittag, damit wir sie ein letztes Mal sehen können …«, schreiben die Arbeiter ihren Direktoren.

Ihr Name geht von Mund zu Mund, zunächst in der Kirche Saint-François-de-Sales, wo der Abt Loutil einen kurzen Gottesdienst feiert, dann auf dem Boulevard Malesherbes und in der Rue Royale sowie in der Rue de Rivoli. Auf der Place du Châtelet legt die Kutsche eine Pause vor ihrem letzten Theater ein, Tausende verharren in einer nur von Flüstern unterbrochenen Stille. Dann geht es weiter Richtung Rue du Faubourg Saint-Antoine, Place de la Bastille, Rue de la Roquette: Ganz Paris ist auf den Beinen, auch diejenigen, die sie nie haben spielen sehen, murmeln: »Sarah! ... *voilà notre Sarah* ...«

Und schließlich zum Friedhof Père-Lachaise, wo man sich zu Hunderten zwischen rosarot schimmernden Grabsteinen drängt.

C'est fini.

Wenige Monate später wird Sarah ein letztes Mal Marguérite sein, oder besser gesagt, so wie diejenige, die sie inspiriert hat: Marie Duplessis, mit dreiundzwanzig Jahren an Tuberkulose gestorben, deren Nachlass am 23. Februar 1847 versteigert wurde. Sechsundsiebzig Jahre später, am 11. Juni 1923, wird Sarahs Nachlass von der Pariser Galerie Georges Petit versteigert. Anhänger und Fetischisten eilen herbei, um sich Kleidung, Pelze, Schmuck, Bücher und Halsketten zu sichern, die die Göttliche getragen hat, sowie Möbel aus dem festungsartigen Haus auf der bretonischen Insel Belle-Île-en-Mer, wohin sich Sarah mit ihrer Clique, dem Maler Clairin, dem Musiker Reynaldo Hahn, zurückzuziehen pflegte, um dort fröhlich mit Affen, Papageien, Geparden, Hunden, Schildkröten und Chamäleons zusammenzuwohnen.

Die Legende lebt weiter.

Die einer freien Frau, die die Träume eines nicht genug geliebten Kindes verfolgte.

Die Duse »beweint sie mit aufrichtigen Tränen, nicht mit Bühnentränen, als Freundin, nicht als Rivalin«.

Sie ist in Asolo, bereitet sich auf eine lange Tournee durch die Vereinigten Staaten vor, wo das *Time*-Magazin, das ihr am 30. Juli 1923 die Titelseite widmet, ihre Rückkehr ankündigt.

Die Duse hat Angst. Sie befürchtet, bemitleidet oder gar verlacht zu werden.

Von Paris aus nimmt sie mit Enrichetta den Zug nach Cherbourg, wo sie sich am 10. Oktober auf der *Olympic* nach New York einschiffen, gemeinsam mit ihrer Kammerfrau Maria Avogadro, der treuen Sekretärin Désirée von Wertheimstein und der Freundin Katherine Onslow.

Die Karten für die Premiere von *Die Frau vom Meer* im Metropolitan Opera House waren innerhalb weniger Minuten ausverkauft. Unter den 3867 Zuschauern am Abend des 29. Oktober befindet sich neben Hollywooddiven wie Gloria Swanson und Dichtern wie Langston Hughes auch ein blutjunger Lee Strasberg, der zukünftige Direktor des Actors Studio und Maestro von Marilyn Monroe (der stets ein Foto von der Duse in seiner Garderobe haben wird). Er ist wie vom Blitz getroffen: »Ich habe soeben ein Theaterstück in einer Sprache gesehen, die ich nicht beherrsche, und eine Frau erlebt, die es geschafft hat, mir ihren Schmerz zu vermitteln und mir ein winziges Stück ihrer Seele zu offenbaren. Ihre Stimme scheint wie ein Klangstrom durch die Luft zu schweben, ohne je den Eindruck der geringsten Anstrengung zu erwecken.«[62]

Zwei Vorstellungen die Woche, fünf Wochen lang. Und danach triumphiert die zierliche Duse mit dem weißen Haar in Boston, Baltimore, Chicago, New Orleans und Havanna. Die Einnahmen reichen, um die letzten Schulden abzutragen. Am 19. Februar 1924 tritt sie im Philharmonic Auditorium von Los Angeles auf, und am nächsten Tag erscheint Sarah als Geist auf den Seiten der *Los Angeles Times:* »Die Bernhardt wirkte stets kontrolliert und mehr oder weniger gekünstelt. Die Duse ist unmittelbar und verstörend ... Die Summe ihrer Eigenschaften ergibt die perfekte Künstlerin: die schlichte, offene Kinderseele, die Handwerkerin mit der langjährigen praktischen Erfahrung, das große Herz, das menschliches Mitgefühl gelernt hat, dazu der scharfe, analytische Verstand eines Psychologen. *Die verschlossene Tür* gipfelt im zweiten Akt, als die Mutter plötzlich erfährt, dass der Sohn das Geheimnis seiner unehelichen Geburt kennt. Die Duse lässt sich in einen Sessel fallen und windet sich wie ein leidendes Kind. Ihr Gesicht ist nicht zu sehen; kein Heben und Senken der Schultern. Auf einen Berg Kissen gestützt bleibt sie fast reglos, stumm. Das plötzliche Dahinwelken ihres Körpers vor der ausgestreckten Hand des Sohnes ist alles, was man sieht. Und doch sind ihre dramatische Kunst und ihre Technik so überzeugend, dass einem diese Szene das Herz zerreißt. Ich muss gestehen, ich habe geweint …«[63]

Der begeisterte Verfasser dieses Artikels heißt Charles Chaplin.

Die Duse ist erschöpft. Bevor sie die Bühne betritt, braucht sie Stunden Schonzeit, ignoriert aber den Rat derer, die ihr nahestehen und möchten, dass sie aufhört: Sie muss ihren Vertrag erfüllen.

»Los, fahren wir!«

Sie verlässt das milde Klima San Franciscos, reist über Detroit und Indianapolis nach Pittsburgh in den nasskalten Winter Pennsylvanias. Die Duse, die Journalisten sonst eher aus dem Weg geht, zeigt sich bei ihrer Ankunft am 1. April am Bahnhof entgegenkommend und offen. Trotz der Kälte behauptet sie dreist, dass sie das Klima der Stadt an die italienische Riviera erinnere …

Der 5. April 1924 ist ein regnerischer Samstag. Es pfeift ein eiskalter Wind. Die Proben in der Syria Mosque, zwischen den Stahlhütten und Kohlebergwerken der Stadt im grünen Viertel Oakland gelegen, sind für den Nachmittag vorgesehen, deshalb wird der Saal täglich ab 15 Uhr von einer Anlage in der Unterstadt beheizt. Aber Eleonora hat es eilig, sie möchte sofort proben, »spätestens um elf«.

Woher diese Anspannung, diese Besessenheit?

Der Kompaniedirektor versucht, sie davon abzubringen, aber kaum ist er fort, steigt Eleonora mit Désirée ins Auto. Sie drückt den Hut auf ihr weißes Haar, bittet den Fahrer, sie vor dem Theater abzusetzen, während der Regen ihre Haut bedeckt wie eiskalter Puder. Ein verrostetes Schild zeigt zum Theatereingang. Sie klopft gegen die verriegelte Tür, das Wasser trommelt gegen die Scheiben, die Straße wird vom Regen regelrecht überschwemmt, aber es ist niemand da, und im Park der Oberstadt ist keine Menschenseele zu sehen. Sie versuchen vergeblich, ein neues Taxi zu finden. Nach einer halben Stunde gelingt es Eleonora, ins Hotel zurückzukehren. Sie wird immer schwächer, spielt das Stück aber am Abend mit schier übermenschlicher Kraft zu Ende: »Die Duse ist am Rande ihrer Kräfte, und nur so ein Wille, wie sie ihn hat, lässt sie durchhalten.«[64] Von Fieber geschüttelt wird sie ins Hotel gebracht.

Die für den 8. April vorgesehene Aufführung in Cleveland fällt aus.

In der Suite 524 des Schenley Hotel sind die Theaterbücher auf dem Boden verstreut wie Inseln eines Archipels. Das Urteil von Dr. Charles Barone lautet in letzter Instanz: chronische Herzmuskelentzündung, verstärkt durch eine Lungenentzündung. Die Patientin zu verlegen ist riskant.

Als wolle sie die Qualen ihrer Marguérite nachempfinden, liegt Eleonora, das Gesicht fahl und eingefallen, »im Bett, den Kopf in den Kissen wie eine Kamelie, die langsam dahinwelkt« ...

Die blutleeren Hände verweisen auf die Krankheit, die sie verzehrt.

Katherine Onslow telegrafiert Enrichetta am Freitag, dem 11. April. Sie berichtet von einer »deutlichen Besserung«, aus der zehn Tage später »ein besorgniserregender Zustand« wird, bis die Situation am 21. April, am Ostermontag, vollkommen außer Kontrolle gerät. Die Duse versucht, sich aufzurichten, ihr Körper scheint unablässig zu zittern, ihre Lippen formen Worte, unterbrochen durch immer mühsamere Atemzüge: »Aufbrechen! Arbeiten!«

Und schließlich: »Deckt mich zu, wärmt mich auf, mir ist kalt.«

Um 2 Uhr 30 ergibt sich Eleonora Duse ihrer zerfressenen Lunge. Die Frau, die auf der ganzen Welt zum Symbol für Italien geworden ist, stirbt, wie sie geboren wurde: in einem Hotelzimmer, in einer kalten, sternlosen Nacht.

Bei ihr sind Maria, Désirée, Katherine und die Schauspielerin Bathsheba Askowith.

Wie bereits ihr Leben ist auch der Tod eine »Tournee«.

Nach einer Totenwache im Samson Funeral Home in der North Neville Street in Oakland werden die sterblichen Überreste der Schauspielerin am 27. April nach New York gebracht, wo die Trauerfeier in der Kirche Saint Vincent Ferrer in der Lexington Avenue stattfindet. Den durch einen Polizeikordon gesicherten Trauerzug begleiten Tausende, der Botschafter, Prinz Gelasio Caetani di Sermoneta, legt einen Kranz aus Lilien und weißen Rosen von König Vittorio Emmanuele III. nieder, neben den von Mussolini, »Für die erste Tochter Italiens«.

Dann die letzte Etappe. Am 1. Mai wird der Sarg von Eleonora Duse an Deck der *Duilio* gehievt und auf Regierungskosten nach Italien, in den Hafen von Neapel, überführt. D'Annunzio spricht bei Mussolini vor, damit es in Rom ein Staatsbegräbnis gibt, am 11. Mai, in der Basilica Santa Maria degli Angeli. Auf der Weiterreise mit dem Zug verlangsamt dieser seine Fahrt in Florenz, Bologna und Padua. Gebete und Trauerzüge begleiten die tote Schauspielerin an ihre letzte Ruhestätte, den Friedhof Sant'Anna in Asolo, wo die Duse auf ihren ausdrücklichen Wunsch hin »aus Liebe zu Italien und zu den im Ersten Weltkrieg gefallenen Soldaten mit dem Gesicht zum Monte Grappa« beerdigt wird.

Es ist der 13. Mai 1924.

Alle italienischen Theater haben als Zeichen der Trauer geschlossen.

Coco Chanel | Elsa Schiaparelli

Schiaparelli? Ah! Diese italienische Künstlerin,
die Kleider macht …

COCO CHANEL

Chanel ist eine langweilige Spießerin,
die sich auf Friedhöfe spezialisiert hat.

ELSA SCHIAPARELLI

Innen/Nacht

Paris, 3. Februar 1954
Im Salonspiegel sind fünfundfünfzig aufeinandergestapelte goldene Stühle zu sehen. Im ersten Stock brennt Licht.

Eingehüllt in Zigarettenrauch geht Mademoiselle – grauer Rock, beige Bluse, flache Pumps, Lorgnette und zahlreiche Perlenketten – vor Marie-Hélène Arnaud in die Hocke. Die zierliche Modeschöpferin mit dem schwarzen Haarteil ist stark geschminkt (dicke Brauen über nervös hin- und herhuschenden Augen, viel Make-up und ein breiter Lidstrich). Ihr Lippenstift hat sich in den Fältchen abgesetzt. Die knochigen Hände sind gepudert, und sie trägt roten Nagellack. Am schmalen Körper des berühmten Models, das sie seit Tagen einer anstrengenden Tour de Force unterzieht, reißt sie den x-ten Stoffstreifen ab, arbeitet hartnäckig an Plisseefalten und korrigiert Fehler. Doch ein Zehnstundentag ist sogar für sie zu viel: »Meine Hände sind müde, sie haben zu viel gearbeitet«, sagt sie seufzend.

Von der Rue Cambon bis zum Hôtel Ritz sind es nur wenige Schritte. Mademoiselle wird sich für ein paar Stunden in ihrer nach Kamelien duftenden Suite erholen, »zwischen ihren Schätzen, aber ohne jedwede menschliche Gesellschaft«:[65] Coromandel-Lackparavents, Marmorlöwen und Kristallkugeln, eine goldene Skulptur in Form einer Hand von Alberto Giacometti, das Bild einer Ähre von Salvador Dalì. Dinge, die sie vor einer Welt schützen, in die sie nach acht Jahren Exil und fünfzehn Jahren der Untätigkeit zurückgekehrt ist. Sie lebt in der Angst, bedeutungslos, ja vielleicht sogar überflüssig geworden zu sein.

Die Fünfzigerjahre waren keine gute Zeit für sie.

Im Oktober 1950 starb Misia, womit tausend ausgelassene Feste endgültig der Vergangenheit angehörten. Sie wurde per Telegramm darüber informiert, eilte nach Paris und glättete der Freundin die Falten, indem sie deren lebloses Gesicht mit Eiswürfeln massierte. Eine Stunde später war Misia wieder schön und bereit für ihren letzten Auftritt. Am 22. Februar 1953 starb Alphonse, das letzte ihrer Geschwister. Und am 19. Juli desselben Jahres, am Todestag des Herzogs von Westminster, war es unmöglich, nicht an den geliebten Paul Iribe zurückzudenken. Und dann ... dann hatte in diesen Wochen auch noch Étienne de Balsan einen Autounfall. Doch ihr fehlte einfach die Kraft, ihm voller Dankbarkeit die letzte Ehre zu erweisen.

Sie stellte sich bloß das Blut auf der unbefestigten Straße vor, sah erneut Boy vor ihrem inneren Auge und sich selbst schluchzend am Unfallort kniend, angesichts der Trümmer dieser einst so glücklichen Liebe.

Doch was bringt es, Gespenster heraufzubeschwören, wenn sich Trauerfall an Trauerfall reiht? Diese Toten müssen vergehen, ohne sich erneut zusammenzufügen ... außer in Gestalt eines Kleides.

Nein, das war keine schöne Zeit. Doch selbst jetzt, wo ihr das Leben durch die Finger zu rinnen scheint wie Sand, weigert sich Mademoiselle, nostalgisch zu werden. Nachdem das Projekt, ihre Memoiren zu veröffentlichen, gescheitert ist, hat sie die Villa »La Pausa« an Churchills Literaturagenten Emery Reeves verkauft. Die Rue Cambon ist jetzt ihre einzige Leidenschaft – eine, die sie nie enttäuscht hat. Und zum Schlafen gibt es die Suite im Ritz.

Mit einundsiebzig möchte Coco Chanel zurück ins Rampenlicht, sie ist bereit, die Maison wiederzueröffnen, ihr einstiges

Leben wiederaufzunehmen. Das zu tun, was sie kennt. Sie sehnt sich nach Geborgenheit.

Vielleicht wünscht sie sich ja Vergebung vonseiten der Franzosen – jetzt, wo die Nationalversammlung eine Amnestie für Kollaborateure beschlossen hat? Wie dem auch sei, das ist keine gute Zeit für Gewissensbisse: Die Einladungen sind bereits an die Zeitungsredaktionen und treuen Kundinnen verschickt worden.

Chanel Rue Cambon zeigt am 5. Februar 1954 die neue Kollektion.

Nur wenige Stunden zuvor, vierhundert Meter weiter.

Im ersten Stock des Gebäudes an der Place Vendôme 21 hat Elsa Schiaparelli miterlebt, wie ihre Haute-Couture-Kollektion Stammkunden und Freunden vorgeführt wurde. Es hat nicht genügt, die Modelle mithilfe zweier junger Mitarbeiter, Pierre Cardin und Hubert de Givenchy, aufzupeppen. Die »Fluid Line« ist ein absolutes Fiasko, es werden nur wenige Teile verkauft, und mit dreiundsechzig Jahren fügt sich »der Tornado« Schiaparelli seinem Schicksal. Es gibt nichts mehr zu entwerfen, und die surrealistische Revolution, deren Muse sie einst war, ist nur noch eine ferne Erinnerung in einer Welt, die sie nicht mehr wiedererkennt und die sie kaum noch zu interessieren scheint. Die einst so moderne und weltgewandte Designerin findet sich in der aktuellen Mode nicht mehr wieder, in der ein gewisser Christian Dior (der ihr vorwirft, »Mode für Maler und Dichter« zu machen) der Star von etwas ist, das Carmel Snow, die mächtige Chefredakteurin von *Harper's Bazaar*, den »New Look« getauft hat: weite Tellerröcke mit Wespentaille und üppige, durch Korsetts und Petticoats betonte Brüste.

Sogar Chanel ist angewidert: Sollten ihre Anstrengungen, den Körper der Frau zu befreien, etwa umsonst gewesen sein?

Am Abend des 3. Februar 1954 gesteht sich Schiaparelli an ihrem Schreibtisch ein, »dass ich mich vom Place Vendôme trennen muss, der mich in der Zwischenzeit allzu sehr in Beschlag genommen hatte«.[66] Sie denkt daran zurück, wie sie vor genau neunzehn Jahren, am 5. Februar 1935, in diesen Salons debütiert hat. Schon bald landete ihr Name in den Adressbüchern von Neuaristokratinnen wie Wallis Simpson, von Unternehmerinnen wie Helena Rubinstein, von Erbinnen wie Daisy Fellowes und von Filmstars wie Greta Garbo (»zweifellos der größte Stern am Firmament, nur zu vergleichen mit Eleonora Duse«[67]), Katharine Hepburn, Joan Crawford, Joan Fontaine, Marlene Dietrich, Vivien Leigh, Lauren Bacall und Arletty.

Im warmen Licht des Ateliers – »drei kleine Räume mit niedrigen Decken und Fenstern«[68] – zieht sich Elsa in ihre Lieblingsecke zurück, wo sie sich fühlt »wie eine *Superconcierge* (…) zwischen Tweedballen, Seide und Kunstblumen sitzend, inmitten von Stickereien und Modeschmuck«, und das »An- und Abreisen im Ritz« beobachtet, »wo merkwürdige Leute unbewusst ihre Rollen in der Realität zu spielen pflegen«.[69]

Vom Fenster aus mustert sie den dunklen, aber wegen der auf Hochglanz polierten Cadillacs und Rolls-Royces gleichzeitig funkelnden Platz. Zwischen den Boliden der Millionäre steht eine weiße Vespa 150. Sie wird Bettina (Shaw Jones, verheiratete Bergery, ihre rechte Hand, treue Assistentin, PR-Frau, Freundin, Ex-Model, glückliche Bisexuelle, die ständig in irgendjemanden verliebt ist) bitten, so eine ins Schaufenster ihrer Boutique zu stellen, welche auch ohne sie weiterhin Einheimische wie Touristen anziehen wird. Der Schriftzug »Schiaparelli« wird auch in Zukunft noch auf Parfüms, Brillen, Taschen und Schals prangen, für die sie in weiser Voraussicht zahlreiche Lizenzen vergeben hat. Und besagte Vespa wird sich in einer Schwarz-Weiß-Skizze des jungen Andy Warhol wiederfinden, der sich auf seiner ersten Pariserise darin verliebt.

Ihre Entscheidung steht jedenfalls fest: Nachdem sie ihre Memoiren veröffentlicht, ihre Erinnerungen, Begegnungen, Lebens- sowie Karriereeinblicke auf Papier gebannt hat, wird ihr Hammamet, ihr tunesischer Zufluchtsort, dabei helfen, darüber hinwegzukommen.

Es ist drei Uhr nachmittags, und in der winterlichen Stille wirkt die Place Vendôme wie eine Szene aus einem Stummfilm. Währenddessen erzittert die Drehtür des Hôtel Ritz unter dem Flügelschlag eines zarten Schmetterlings: Coco Chanel ist nach Hause zurückgekehrt.

Am 5. Februar 1954 erinnert der Salon in der Rue Cambon an ein »Schwurgericht ein paar Sekunden vor dem Urteilsspruch«.[70] Die Reporter und Journalisten, die aus aller Welt nach Paris geströmt sind, bilden das erlauchte Tribunal. Mademoiselle, die auf der obersten Stufe sitzt und das Kinn in die Hände gestützt hat, achtet darauf, dass die Inszenierung perfekt ist. Über die verspiegelten Paneele der Wendeltreppe verfolgt sie die Präsentation ihrer dreißig Modelle in Puderrosa, Weiß, Grau und Marineblau vor Kundinnen wie Helena Rubinstein, Zizi Jeanmaire und zig weiteren Köpfen ... mit silbergrauem Haar.

Man hat sie nicht vergessen!

Zwanzig Minuten später schafft es der spärliche, angestrengte Applaus nicht, die ebenso peinliche wie eisige Stille zu übertönen. Dass sie die Zahl fünf gewählt hat, den Glücksbringer der Maison, ändert nichts am abschließenden Urteil: Die Kollektion fand keinen Gefallen. Hastig strömen die Gäste zum Ausgang, die waidwunde Löwin flieht in ihr Appartement im zweiten Stock und streckt sich auf ihrem Bürodiwan aus. Sie schließt die

Augen, und allen, die sie trösten wollen, sagt sie mit schonungsloser Offenheit: »Es ist die Welt, die sich verändert hat, nicht ich.«

Die einstigen Bewunderer üben vernichtende Kritik, sie finden sie zu alt, als dass sie ihr Geschäft wieder aufnehmen könnte – und sei es nur, um sie für ihre unverzeihlichen Techtelmechtel während des Krieges zu bestrafen. Es bleibt ihr wirklich nichts erspart: »Wie rührend, wir fühlten uns ins Jahr 1925 zurückversetzt«, schreibt *Le Figaro* ironisch; »Man hat den Eindruck, ein Dornröschenschloss zu betreten«, bemerkt *L'Aurore; Combat* titelt *Chez Coco Chanel à Fouilly-les-Oies en 1930* (Bei Coco Chanel in Fouilly-les-Oies im Jahr 1930), um zu sagen, dass ihre Mode mit »Kleidern, die gerade mal dazu taugen, Toiletten zu putzen«, altbacken geworden sei (der Name des erfundenen Städtchens steht im Französischen für etwas Veraltetes, Rückständiges). Die Welt, die sie mit heuchlerischer Ehrfurcht gefeiert hat, lässt sie fallen: »An diesem Tag«, so wird Michel Déon Jahre später schreiben, »war die Presse Bosheit pur.«[71]

Verteidigt wird sie nur noch von Hélène Lazareff, Chefredakteurin und Gründerin der *Elle,* sowie von ihrem Dichterfreund Jean Cocteau, der sie mit honigsüßen Worten tröstet: »Wenn Chanel die Mode regiert hat, dann nicht nur, weil sie Wolle und Seide kombiniert, Pullis in Perlen gehüllt, auf verspielt gestaltete Parfümetiketten verzichtet, die Taille von Kleidern und Mänteln mal rauf- und mal runtergesetzt und die Frauen gezwungen hat, nach ihrer Pfeife zu tanzen. Sondern weil sie während dieser eleganten, stabilen Diktatur nichts aus ihrer Zeit ignoriert und sich sowohl mit dem, was offensichtlich, als auch mit dem, was verborgen war, beschäftigt hat. Ihre Rückkehr auf die Pariser Bühne ist mehr als nur die Wiedereröffnung eines Modehauses. Sie ist ein Symbol der Notwendigkeit, das allgegenwärtige Mittelmaß zu besiegen.«[72]

Chanel hat eine Schlacht verloren, aber ganz bestimmt nicht den Krieg. Und öffnet wieder ihre Türen.

Wenige Monate später – so lange, wie es eben dauert, die Bürokratie zu erledigen – meldet Schiaparelli Insolvenz an.

Damit endet eine Rivalität, die zwanzig Jahre zuvor begann, als Mademoiselle riskierte, allmorgendlich der Frau über den Weg zu laufen, die ihre Vorherrschaft bedrohte.

Beiden gemeinsam ist ein starker Freiheitsdrang.

Und eine schwere Kindheit.

Eine Tragödie in mehreren Akten bei Gabrielle.

Und das Drama einer wohlhabenden Außenseiterin bei Elsa.

Einsame Seelen

Albert Chanel ist ein fahrender Händler und viriler Frauenheld, als er 1881 die noch blutjunge Jeanne Devolle kennenlernt, mit ihr in Courpière in der Region Auvergne-Rhône-Alpes ins Heu geht und sie schwanger zurücklässt. Als sie kurz vor der Geburt steht, kehrt er zurück, heiratet sie aber nicht, gibt dafür Julie-Berthe Chanel am 11. September 1882 seinen Namen. Das Paar bezieht eine Dachkammer in der Rue Sainte-Jeanne 29 in Saumur in der Region Maonie-et-Loire, wo die schon wieder schwangere Jeanne ein Dasein als Wäscherin fristet. Am 19. August 1883 kommt im Armenhaus von Saumur Gabrielle Bonheur zur Welt. Sie wird mit dem verstümmelten Namen Chasnel ins Geburtsregister eingetragen und am 21. August vom Vikar der Kirche Notre-Dame-de-Nantilly in der Hospiz-Kapelle getauft. Jeanne und Albert heiraten am 17. November 1884, als sie mit dem dritten Kind, Alphonse, schwanger ist, auf das noch Antoinette, Lucien und Augustin folgen werden: Letzterer stirbt gleich nach der Geburt.

Gefangen in einem dunklen Zimmer wird die arme Jeanne am 16. Februar 1895 von der Tuberkulose dahingerafft. Sie ist erst dreiunddreißig Jahre alt, doch es ist, als hätte sie hundert gelebt. Aber in den Augen von Julie-Berthe und Gabrielle stirbt sie noch jung und schön. Gabrielle steht wie versteinert vor dem erkalteten Leichnam der Mutter, weint jedoch nicht. »Mir wurde alles genommen, und ich bin gestorben. Ich war zwölf. Man kann zweimal im Leben sterben«, wird sie Jahre später in aufrichtigem Schmerz sagen. Albert trifft gerade noch rechtzeitig ein, um seine Frau zu begraben. Wenige Tage später lädt er die Mädchen hastig auf seinen Wagen und bringt sie ins Waisenhaus von Aubazine, ein ehemaliges Zisterzienserkloster.

Sie werden sich nie wiedersehen.

Gabrielle ist ein intelligentes, frühreifes Mädchen, das gern Verstecken spielt, in Ruhe liest und schreibt und wie eine Verhungernde, die in der Kontemplation ihre einzig mögliche Nahrung findet, eine genaue Beobachterin ist.

Sieben Jahre.

Sieben lange Jahre bleibt sie innerhalb der kahlen, kalten Klostermauern: eine kritische, einsame Wächterin ihrer selbst. Sie weiß es zwar noch nicht, aber in der stillen Einsamkeit von Aubazine, umgeben von Nonnentrachten und schwarzen Kitteln mit weißen Krägen, webt sie an ihrem Talent.

Das Kloster beherbergt ausschließlich Mädchen, die einmal Nonne werden wollen. Im Frühling 1900, wenige Monate vor ihrem achtzehnten Geburtstag, ist Gabrielle – mit Haaren, die genauso kräftig und dunkel sind wie ihr Blick, wodurch sie jetzt schon Stil hat und sich von allen anderen abhebt – gezwungen, die Schwester allein zu lassen und ins Institut Notre-Dame von Moulins umzuziehen. Dort lernt sie Adrienne kennen, eine gleichaltrige Tante, die Tochter eines egoistischen, abwesenden

Großvaters. 1903 sind die zwei bei Tante Julie, der älteren Schwester des Vaters, die ihnen beibringt, Kleider und Hüte zu verzieren. Die beiden freunden sich an, und als sie mit zwanzig geschickt mit Nadel und Faden umgehen können, werden sie von der Maison Grampàyre angestellt. Dort besticken sie Wäsche, nähen Männerhemden und Frauenkleider. Ihr Talent spricht sich im ganzen Ort herum, die beiden Unzertrennlichen sind bereit, sich selbstständig zu machen. Sie mieten einen Raum in der Rue du Pont-Ginguet ... und nehmen ihrer einstigen Chefin die Kunden weg. In Moulins, wo sich die Zeit beim stundenlangen Nähen, Flicken und Sticken in die Länge zieht, sorgen erste Anzeichen von finanzieller Unabhängigkeit für Lichtblicke. Sonntags geht es zum Pferderennen oder zu *Tentation* auf ein Sorbet, abends ins *La Rotonde,* ein Konzertcafé, wo es Gabrielle, die eigentlich keine schöne Stimme hat, gelingt, sich als *poseuse* unter Vertrag nehmen zu lassen. Mit ihrem messerscharfen Lächeln, ihren kleinen Brüsten, den mageren Knabenbeinen und zwei Liedern, *Ko-Ko-Ri-Ko* und *Qui qu'a vu Coco* (Text: Baumaine und Blondelet, Musik: Deransart), wird sie zum Liebling der Offiziere des Kavallerieregiments, die klatschen und »Coco, Coco, Coco!« rufen. Das Scheinwerferlicht reizt sie, doch obwohl sie alles dafür tut, um Sängerin zu werden, wird man sie in dieser Rolle stets nur höflich dulden, mehr nicht.

Coco triumphiert, irrt, verliert.

Und beginnt wieder von vorn.

Wer sagt eigentlich, dass Erfolgsgeschichten immer aus Rache an der Armut entstehen? Für Elsa Luisa Maria Schiaparelli, geboren am 10. September 1890 in Rom, gilt das jedenfalls nicht. In der opulenten römischen Residenz des Palazzo Corsini in der Via della Lungara wächst sie mehr als nur wohlhabend auf. Doch für ihren Vater Celestino, Professor für Arabistik und erster Bibliothekar der Accademia dei Lincei, sowie für dessen Frau Maria-Luisa de Dominicis, Tochter des englischen Konsuls von Malta, ist die Zweitgeborene Elsa eine Enttäuschung: Die tyrannische, lieblose Mutter weiß einfach nicht, was sie mit einer Tochter anfangen soll. Sie hat sich einen Sohn gewünscht und versäumt es nicht, ihr das Tag für Tag vorzuhalten.

»Elsa, wie hässlich du bist! Kämm dich, du siehst schrecklich aus! Raus aus diesem Kleid!«, sind Sätze, die sich dem Mädchen mit den großen, weit aufgerissenen Augen für immer einprägen sollen, das nie aufhören wird, sich hässlich zu finden, nicht einmal als Erwachsene.

Wie bei Gabrielle besteht der »Bildungsroman« Elsas, die für eine »vielseitige« Erziehung eine Zulu-Gouvernante zur Seite gestellt bekommt, aus Schweigen. Aber ihre kreative Ader ist viel zu stark ausgeprägt, als dass sie sich ihren Eltern fügen würde, die das exzentrische, theatralische, unberechenbare Mädchen einfach nicht bändigen können.

Elsa wächst im Schatten der anmutigeren, intelligenteren Schwester Bice auf (die trotzdem eine unglückliche Ehe führen und religiöse Fresken malen wird). Zeit ihres Lebens wird sie sich zu klein, zu mager, zu plump fühlen. Weil sie ständig an den Rand gedrängt wird, kämpft Elsa um Sichtbarkeit: »Ich bin auch noch da!« Sie ist erst vier, als sie »Zuflucht und Freude« in der väterlichen Bibliothek findet und eine Truhe auf dem Dachboden entdeckt, in der die Mutter ihr Brautkleid und andere abgelegte Garderobe aufbewahrt.[73] Sie verbringt Stunden damit, alles hervorzuzerren und anzuprobieren. Sie ist sechs, als sie den Rausch des Fliegens erleben will und sich mit einem aufgespannten Schirm aus dem Fenster stürzt. Oder als sie sich ein blumenbedecktes Gesicht vorstellt, dem Gärtner die Samen klaut, sich eine Handvoll in den Mund steckt und daran zu ersticken droht.

Gesten, die auf ein Talent verweisen, das ihr Streben nach Schönheit nährt und sie zur Künstlerin werden lässt.

Sie aufhalten? Unmöglich.

Elsa hasst den Unterricht, »sie liebt es, die Nonnen zu ärgern, und tut alles, um von der Schule geworfen zu werden«.[74] Auch die Pubertät ist ein einziger Hindernislauf: Nachdem sie ein Theaterstück mit Eleonora Duse gesehen hat, träumt sie davon, Schauspielerin zu werden – ein Beruf, der in der Familie als viel zu frivol gilt und ihr verboten wird. Da flüchtet sich die nervöse, hochsensible junge Frau in den privaten Kosmos der Worte und schreibt stundenlang »wie in Trance«. Ihre skandalösen Verse vertraut sie dem Cousin Attilio an, Sohn des berühmten Astronomen Giovanni Schiaparelli, der sie unterstützt und beschützt; gleichzeitig belegt sie heimlich ein Philosophieseminar an der Universität Rom, liest Spinoza, Bousset und die *Bekenntnisse* des Augustinus. Ihr Manuskript landet beim Mailänder Verlag Quintieri, der es 1911 unter dem Titel *Arethusa* veröffentlicht. Ihre Widmung lautet: »Für diejenigen, die ich liebe und die mich lieben, und für diejenigen, die mich haben leiden lassen«.

Im Palazzo Corsini schlägt es ein wie eine Bombe.

Die Zeitungen bezeichnen es als »eines der lyrischsten Bücher dieses Jahres«,[75] aber die Eltern empfinden diese Verse als »authentische Schande« und verbannen die Tochter auf ein Internat in die Deutschschweiz. Die Rebellin wehrt sich mit einem Hungerstreik, und neunundneunzig Tage später wird sie dank eines verzweifelten Briefes, den sie einer Schulfreundin anvertraut hat, am neuen Wohnsitz der Familie an der Piazza Santa Maria Maggiore wieder in Empfang genommen.

Elsa und Gabrielle: sieben Jahre Altersunterschied und zwei parallele Leben.

Die eine webt lyrische Texte. Die andere entwirft Kleider, um reich und damit unabhängig zu werden. Beide werden es schaffen – dank oder wegen eines Mannes, der für Coco die Gestalt eines pferdenärrischen Infanterieoffiziers und für Elsa die eines nichtsnutzigen Theosophen annehmen wird.

Gefühlsgespinste

Herbst 1913. Der Skandal um die erotischen Gedichte hat sich noch nicht gelegt. Diese junge Frau muss dringend verheiratet werden, und das möglichst gut. Und an diesem heiklen Punkt rebelliert sie endgültig. Die Eltern bestehen darauf, dass Elsa einen reichen russischen Adeligen heiratet, »hässlich, mit winzigen Schlitzaugen und einem kleinen Bart«,[76] der ihr schon seit Monaten den Hof macht. Als sie mit dem Rücken zur Wand steht, schmiedet sie einen Fluchtplan: Sie nimmt eine Stelle als Kindermädchen im Londoner Haushalt einer Freundin der Schwester an, und nach einem hochamüsanten Ball in Paris, für den sie ihr erstes Abendkleid improvisiert, lässt sie sich in der britischen Hauptstadt nieder.

Ihr Einsiedlerdasein ist vorbei. In dieser neuen Welt fühlt sich Elsa endlich lebendig; »Dies ist der Ort, an dem ich leben werde.«[77] Wenn sie sich nicht gerade um die Kinder kümmern muss, flaniert sie durch Kunstgalerien und über Flohmärkte. Sie geht in den Parks spazieren, bleibt verzückt vor den Schaufenstern der Buchhandlungen stehen und besucht Vorträge zu den seltsamsten Themen. Alles, was von der Normalität abweicht, interessiert und fasziniert sie.

Eines Abends hört sie sich in der okkulten Buchhandlung am Piccadilly Square den Vortrag des in Genf geborenen Theosophen Wilhelm de Wendt de Kerlor an, ein junger Mann, der aus der Hand liest und Artikel für die *Occult Review* schreibt. Sie ist regelrecht verhext von ihm. Nach dem Vortrag bleiben beide im Saal sitzen und reden stundenlang. Am nächsten Morgen nimmt Elsa den überstürzten Heiratsantrag an, um einer Zukunft als Gouvernante zu entfliehen. Sie gibt ihren Eltern Bescheid, die nach London eilen, um die Verbindung der leichtsinnigen Tochter mit diesem »Kerl (»auf eine verquere Art gut aussehend«[78]) zu verhindern, doch sie kommen zu spät: Am 21. Juli 1914 schließen Elsa und der dreißigjährige Wilhelm auf dem Standesamt des Bezirks St. Martin die Ehe. Kein Jahr später, am 12. Juli 1915, wird Wilhelm wegen seiner verbotenen okkulten Aktivitäten ausgewiesen, und das Paar ist gezwungen, das Land zu verlassen. Paris? Zu gefährlich, wegen des Krieges.

Dann lieber Nizza, das nach einer abenteuerlichen Fahrt erreicht wird. Elsa kommentiert sie mit den Worten: »Die Überquerung des Ärmelkanals wird Schiap niemals vergessen.«[79]

Das gemeinsame Leben in der kleinen Wohnung am Meer scheint glücklich zu sein. Elsa versorgt die Blumen, bereitet die Mahlzeiten zu, geht an der Seepromenade spazieren und besucht das Casino von Monte Carlo. Doch Wilhelm hat Angst, eingezogen zu werden, deshalb schiffen sich die beiden in Le Havre auf der *SS Chicago* ein – sie, indem sie sich als Italienischlehrerin ausgibt, und er unter dem falschen russischen Nachnamen De Kerlov. Am 20. April 1916 legen sie am Pier 57 in New York an.

Amerika!

Dort, wo das neue Jahrhundert es kaum erwarten kann, erwachsen zu werden, beginnt die eigentliche Geschichte der

Schiaparelli oder, besser gesagt, der »Schiap«, wie sie schon bald nur noch von allen genannt werden wird.

Coco liebt es zu verführen. Was danach kommt, ist ihr nicht mehr so wichtig. Darin unterscheidet sie sich deutlich von ihren Altersgenossinnen, die ständig auf der Jagd nach verfügbaren Ehemännern sind. »Coco weiß, dass es ohne Mitgift schwierig werden dürfte, eine gute Partie zu machen.«[80] Sie hat nichts zu bieten – nur die jugendliche Frische einer Zwanzigjährigen und eine überdurchschnittliche Intelligenz. Sie möchte geliebt werden, aber die Vorstellung, im Schatten eines Mannes zu stehen oder, schlimmer noch, seine Trophäe zu sein, ist ihr zuwider. Sie hält sich an Männer, um von ihnen beschützt zu werden, lernt rasch, sie auszunutzen und, wenn nötig, auch zu manipulieren.

Ihr Passierschein in die Freiheit trägt den Namen Étienne de Balsan. 1908 entreißt er sie ihrer kleinen Schneiderei in Moulins und nimmt sie mit auf seine Burg in Royallieu, im Nordosten von Paris: ein beschaulicher Ort, wo die Zeit langsamer zu verstreichen scheint, wo man nicht liest und sich nicht für Musik interessiert, nicht für Malerei und auch nicht fürs Theater. Sarah Bernhardt ist die einzige Künstlerin, deren Name hier fällt, auch wenn Coco die Tragödin nach einer Lyriklesung als »alten Clown« abtut.

Dass sie sich ihren Lebensunterhalt nicht mehr selbst verdienen muss, ist eine Befreiung. Coco macht es sich in ihrem Zimmer gemütlich und liest Romane, ansonsten trinkt sie Kaffee und dreht sich im Garten Zigaretten. Abends isst sie zusammen mit den Dienstboten, während Étienne und seine offizielle Geliebte, die Schauspielerin Émilienne Marie André, genannt Émilienne d'Alençon, die Mahlzeiten im Esszimmer einnehmen.

Coco wühlt in Étiennes Schrank, es macht ihr Spaß, seine Kleidung auf ihre Art zu interpretieren. Und so präsentiert sie sich seiner Clique mit den in der Taille zusammengerafften Hosen ihres Liebhabers, hochgekrempelten Hemdsärmeln, zu Schleifen gebundenen schwarzen Krawatten und offenem Haar, das auf ihre schmalen Schultern fällt.

Coco trägt jetzt schon Chanel.

Sie eignet sich die männlichen Codes an, um sich frei zu fühlen. Sie ist zwar keine Feministin im eigentlichen Sinn, aber in der Praxis durchaus, da sie sich selbst in den Mittelpunkt ihrer Kreationen stellt; sie liebt schräge Kombinationen und tut alles, um sich von den pompösen Kleidern »der anderen« abzuheben. Und wenn sie sich langweilt, galoppiert sie durch den Wald von Compiègne jenseits des Grundstücks und denkt sich eine Garderobe aus, die sie nicht in den Damensitz zwingt.

Der Sattel wird zu ihrem ersten Thron. Die anspruchsvolle und lustige Émilienne ist ihr erstes Model. Begeistert trägt sie die Hüte, die Coco mit den bizarrsten Dingen verziert.

Doch dieses Leben langweilt sie, die junge Frau scharrt mit den Hufen. Zwischen einer aussichtslosen Heirat und dem Müßiggang einer ausgehaltenen Geliebten sucht sie nach einem »dritten Weg« und findet ihn in der Arbeit. Étienne unterstützt sie in der festen Überzeugung, dass es sich nur um vorübergehende Flausen handelt. Er stellt ihr die Pariser Garçonnière, die er sich mit dem Marquis von Saint-Sauveur am Boulevard Malesherbes 160 teilt, als Atelier zur Verfügung. In der Einzimmerwohnung kann sie Hüte herstellen – ein »würdiger Zeitvertreib« für seinen Schützling, wie er findet. Er sieht nicht, dass sich Gabrielle, die mit Unterstützung ihrer Schwester Antoinette und einer Modistin etwas Eigenes aufbaut, als das ernst nimmt, was sie bereits ist, ohne es zu wissen. Mit sechsundzwanzig hat sie keine Zeit zu verlieren, und kaum hat sie sich in Paris niedergelassen, kauft sie Hutstumpen in den Galeries Lafayette und verbringt ihre Tage in dem kleinen Appartement, um sie mit Bändern und Blumen zu schmücken – in der festen Überzeugung, sie zu astronomischen Preisen verkaufen zu können. Mit ihrem kleinen Kopf und den dunklen Haaren, mit den leuchtenden Augen und dem großen Mund, der jederzeit zuzubeißen droht,[81] tut sie alles, um nicht übersehen zu werden. Das bezeugt auch Jean Cocteau, der sich fragt, »wer bloß diese wunderbare Engländerin ist, die in einem Männertrenchcoat zum Pferderennen geht«.[82] Mit den Freunden aus Royallieu feiert man in den Lokalen des siebten Arrondissements, die Schauspielerin Gabrielle Dorziat trägt ihre Hüte auf der Bühne (in *Bel Ami* von Guy de Maupassant), aber auch jenseits davon. Die Kundinnen strömen nur so herbei, und schon bald wird die Garçonnière zu klein. Gabrielle zögert nicht, Balsan um Geld für eine Ladenmiete zu bitten.

Wie extravagant!

Und tatsächlich lautet seine Antwort diesmal Nein. Nicht aber die seines besten Freundes Arthur Capel, genannt Boy – ein witziger Milliardär, begeisterter Reiter (er besitzt einen Stall für Polopferde) und Geschäftsmann (mit Kohleminen hat er ein Vermögen verdient), den Gabrielle bereits in Royallieu kennengelernt hat. Er ist es auch, der ihr eine Immobilie in der Rue Cambon besorgt, ein Bankkonto für sie eröffnet ... und ihr das Autofahren beibringt. Er ist dieser frechen, rebellischen und hochanspruchsvollen jungen Frau regelrecht verfallen. Und Gabrielle scheint nichts wichtiger zu finden, als ihn glücklich zu machen.

»Sie ist in dich verliebt«, steckt Étienne dem Freund und gibt einer vorläufigen, leidenschaftlichen Dreierbeziehung grünes Licht. In Anwesenheit von Boys Freundinnen, die von Gabrielles Kreationen begeistert sind, wird »Chanel Modes« 1910 in der Rue Cambon 21 eröffnet.

Kämpferinnen

Nachdem das Ehepaar De Kerlov zwischen Boston und Washington hin- und hergezogen ist, lässt es sich in New York nieder. Die beiden leben von Elsas Mitgift im Hotel Brevoort im Künstlerviertel Greenwich Village, müssen es aber bald für eine bescheidenere Wohnung verlassen. Direkt daneben eröffnen sie das »Bureau of Psychology«, wo Elsa – die ihren Mann bei seinen angeblich übersinnlichen Fähigkeiten unterstützt – ihm als Sekretärin und Modell zuarbeitet. Sie lässt sich vor Publikum hypnotisieren, wählt die Kunden aus, die sich an ihn wenden, um mit Verstorbenen Kontakt aufzunehmen und sich die Zukunft weissagen zu lassen. Doch Wilhelm ist ein Scharlatan. Er erzählt herum, dass er Pole, Russe, Österreicher sei, nennt sich Doktor und Professor, obwohl er weder das eine noch das andere ist, laviert sich von Betrug zu Betrug und von einer willigen jungen Dame zur nächsten. Eine Begegnung mit der Tänzerin Isadora Duncan auf einem Fest bei ihnen zu Hause – kaum mehr als ein sinnlicher Flirt, aber das genügt – liefert ihm schließlich den Vorwand, sich zu verdrücken.

Purzelbäume, Verrenkungen, Schleier, die von wirbelnden Armen zu Boden sinken wie Lianen ... Isadoras Körper bewegt sich wie in Trance und vibriert vor den staunenden Augen Wilhelms. Nach wenigen Minuten ist Isadora nackt. Sie verführt ihn schamlos – eindeutig zu gewagt für die schweigsame, schüchterne Elsa. In ihr regt sich bereits das Schamgefühl einer Mutter: Sie erwartet ein Kind.

Und wird allein damit dastehen, wobei sie unterbewusst froh ist, nicht länger gebunden zu sein.

Am 15. Juni 1920 bringt sie Maria Luisa Yvonne Radha de Wendt de Kerlor, genannt Gogo, zur Welt. Elsa hat ihre Mitgift aufgebraucht, sie arrangiert sich mit dem Geld, das sie aus Italien erhält, stellt erste Symptome einer Depression an sich fest, darf aber nicht den Mut verlieren und muss sich eine Arbeit suchen. Die verwegene, alleinstehende junge Frau mit Kind zieht in ein Zimmer am Patchin Place im Greenwich Village, »so klein, dass ich mich zum Anziehen aufs Bett setzen musste«. Sie beginnt einen kleinen Handel mit Trödel, den sie günstig ein- und teuer weiterverkauft, macht Übersetzungen und ist sogar Komparsin in mehreren in New Jersey gedrehten Filmen. Das Neugeborene nimmt sie in einem Wäschekorb mit, außer sie ist gezwungen, es allein zu Hause zu lassen.

Ihr Glück begegnet ihr in der Gestalt von Gabrielle Buffet, der Ex-Frau des frankokubanischen Malers Francis Picabia, die sie bereits auf der Überfahrt nach New York kennengelernt hat. Sie trifft sie wieder, und eine wunderbare Freundschaft entsteht. Gabrielle kümmert sich um Gogo, während Elsa den Amerikanerinnen französische Wäsche der Modemacherin Nicole Groult – Künstlername Marie Nicole Poiret – verkauft. Und Gabrielle ist es auch, die die Italienerin in den Kreis der New Yorker Avantgardekünstler einführt, darunter Leute wie der französische Bildhauer und Maler Marcel Duchamp, der inzwischen die amerikanische Staatsbürgerschaft angenommen hat, und der Fotograf, Regisseur und Maler Man Ray, den sie in der Galerie 291 des Fotografen und Galeristen Alfred Stieglitz in der Fifth Avenue 175 kennenlernen.

Es sind sorglose Tage voll neuer Energie, die ein abruptes Ende finden: Gogo, die nun von einer älteren Tagesmutter im ländlichen Connecticut liebevoll versorgt wird, beginnt sich im Alter von fünfzehn Monaten seltsam zu bewegen und krabbelt auf eine Weise, die an einen Krebs erinnert. Elsa ist verzweifelt, und das unwiderrufliche Urteil des Kinderarztes, an den sie sich

wendet, ist vernichtend: Polio. Mit anderen Worten Kinder-
lähmung.

1914, Deauville in der Normandie. Am Strand sehen die umge-
drehten Boote aus wie zum Trocknen aufgestellte bunte Son-
nenschirme. Die Frauen legen Vorurteile und Kleider ab, springen in pludrigen Badeanzügen in den kalten Ozean, schwimmen
und zeigen die Arme, ohne sich länger dafür zu schämen.

Antoinette und Tante Adrienne flanieren bei Sonnenuntergang über die Seepromenade Les Planches, sie tragen Hüte aus
Stroh, Bast und Filz, die mit Bändern und Blumen geschmückt
sind. Sie haben den Auftrag, Kunden in die Boutique zu locken:
zwei Schaufenster zwischen dem Casino und dem Hôtel Le
Normandy in der Rue Gontaut-Biron, unter einer weißen Mar-
kise mit dem schwarzen Schriftzug GABRIELLE CHANEL.
Dass auch dieses »Wunder« nach dem von Paris einzig und allein
Boys Großzügigkeit zu verdanken ist, spielt keine Rolle. Jetzt, wo
die Männer an der Front sind, werden die Frauen in den großen,
zu Lazaretten umfunktionierten Hotels immer mehr gebraucht;
als Krankenschwestern benötigen sie eine praktische Garderobe,
die trotzdem elegant ist, und es ist Coco, die einfache Dienst-
mädchentrachten mit einem roten Kreuz auf dem Häubchen in
schicke Schwesternuniformen verwandelt sowie bequeme Sei-
denpyjamas erfindet, die sich blitzschnell anziehen lassen, wenn
man mitten in der Nacht ins Hotelfoyer muss.

Was für ein Triumph für Gabrielle: »Ich veränderte mich,
nicht die Mode. Ich war die Mode. Ich habe mich für mich selbst
angezogen«,[83] gesteht sie dem Freund Paul Morand in einer seltenen Anwandlung von Aufrichtigkeit.

Vier Jahre ist es jetzt her, dass sie Julie-Berthe am 3. Mai 1910
auf dem Pariser Friedhof von La Chapelle beerdigen musste: Die

Bäume hoben sich schwarz vom Himmel ab wie Hieroglyphen, und dichter Efeu rankte an den alten Grabsteinen empor. Die offizielle Todesursache? Tuberkulose, genau wie bei der Mutter, doch Gabrielle ist sich sicher, dass die geliebte Schwester vor Scham gestorben ist: wegen der schmutzigen Affäre mit einem verheirateten Mann, der sie erst geschwängert und dann hatte sitzen lassen, sodass sie sich nach der Geburt des kleinen André das Leben nahm. Doch inzwischen sind Albert, Jeanne und Julie-Berthe weit weg … und das soll auch so bleiben. Um nicht zusammenzubrechen, betäubt sich Gabrielle mit Arbeit und füllt diese Lücke in ihrem Leben mit Hüten – unverzichtbare Accessoires in einer Zeit, in der es sich für eine Frau nicht ziemt, ohne Kopfbedeckung aus dem Haus zu gehen.

Inzwischen wird die Seepromenade Les Planches häufig von Fotografen belagert, die Chanels Mannequins verfolgen. Rekrutiert werden diese aus den anmutigsten Kundinnen, die sich dafür zur Verfügung stellen: Auf dieser Bühne ging »eine Welt zu Ende und eine andere entstand. Ich hatte das richtige Alter für dieses neue Jahrhundert. Es wandte sich logischerweise an mich, um sich in der Kleidung zum Ausdruck zu bringen«.[84]

Diejenige, die die große Wende bringt und alles verändert, ist Madame de Rothschild, eine ebenso verwöhnte wie reiche Pariserin, die nach einem heftigen Streit mit Paul Poiret (der sich keine Gelegenheit entgehen lässt, Chanels Kleider als »Luxus im Armeleutelook« zu bezeichnen) in die Boutique stürmt, gefolgt von haufenweise Freundinnen – Marquise de Chaponay, Prinzessin Faucigny-Lucinge, Comtesse de Pracomtal, Cécile Sorel und viele andere –, um sämtliche Hüte, tief auf der Hüfte sitzende Röcke (»dort, wo die Knochen sind«), Strickjacken und hochtaillierte Hosen aufzukaufen.

Coco hat einfach keine Zeit, sich von ihrer Vergangenheit

herunterziehen zu lassen. Die Gegenwart ist Boy, der sie, sobald er kann, von London und Paris aus besucht und mit dem sie sich eine gemeinsame Zukunft erträumt. Auf seinen Rat hin verlässt Coco 1915 Deauville, um den nächsten Ort zu erobern: Biarritz an der baskischen Küste, wohin Spanier und Franzosen vor den Kriegsfronten flüchten. Trotz der beißenden Kälte liebt es die schmale, unbekümmerte junge Frau, die Männer am Strand bei der Arbeit zu beobachten und sich von ihren bequemen Hosen, Pullovern und handgestrickten Wollmützen zu neuen Kollektionen mit geringelten Shirts im Marinestil inspirieren zu lassen. Sie hat genügend Geld, um Boy den Betrag zurückzuzahlen, den er ihr für »Chanel Modes« geliehen hat. Sie kann es sich leisten, im Hôtel du Palais zu wohnen und für 300 000 Francs die »Villa Larralde« zu kaufen, direkt am Hang, der zum Strand führt. Dort errichtet sie Werkstätten und ein Atelier, außerdem eröffnet sie eine Boutique in der Rue Gardère.

Coco strahlt: Der Krieg hat sie vorangebracht, inzwischen ist sie berühmt und verfügt über viel Geld; sie betrachtet es als das Einzige, was einem Freiheit schenkt.[85] Mit Boy an ihrer Seite fühlt sie sich zum ersten Mal nicht allein, auch wenn es nicht lange dauern wird, bis sie dieses Glück büßen muss.

Im Jahr 1916 werden die Stoffe knapp, doch Coco ist erfinderisch. Dank ihrer genialen Intuition entwirft sie schlicht geschnittene Kleider aus einem billigen, groben Material – die x-te Ohrfeige für Poiret und dessen aufwendige Stickereien.

Als ihr der Stofffabrikant Rodier, ohne Besseres im Angebot zu haben, unverkaufte Ware zeigt, die er für nicht verwertbar hält, staunt er nicht schlecht, als Coco Interesse daran zeigt. Die Sportler werden sich noch für diesen Stoff »im englischen Stil« namens Jersey begeistern, perfekt für Badeanzüge, Herrenunterwäsche und Nachthemden – für die einen zu steif und für die anderen zu weich, schlichtweg »nicht aufregend genug« für alle Kunden, denen Rodier ihn bisher vorgelegt hat. Er hat noch eine ganze Partie auf Lager. Und Gabrielle, die ihn auf einen lächerlichen Betrag heruntergehandelt, kauft alles auf. Rodier ist froh, die gesamte Produktion an Chanel loszuwerden, und weigert sich, mehr davon herzustellen. Monate später wird er seine Meinung ändern, denn die Jacketts, Kleider und Hosen aus Jersey haben sofort unglaublichen Erfolg und finden reißende Abnahme.[86]

Die Boutiquen in Deauville und Biarritz laufen prächtig.

Doch Paris ruft.

Coco überlässt es Antoinette, die baskischen Näherinnen zu beaufsichtigen, und kehrt ins Hauptquartier in der Rue Cambon zurück. Noch im selben Jahr veröffentlicht *Harper's Bazaar* den Entwurf von *Chanel's charming chemise dress*, ein Kleid mit tiefem V-Ausschnitt und schmalen Ärmeln, und *Les Élégances parisiennes* bringt einen langen Artikel über ihren Faltenrock plus Jackett mit vier aufgesetzten Taschen, das von Militäruniformen inspiriert ist.

1918 beschäftigt Chanel mit den Boutiquen in Paris, Deauville und Biarritz dreihundert Angestellte.

Alles Frauen.

Was vom Traume übrig blieb

Eins weiß Elsa ganz genau: Auch wenn sie ihr neues Leben in Amerika ausschließlich dem verrückten Ehemann zu verdanken hat, möchte sie sich nie mehr in einen Mann verlieben, und sie schwört sich feierlich, nie wieder zu heiraten. Wie fremd ihr die Verliebtheitsgefühle der Jugend inzwischen sind! Dieser faszinierende Araber, der sie heiraten wollte, als sie dreizehn war. Dieser unschuldige Kuss, den sie sich gerade noch verkneifen konnte, nur um es dennoch gleich darauf dem Priester von Santa Maria Maggiore zu beichten. Dieser Maler, in den sie absolut verknallt war, nur um bald darauf festzustellen, dass er längst verlobt war. Und dann dieser junge Mann, mit dem sie lange Spaziergänge machte, »und da wir uns nicht bei mir zu Hause treffen konnten, durchstreiften wir die römische *campagna*«.[87]

Über Elsas Liebesleben nach Wilhelm ist kaum etwas bekannt. Aus Schamgefühl, na klar. Denn trotz ihres anarchischen Naturells ist Elsa stets eine schüchterne, hochsensible Frau geblieben. In ihrer Autobiografie verschweigt sie es lieber, spart Glücksmomente, emotionale Verletzungen oder enttäuschte Erwartungen aus – ganz so, als könnte sie, indem sie sogar ihre gescheiterte Ehe, die sie so geprägt hat, verschweigt, nicht mehr davon belastet werden. Wäre da nicht Gogo, die aus dieser chaotischen und enttäuschenden Liebe hervorgegangen ist. Von anderen Beziehungen ist nicht die Rede – seien sie nur ersehnt oder ausgelebt. Fest steht, dass Elsa genug von unglücklichen Liebesgeschichten hat und damit beginnt, aus Spaß Verehrer zu sammeln. Was bleibt, ist eine innere Unruhe, die sie teilweise in die dunklen Fänge der Depression treiben wird.

Über den jungen Mann, der während eines Urlaubs im Cottage ihrer Freundin Blanche und deren Mannes, des amerikanischen Anwalts Arthur Garfield Hays, in Woodstock, Vermont, in ihr Leben getreten ist, weiß man nicht viel: Er nennt sich Mario Laurenti (sein Künstlername, eigentlich heißt er Luigi Cavadani), ist ein italienischer Opernsänger und lebt von seiner Ehefrau Angela Bertha getrennt, mit der er ein Kind hat.

Die beiden Italiener, die im selben Jahr geboren wurden und beide eine gescheiterte Ehe hinter sich haben, lernen sich kennen, als er aus Verona nach New York kommt, um kleinere Rollen am Metropolitan Opera House zu übernehmen.«Als Landsleute verstanden sich Schiap und er sofort, und eine großartige Freundschaft entstand. Sie unternahmen ausgedehnte Spaziergänge und redeten endlos, in dem jeweils anderen fanden sie Glück und Frieden.«[88] Wie auch Wilhelm besitzt Mario die außergewöhnliche Fähigkeit eines Chamäleons, das auch äußerlich übergangslos von der einen Rolle in die nächste schlüpfen kann, nur dass er Elsa nicht mit betrügerischen Zaubertricks, sondern mit Opernarien verführt. Beide hoffen darauf, sich scheiden lassen zu können, um sich gegenseitig den Ring anzustecken. Aber im puritanischen Amerika dieser Zeit ist es nicht so leicht, eine Ehefrau zu verlassen, ohne Konsequenzen zu spüren. Und auch ihr Umfeld ist alles andere als verschwiegen, ihre kleinen Fluchten nach Woodstock, wo Elsa und Mario Ruhe und Inspiration finden, werden schon bald zu einem Skandal. Im Ort wissen alle, dass in diesem Cottage Ehebruch begangen wird, was wie im Mittelalter öffentlich auf erniedrigende Art angeprangert wird: »Eines Abends, als Schiap mit ihrem neuen Freund in seinem Cottage zu Abend aß, erhob sich großes Geschrei, und ein lautes Poltern erklang an der Vordertür. Trotz allen Lärms waren deutlich die Worte ›Teeren‹ und ›Federn‹ herauszuhören. Also öffnete Mario sofort die Tür. Eine bedrohliche Menge hatte sich auf der Veranda und davor zusammengedrängt.«[89]

Die Beziehung hält dem Druck stand, doch die nächste endgültige Trennung erwartet Elsa, als Mario wenige Monate später an einer galoppierenden Hirnhautentzündung stirbt. Die Ehefrau verschwindet mit dem Sohn, und die noch völlig mitgenommene Elsa muss sich um die Beerdigung kümmern. Sie möchte nur noch weg, doch nicht einmal der Tod ihres Vaters am 25. Oktober 1919 kann sie dazu bringen, in die Heimat zurückzukehren. Die Verletzungen der Kindheit schmerzen immer noch viel zu sehr, und als die Mutter die Tochter bittet, mit der Kleinen nach Italien zurückzukommen – und damit natürlich auch unter die Fittiche der Familie –, weigert sich Elsa. Obwohl sie sich Sorgen um Gogo macht, die von den amerikanischen Ärzten relativ erfolglos behandelt wird: »Sie wählte die Freiheit, selbst wenn sich diese als hart erweisen würde.«[90]

Elsa ist jetzt *tatsächlich* eine freie Frau.

Frei ja, aber wozu?

Für Coco ist Boy die Entdeckung erwiderter Liebe. In den glücklichen Momenten, in denen sie sich in das Appartement in der Avenue Gabriel zurückziehen (»Warum sollen wir eigentlich ausgehen? Wir haben es hier doch so schön.«[91]), klammert sie sich an die Vorstellung, ihn zu heiraten. Doch dieser Wunsch ist von einem abwesenden Vater überschattet – etwas, das zwar schon lange her ist, aber trotzdem an ihr nagt. Würde sie sich Boy anvertrauen, könnte der ihre Ängste und Sorgen vielleicht verstehen. Er wurde 1881 in Brighton als Kind von Berthe Lorin und Arthur Joseph Capel geboren. Doch ohne es je einzugestehen, leidet er unter Gerüchten, die behaupten, er sei der uneheliche Sohn eines Bankiers.

Bei Boy fühlt sich Coco sicher. Er beschützt sie, ohne sie in ihrem Ehrgeiz zu bremsen. Gemeinsam flüchten sie sich in Bücher von Herbert Spencer, Nietzsche und Voltaire, gehen zusammen ins Theater (1913 wohnen sie gemeinsam der Premiere von *Le sacre du printemps* von Igor Strawinsky in der Choreografie Vaslav Nijinskys bei, die ganz Paris mit einem *succès de scandale* ebenso erschüttert wie beeindruckt). Sie essen auswärts, stöbern in Antiquitätengeschäften. Obwohl ihre Herkunft sehr unterschiedlich ist und die Konventionen sie trennen, scheint einer Hochzeit nicht mehr viel im Wege zu stehen. Doch als Boy an-fängt, immer mehr Zeit in London zu verbringen, spürt Gabrielle den Abgrund, der sich vor ihr aufzutun droht. 1918, nach einer Woche im Kokon ihrer Wohnung, teilt Boy ihr stammelnd seine bevorstehende Hochzeit mit Lady Diana Wyndham mit – einer Frau seiner Klasse und Kriegswitwe. Coco hört ihn schweigend an. Sie sagt nichts darauf, weil sie weiß, dass alles so bleiben wird, wie es ist. Dass Boy zwischen London und »La Milanaise«, ihrer neuen Villa mit Garten in Saint-Cucufa bei Paris, hin- und herpendeln wird. Und im Winter 1919, als Antoinette den Kanadier Oscar Edward Fleming heiratet, herrscht wieder die Unbekümmertheit der früheren Clique von Royallieu. Alles scheint so zu sein wie in der guten alten Zeit, aber dann bekommt Boy mit seiner Frau ein zweites Kind. Wieder reagiert Gabrielle schweigend auf die Nachricht. Bis Weihnachten sind es nur noch wenige Tage, und Boy hat es eilig wegzukommen.

Sie wird ihn nie mehr wiedersehen.

Am 22. Dezember um 14 Uhr 30 verliert der Fahrer in Puget-sur-Argens in der Region Var die Kontrolle über den Wagen und prallt gegen einen Baum. Boy ist sofort tot.

Coco wird benachrichtigt.

Es ist noch früh am Morgen, als Léon de Laborde, den Freunde als Bote bestimmt haben, vom Butler Joseph in »La Milanaise« empfangen wird. Er bittet den Bediensteten, Coco zu wecken. Doch sie hat das Klopfen schon gehört und steht auf der Treppe, hochelegant in ihrem beigen Seidenpyjama. Léon stammelt eine Halbwahrheit, erzählt, der Freund sei schwer verletzt. Coco bringt ihn mit einer Geste zum Schweigen: Lügen ist sinnlos. Sie möchte sofort los, Boy ein letztes Mal sehen. Nach achtzehn Stunden Fahrt steigt Coco wie betäubt aus, ihr zittern die Beine angesichts des Autos, das wie ein Stück Alteisen an den Straßenrand geschleppt wurde. Sie sinkt vor dem Metallkadaver auf die

Knie wie eine Marionette, deren Fäden durchtrennt wurden. Der Schmerz schießt ihr durch die Adern wie das Blut, dessen Flecken sie auf dem Asphalt sieht. Sie weiß nicht, wohin mit der Liebe, die sie noch spürt. Weinen ist alles, was sie interessiert.

Beim Tod ihrer Mutter sei sie das erste Mal gestorben. Durch den Verlust Boys habe sie alles verloren, wird sie dem Freund Paul Morand fünfzig Jahre später gestehen.

Der Duft der Frauen

Bloß weg von hier! Weit weg von Paris, nach monatelanger selbst gewählter Abgeschiedenheit hinter schwarzen Seidenvorhängen. Cocos Schmerz über Boys Tod wird durch die Arbeit gelindert, durch »Bel Respiro«, eine neue Immobilie in den Hügeln von Garches unweit von Paris, und vergeht in den Armen des Großherzogs Dmitri Pawlowitsch – neunundzwanzig Jahre alt und ein Cousin von Zar Nikolaus II., 1918 nach dem Massaker an seiner Familie aus Russland geflohen –, den sie gemeinsam mit Gräfin Marija Pawlowna in Venedig kennengelernt hat. Oder aber in Biarritz, wo ihn die Freundin Gabrielle Dorziat angeblich abgelegt hat, die, als sie merkte, wie gut sich die beiden verstanden, gesagt haben soll: »Wenn er dich interessiert, überlasse ich ihn dir, für mich ist er zu teuer.« Trotz seines noch heute auf Briefmarken zu findenden Profils hat der Großherzog Coco herzlich wenig zu bieten – mit Ausnahme der letzten Juwelen der Romanows, die vor der Oktoberrevolution gerettet wurden und sie zu Kleidern inspirieren, bei denen Gold, Stickereien, sibirischer Zobel und der Einfluss der klassischen gegürteten Tunika der russischen Bauern, der *roubachka*, im Vordergrund stehen.

Der »arme Schlucker« Dmitri begleitet Gabrielles Leben wie

ein sie drei Jahre lang passierender Meteorit, um sie dann für die junge Amerikanerin Audrey Emery zu verlassen. Dennoch verdankt sie ihm die Chance, die sie erst wirklich zur Millionärin machen wird. Nachdem sie das Kleid reformiert und die Frauen von ungesunden Modezwängen befreit hat, ist Coco fest entschlossen, ihnen auch das süßliche Rosenparfüm zu nehmen. Ihr Stilempfinden ist ihr sechster Sinn, der sie nach Südfrankreich in den Ort Grasse führt, wo nur die Lavendel- und Jasminfelder üppig sind. Dort lernt sie den Parfümeur Ernest Beaux kennen, geboren 1881 in Moskau und ausgebildet in den Labors von Alphonse Rallet, der den Zarenhof mit Kosmetika und Toilettenartikeln belieferte. Seit 1917 ist er in Frankreich, und 1920 reagiert er begeistert auf Cocos ungebremste Arroganz, mit der sie die damals modischen Düfte ignoriert, weil sie den Frauen ein künstliches Parfüm anmessen will, so wie sie es auch mit Kleidern tut. Ihr steht der Sinn nicht nach Rosen- oder Fliederduft, sondern der von ihr kreierte Duft soll wie eine Komposition sein.

Für Beaux ist es der Auftrag seines Lebens. Schon seit Jahren hegt er den Traum, die unwiederbringlichen Eindrücke einer Kriegsmission am Polarkreis zu reproduzieren, er erinnert sich daran, dass die Seen und Flüsse im Licht der Mitternachtssonne einen unglaublich frischen Duft verströmten. An einem langen Nachmittag erklärt er Mademoiselle seine Forschungen zu Aldehyden, chemisch synthetisierten Molekülen, die natürlichen Duftstoffen neue Akzente verleihen können – in der festen Überzeugung, dass diese ihren Vorstellungen entsprechen.

Wenige Monate später, gegenüber einer neugierigen und überaus anspruchsvollen Coco, ist Beau fast schon ehrfürchtig. Er hat verschiedene Proben von 1 bis 5 und von 20 bis 24 durchnummeriert. Aber Coco zögert keine Sekunde und entscheidet sich für die 5, ihre Lieblingszahl: Sie ist Löwe, das fünfte Zeichen im

Tierkreis, ihre Kollektionen präsentiert sie stets am 5. Mai, dem fünften Monat des Jahres, sodass ihr Parfüm »N°5« am 5. Mai 1921 herauskommt. Auch wenn es achtzig Komponenten enthält, ist der Flakon schlicht, ein starrer Glasblock wie aus der Apotheke. Angeblich ist er von Dmitri, passend zu den Wodkaflaschen der russischen kaiserlichen Garde, inspiriert. Die schwarz-weiße Aufschrift »N°5 CHANEL« trägt ein Siegel, einen schwarzen Kreis mit zwei ineinander verschränkten Cs, die den Urgroßvater Joseph Chanel heraufbeschwören, einen Wirt, der jeweils zwei große Cs in Tische, Bänke und Besteck gravieren ließ.

Nach den Schrecken des Krieges und nachdem die Pandemie der sogenannten Spanischen Grippe (die Cocos Schwester Antoinette das Leben kostet) abgeflaut ist, brodelt Paris nur so vor Lebensfreude. Die Frauen wollen ihre neu gewonnene Unabhängigkeit nicht mehr aufgeben und die Trauerkleidung wegen des Todes eines Vaters, Sohnes oder Ehemannes endlich ablegen. Die Röcke werden kürzer, die Kleider bequem, sodass man gut darin rennen, tanzen, Rad fahren und Sport treiben kann. Es triumphiert die Mode *à la garçonne,* die ihren Namen dem gleichnamigen skandalösen Bestsellerroman von Victor Margueritte zu verdanken hat. Ihr Markenzeichen sind Hosen im Herrenschnitt und kurze Haare. Ihrer Romanheldin Monique Lerbier nacheifernd schneiden sich die jungen Frauen die Haare ab, entdecken den kussfesten Lippenstift von Helena Rubinstein, bevölkern das Théâtre des Champs-Élysées, in dem Joséphine Baker in *La Revue Nègre* debütiert, gehen ins *La Rotonde* und *La Coupole,* wo man Charleston, Foxtrott, Blackbottom und Shimmy tanzt.

Chanel entwirft weich-fließende Modelle und bietet ihren Kundinnen neben Kleidern und Accessoires auch Pröbchen von »N°5« an. Das Parfüm ist schwer gefragt, doch Mademoiselle hat

nicht das nötige Geld, um es in großem Maßstab produzieren zu
lassen. Sie muss Hersteller finden, die es auch in die großen Kaufhäuser und ins Ausland bringen können. Drei Jahre braucht sie
dafür, und 1924 stellt ihr der Gründer der Galeries Lafayette,
Théophile Bader, endlich die Gebrüder Pierre und Paul Wertheimer vor, Besitzer der Parfümfabrik Bourjois. Mit ihnen gründet Coco die Societé des Parfums Chanel: Pierre Wertheimer
hält siebzig Prozent der Anteile, Théophile Bader zwanzig. Ihr
bleiben der Name und ein Anteil von zehn Prozent.

Armenischer Schatz

Juni 1922. Wenn sie zu der geworden ist, die sie heute ist, hat sie
das zwei Faktoren zu verdanken: der Armut und Paris. Die Armut hat sie zur Arbeit gezwungen. Paris hat dazu geführt, dass sie
sich in ihre Arbeit verliebt hat.[92]

Die ist weder eine Pflicht noch vorherbestimmt, sondern eine
bewusste Entscheidung.

Blanche Hays, die inzwischen kurz davorsteht, sich scheiden
zu lassen, überredet Elsa, mit ihr aus New York fortzugehen und
den Atlantik erneut zu überqueren. In Paris könne Gogo bessere
Behandlungen bekommen, und Mutter und Tochter könnten in
ihrer Wohnung am Boulevard de La Tour-Maubourg leben. Elsa
hat sich scheiden lassen (Wilhelm wird 1926 sterben), und um etwas zu verdienen, klappert sie die Flohmärkte ab, wo sie Nippes
auftut, den sie an Läden weiterverkauft. Damit verdient sie gerade genug, um nicht depressiv zu werden.

Am 29. März 1923 ist sie schwer gerührt, als sie sich unter den
Arkaden der Rue de Rivoli ihren Weg durchs Gedränge bahnt
und den Trauerzug aus schwarzen, mit weißen Kamelien ge-

schmückten Kutschen vorbeiziehen sieht. »Das ist Sarah Bernhardt, die Tragödin.«

Gabrielle Picabia ist ebenfalls in Paris, und sie ist es auch, die einen guten Arzt findet, der Gogos Polio mit Elektroschocks, Massagen und Gymnastik zu Leibe rückt. Elsa, der ihre Scheidung Trost geschenkt hat, verliebt sich in alles, was sie sieht. Sie träumt mit offenen Augen und frequentiert reiche Amerikanerinnen. Als sich das Unglück – endlich! – von ihr abwendet, ist sie bereit. Derjenige, der sie aus der Versenkung holt, ist ausgerechnet Chanels Erzfeind Paul Poiret.

Wie das genau vor sich ging, wird sie selbst erzählen:

»Eines Tages begleitete ich eine reiche amerikanische Freundin in das kleine, vor Farben sprühende Haus Poirets in der Rue Saint-Honoré. Es war mein erster Besuch in einer *maison de la couture,* und während meine Freundin sich herrliche Kleider aussuchte, sah ich mich wie hypnotisiert um. Still probierte ich ebenfalls Kleider an und war so hingerissen, dass ich ganz vergaß, wo ich mich befand. Ich spazierte vor den Spiegeln auf und ab (…), zog einen großen, weit geschnittenen Mantel an (…) aus gepolstertem Samt – schwarz, mit breiten, plastischen Streifen, eingefasst mit blauem Crêpe de Chine. Er war einfach großartig.

›Warum kaufen Sie ihn nicht, Mademoiselle? Er sieht aus wie für Sie gemacht.‹

›Ich kann ihn nicht kaufen‹, erwiderte ich. ›Es ist sicher zu teuer, und wann sollte ich ihn tragen?‹

›Machen Sie sich wegen des Geldes keine Gedanken‹, sagte Poiret, ›und *Sie* könnten alles überall tragen.‹

Dann überreichte er mir mit einer galanten Verbeugung den Mantel. Der Mantel erschien mir in meinen dunklen Zimmern wie eine Verheißung des Himmels.«[93]

Das ist der Auslöser, der Beginn einer Zusammenarbeit.

Absurderweise ist Isadora Duncan, die Frau, die ihr den Mann ausgespannt hat, eine treue Kundin des Modeschöpfers: »Ich hatte es mit einem Genie zu tun, der, wenn er eine Frau einkleidete, ein regelrechtes Kunstwerk aus ihr zu machen wusste.«[94]

Zwischen Elsa und Poiret, der von der ebenso egozentrischen wie wohlerzogenen *jolie laide* wie vom Blitz getroffen wurde, ist es Liebe auf den ersten Blick. Nachdem sie Gogo im Internat Les Colombettes in Lausanne untergebracht hat, erkennt Elsa – »die wegen ihrer neuen Karriere zu beschäftigt ist, um sich um ein sechsjähriges Mädchen zu kümmern«[95] – ihre Chance.

Sie malt und kann schreiben. Dann wird sie es auch schaffen, Kleider zu entwerfen.

Sie sucht Arbeit und spricht das kleine Modehaus Lambal von Madame Hartley an, einer Freundin von Blanche Hays. Doch obwohl ihre Entwürfe gefallen und in *Women's Wear Daily* lobend erwähnt werden, geht das Haus 1926 bankrott, und Schiap ist erneut auf sich gestellt. Sie lässt sich nicht unterkriegen, und auch wenn sie zugibt, dass sie »entschieden keine Ahnung« hat, aber dafür »grenzenlosen, blinden Mut«,[96] erkennt sie, als sie eine amerikanische Freundin trifft, die einen fantastischen handgestrickten Rolli trägt, in der Mode ein Neuland, das es zu erkunden gilt.

Ohne es zu wollen, landet sie in Chanels Revier: Strickwaren.

»Wo hast du den denn her?«

»Von so einer Frau.«

Diese Frau ist Aroosiag Mikaelian, eine armenische Flüchtlingsfrau, die Strickpullover und Strickhüte herstellt. Fasziniert von ihrem Talent wagt sich Elsa vor: »Angenommen, ich würde einen Entwurf machen: Würden Sie ihn dann umsetzen?«

»Ich kann es versuchen.«

Sie entwirft einen schwarzen Pullover mit einer »großen weißen Schleife vorn, die mit einem Band um den Ausschnitt herumgeführt wurde«, kombiniert ihn mit einem Strickrock, trägt
ihn »bei einem eleganten Lunch« und macht damit »Furore«.[97]
Die Freundinnen sind ganz verrückt danach, »wie Raubvögel fie-
len sie über mich her«.[98] Die erste Bestellung stammt von einer
Amerikanerin, sie ist Einkäuferin bei der Warenhauskette Abra-
ham & Straus in New York und wird ihr von Hazel und Peggy
Guggenheim vorgestellt. Für die noch ganz am Anfang ihrer
Laufbahn stehende Schiaparelli ist der Auftrag, vierzig Pullover
und vierzig Röcke in Rekordgeschwindigkeit zu produzieren,
fast nicht zu schaffen. Aber in der armenischen Gemeinde spricht
er sich herum, und zig Strickerinnen machen sich an die Arbeit.
Für die Röcke kauft Elsa günstige Stoffreste in den Galeries Lafayette. Die Lieferzeiten werden eingehalten, und der Pullover
»Bow-Knot« ist geboren.

Bestärkt durch diesen Erfolg und dank eines Vertrags mit den
Amerikanern von William H. Davidow & Sons mit etwas Geld
in der Tasche verlässt Elsa ihre beengte Einzimmerwohnung in
der Rue de l'Université und zieht in die Rue de la Paix 4, zwei
Zimmer mit niedrigen Decken, die sie mit wenigen »repräsenta-
tiven« Möbeln einrichtet: einem Sofa, das sie mit cremefarbenem
Stoff neu bezogen hat, und Paravents statt Umkleiden. Hinzu
kommt ein Bereich, in dem sie ihre Mode ausstellen … und verkaufen kann. In ein kleines Schild lässt sie in weißen und schwarzen Buchstaben »Schiaparelli pour le sport« eingravieren, und
im Januar 1927 präsentiert sie am Tisch ihres Esszimmers die
Kollektion »Display No. 1«. Nach ersten unsicheren Schritten
tauchen auf den Trompe-l'Œil-Pullis Herrenkrawatten, Kreuz-
worträtselmuster und Tattoo-Motive (von Pfeilen durchbohrte
Herzen) auf. Und die Kunden strömen nur so herbei. In der

August-Ausgabe des Jahres 1927 veröffentlicht die französische *Vogue* Fotos von drei Pullis, dazu einen Artikel mit der Überschrift »Die Eleganz des handgestrickten Pullovers«, während die amerikanische *Vogue* sie als »Kunstwerke« präsentiert.

Der plötzliche Erfolg Elsas verärgert Chanel, die öffentlich bissig kommentiert: »Ich mag es, wenn Mode die Straße erreicht, kann aber nicht akzeptieren, dass sie dort geboren wird.«[99] In Wahrheit hat sie – noch – nichts zu befürchten. Mit ihren neuen großzügigen Räumlichkeiten in der Rue Cambon 27, 29 und 31 sowie mit einem Umsatz von hundert Millionen Francs, »umgeben von einem Hofstaat aus Speichelleckern, wo sie geht und steht, liegt es außerhalb ihrer Vorstellungskraft, dass da eine kommt, die sich einen anderen Look wünscht«.[100] Ihr langärmeliges »Little Black Dress« aus schwarzem Crêpe de Chine in der amerikanischen *Vogue* vom 1. Oktober 1926 wird mit dem Ford T, dem meistverkauften Automobil der Welt, verglichen und geht bei Saks an der Fifth Avenue weg wie nichts. Dank des Kleides, »das alle tragen wollen«, wird die Farbe, in die die Witwen, Töchter, Mütter und Schwestern von Millionen im Krieg gefallenen Männern gekleidet waren, mit dem Mut und der Unabhängigkeit der Frau assoziiert.[101]

Elsas Antwort darauf? Ein ohne Nadel und Faden drapierter Stoff, aus dem ein Abendkleid wird. Bei mondänen Anlässen nutzen die Kundinnen beider jede Gelegenheit, um Gift zu verspritzen. Und um sich voneinander abzuheben, tragen die zwei Kreationen, mit denen nicht einmal die größten Exzentrikerinnen experimentieren wollen.

Wer könnte eine bessere Markenbotschafterin sein als sie selbst?

Die Modehäuser Poiret, Patou und Nicole Groult stehen kurz davor zu schließen. Chanel wird zum Symbol der französischen

Mode, doch Elsa fordert sie mit ihrer dreisten Unbekümmertheit inzwischen aus nächster Nähe heraus.

Auch wenn die Wirtschaftskrise nach dem Börsencrash der Wall Street nichts Gutes ahnen lässt, kommt es in Paris zu einem Paradox: Millionen Arbeitslose und gleichzeitig künstlerische Kreativität auf höchstem Niveau. Da der Export französischer Mode in die Vereinigten Staaten vorübergehend zum Erliegen kommt, überlebt Schiap, indem sie weniger Modelle anbietet und die Preise senkt. Auf Chanels Prosa reagiert sie mit schwindelerregender Lyrik; für sie ist Mode eine Kunstform, und Chanel erwidert gereizt, »die Mode ist keine Kunst, sondern Kommerz. Wir brauchen keine Genies, sondern Handwerker und ein Minimum an gutem Geschmack«.[102]

Gemeinsam reagieren sie auf die aktiven Frauen, die ihren neuen Status auch durch ihre Kleidung unterstreichen. Dafür werden sie sogar vom berühmten Architekten Le Corbusier auf einer Konferenz im Jahr 1929 gelobt: »Die Frau hat es vorgemacht, indem sie ihre Art, sich zu kleiden, verändert hat. Sie stand an einem Scheideweg: der alten Mode folgen hätte bedeutet, auf das moderne Leben, auf Sport, auf Arbeit zu verzichten. Da hat sie sich die Haare abgeschnitten, Ärmel und Röcke hochgekrempelt, um baren Hauptes, mit nackten Armen und befreiten Beinen durch die Gegend zu laufen.« Gut gekleidete Frauen sind auch auf den Tennisplätzen zu finden: Zum Beispiel die Spanierin Lilí de Álvarez, die 1931 in einem Hosenrock von Schiaparelli am Wimbledonturnier teilnimmt – kritisiert von der englischen Presse, die sie als unweiblich, ja als Mannweib bezeichnet. Die Polemiken dauern nicht lange, und innerhalb weniger Monate wird die »Culotte« zur festen Größe im Sport, so wie der Seidenpyjama bei Hausfrauenpartys. Der abenteuerlustigen – und hocheleganten – amerikanischen Flugpionierin Amelia Earhart widmet Elsa, noch bevor diese allein das Unbekannte erkundet, einen Pilotenoverall. Er wird über einem Jerseykostüm getragen und hat flügelförmige Lacklledereinsätze. Sobald Earhart ihr Ziel erreicht hat, kann sie ihn ausziehen.

Und dann ist da noch der Schmuck.

1930 machen die üppigen »Bijoux fantaisies« von Chanel Furore, falsche Perlen, bunte Steine aus Glaspaste, Armbänder, Broschen und lange Halsketten von Étienne de Braumont und Fulco di Verdura für La Maison Gripoix, auf die Elsa mit den »Bijoux non précieux« aus Strass und Zelluloid reagiert sowie mit einem Collier aus Keramikperlen in Form von Aspirin-Tabletten, entworfen vom surrealistischen Dichter Louis Aragon und seiner Frau Elsa Triolet.

»Warum sich hypnotisieren lassen von einem prachtvollen Stein? Dann kann man sich doch gleich einen Scheck um den Hals hängen«, sagt Mademoiselle hochmütig, die sich am 7. November 1932 über die Nachahmungen lustig macht. Zum großen Missfallen der Juweliere an der Place Vendôme stellt sie in ihrer Wohnung in der Rue du Faubourg Saint-Honoré 29 eine Echt-schmuck-Kollektion mit Diamanten und Platin der Diamond Corporation nach einem Entwurf von Paul Iribe aus, die an fantastischen Wachspuppen gezeigt wird, dazu gibt es einen edlen Katalog der Traditionsdruckerei Draeger mit Fotos von Robert Bresson und einem kurzen Text von Chanel. Paris verneigt sich vor der Präsentation, und wer dort keinen Zutritt hat, rennt ins Kino, um sie in einem Dokumentarfilm im Verleih von Pathé-Gaumont zu sehen.

In den Dreißigerjahren bezieht Schiaparelli, die inzwischen französische Staatsbürgerin geworden ist, sämtliche Räume in der Rue de la Paix, wo sie 400 Angestellte beschäftigt. Zu ihrem »Sport«-Label gesellen sich »Pour la Ville« und »Pour le Soir«.

Bettina Jones, die einmal ihre rechte Hand werden soll, ist ihr Lieblingsmodell und Arletty ihre Markenbotschafterin.

Die Hüte? Während Chanel übertriebene Dekorationen verabscheut, wagt Schiaparelli das Undenkbare.

Als das Berufungsgericht von Paris 1934 feststellt, dass »die von Haute-Couture-Häusern entworfenen Hüte in gleicher Weise von Form, Volumen, Linienspiel und Farbe inspiriert sind wie Malerei und Skulptur, also urheberrechtlich geschützte Kunstwerke«, scheint das historische Urteil wie gemacht für Schiaparelli zu sein. Sie entwirft Hüte mit Bommeln, hohe Turbane oder bis tief in die Stirn gezogene Kappen mit bis zur Nase reichenden Ausläufern. Ihre »Mad Cap«, ein Strickwaren-Zylinder, der in die verschiedensten Formen gedrückt werden kann, sowie die »Cagoule« mit Schlitzen für Augen und Mund sind eine Sensation: perfekt zum Skifahren, ohne auf Stil verzichten zu müssen. Und wenn Chanel den Pelz auf der Innenseite von Mänteln und Jacken versteckt, tut ihn die andere dorthin, wo er keinerlei Funktion hat, auf Taschen zum Beispiel.

Womit sich der Wettkampf zwischen dem ehemaligen Landei, das jetzt Millionärin ist, und der einer wohlhabenden Gelehrtenfamilie entstammenden Italienerin auch jenseits des Ärmelkanals fortsetzt.

Verliebt in Tweed

Englische Lover für beide, auch wenn Elsa, die ihrem Vorsatz, nie mehr zu heiraten, treu bleibt, stets nur vage darüber sprechen und sich darauf beschränken wird, zuzugeben, »mit einem englischen Beau«, Mister H., zusammen zu sein, »der mir überallhin folgte«.[103]

Ganz anders Coco, die sich öffentlich mit dem reichsten Mann des Vereinigten Königreichs, Hugh Richard Arthur Grosvenor, dem Herzog von Westminster, zusammentut, zweimal verheiratet, hochgewachsen, blond, elegant, geistreich und überaus großzügig. Einander vorgestellt hat sie Vera Bate 1924 auf einer Party in Monte Carlo – eine Freundin Winston Churchills, die mit dem italienischen Oberst Alberto Lombardi verheiratet ist. Seit sie sich kennen, macht der Herzog, von allen nur Bend Or genannt, Coco mit Liebesbriefen, Gardenien, Orchideen, schottischem Lachs und Gemüse, in dem Smaragde versteckt sind und das mit einem Spezialkurier nach Paris geschickt wird, den Hof. Von schottischen Mooren, in denen er jagt, bis zum Deck seiner Jacht, von Irland bis zu den Karpaten, wobei er im Herrenhaus Heaton Hall Station macht, ist der Mann mit mehr Wohnsitzen, als er sich merken kann, sechs Jahre an ihrer Seite. Für Coco ist es die Phase der schottischen Inspiration mit einer Kollektion aus Tweed – ein weder edler noch kostbarer Stoff, den sie zum Material von Frauenmode erhebt. Die ewige Verlobte träumt vom Heiraten, doch der Herzog wünscht sich einen Erben: Sein Sohn starb schon im Kindesalter, und die beiden Töchter zählen in der Erbfolge nicht. Um ihn zufriedenzustellen, unterzieht sich die sechsundvierzigjährige Coco vergeblich langen und unangenehmen Behandlungen, doch sie ist unfruchtbar. Und obwohl sie eine enorm erfolgreiche Frau ist, wendet sich ihre Vergangenheit auf der Burg von Royallieu gegen sie, was auch Winston Churchill bestätigt, wenn er sagt, dass Chanel vom englischen Hof niemals akzeptiert werden wird.[104]

Es ist der 7. November 1933, als Schiaparelli ihren Londoner Salon in der Upper Grosvenor Street 36 eröffnet, ein idealer Ausgangspunkt, um sich von Mr H. zur Besichtigung von Stofffabriken in ganz Großbritannien begleiten zu lassen. Dort entdeckt

Elsa den Tweed und die natürlichen Farben der schottischen Insel Skye. Wenn sie nicht gerade arbeitet, weiß sie die Gesellschaft
von Mister H. zu genießen, während sie an den langen Uferwegen
der Themse nach Inspiration sucht, im Pub *Wapping* eine Pause
einlegt, um sich ein Bier und Fish & Chips zu gönnen, oder inne-
hält, um die vorbeiziehenden Schlepper zu beobachten.[105]

Sie hält Mister H. dermaßen geheim, dass sie ihn in ihrer
Autobiografie Peter nennt.

»›Peter‹ zu finden war ganz schön schwierig. Ich habe jeden
einzelnen Namen in ihrem beruflichen und privaten Umfeld
unter die Lupe genommen, doch es gab keinen Peter. Als ich
dann ein Buch von Alistair Horne namens *A Bundle from Britain*
las, in dem Schiaparelli erwähnt wird, begriff ich, dass es ›der böse
Onkel Henry Horne‹ war, der viel Geld verdient und es wieder
verloren hat, der aus dem Schlamassel gerettet werden musste.
Schiaparelli liebte ihn und vertraute ihm ihr gesamtes Geld an,
das er benutzte, um weitere Geschäfte zu tätigen und sich dann
zu Tode zu rasen.«[106]

Trotz der Unüberlegtheit von Mister H. funktioniert der Salon
in der Upper Grosvenor Street, der halbe Adel schaut dort vorbei,
verführt von Schiaps Kleidern aus so extravaganten Materialien
wie Schweinsleder, Metalldraht, Hahnenfedern, Affenhaar, Zel-
lophan, Stroh und Rodophan, eine durchsichtige Kunstfaser.

Schiaparelli hat »unzählige Neuigkeiten eingeführt, selbst
wenn das ein riskantes Unterfangen war«,[107] so gesteht sie, die
inzwischen in fast aller Welt zum Presseliebling geworden ist:
Schon am 18. Juni 1932 hat Janet Flanner vom *New Yorker* sie als
»Komet« bezeichnet, aber erst, als ihr das *Time*-Magazin am
13. August 1934 die Titelseite widmet und sie als diejenige bezeichnet, »auf die der Beiname Genie wirklich zutrifft«, wird aus
Chanels Verärgerung blanke Wut.

Kriegserklärung

Das Jahr, in dem »Schiap zu den höchsten Höhen ihres fantastischen Vorstellungsvermögens«[108] aufstieg, ist auch das, in dem sie
endgültig in das Revier der Rivalin eindringt.

1935 lässt die Eröffnung der Maison Schiaparelli an der Place
Vendôme 21, achtundneunzig Zimmer im opulenten Hôtel de
Fontpertuis, einst Sitz des Modehauses Chéruit, Chanel toben
vor Wut. Sie hat die andere jetzt jeden Morgen notgedrungen vor
der Nase, einschließlich sonntags.

Monatelang ist die Place Vendôme 21 die schönste und ge-
schäftigste Baustelle von ganz Paris. Der Bildhauer Alberto Giacometti schaut vorbei, gemeinsam mit Jean-Michel Frank richtet er die Boutique im Erdgeschoss und das Atelier im ersten
Stock ein: Zwischen Stuck, Goldverzierungen und Säulen finden riesige Vasen, spiralförmige Aschenbecher, Bronze-Steh-
lampen mit Frauenkopf, gewagte Kandelaber und Umkleiden
aus blauem Chintz Platz. Die von Bettina Jones (inzwischen
verheiratete Bergery) gestalteten Schaufenster – die die Feindin
Chanel »mit dem grausamen Blick eines Schwans und dem
Schnabel von Donald Duck«[109] darstellen – schlagen ein wie
eine Bombe, und die Prêt-à-porter-Formel, die der tragfertigen
Mode, macht den Besuch in der Schiap-Boutique zum einma-
ligen Erlebnis.

Coco hat reichlich Gelegenheit, von ihrer neuen Ateliernach-
barin abgelenkt zu werden. Sie pendelt zwischen den luxuriösen
Annehmlichkeiten des Ritz und der Villa »La Pausa« auf der An-
höhe von Roquebrune an der Côte d'Azur hin und her (dreißig
Zimmer, umgeben von acht Hektar Land mit Olivenbäumen,
Orangenhainen und Oleandersträuchern samt einem Kloster, das
an Aubazine erinnert). Nach der Liaison mit dem Herzog von

Westminster, der inzwischen die fruchtbare Loelia Mary Ponsonby geheiratet hat, und nach einer unglücklichen Liebe zum Dichter Pierre Reverdy, der sich auf seiner verzweifelten Suche nach Gott am 30. März 1926 ins Kloster Solesmes zurückgezogen hat, ist sie erneut verliebt – und verlobt. An ihrer Seite ist Paul Iribe, der vielseitige Kostüm- und Bühnenbildner, Illustrator und Journalist – einer der wenigen, die sich von ihrem Erfolg und ihrer Maßlosigkeit nicht eingeschüchtert fühlen, und der Einzige, der sie vor allen als seine Verlobte vorstellt, ja der Einzige, der offiziell um ihre Hand bittet. Coco ist bereit, den großen Schritt zu wagen, er lässt sich gerade von seiner Frau Maybelle Hogan scheiden, aber am 21. September 1935, ausgerechnet dann, als die Gerüchte über ihre Hochzeit lauter werden, bekommt Chanels Liebesleben den x-ten tragischen Dämpfer: Iribe stirbt vor ihren Augen an einem Herzinfarkt, während er auf dem roten Sandplatz von »La Pausa« Tennis spielt.

Im Nu verwandelt sich ihr sicherer Hafen in eine feindliche Festung.

Vermaledeite Côte d'Azur. Genau wie damals, als Boy starb.

10. Juni 1936. Der Frühling lässt auf sich warten, vom starken Regen, der noch vor wenigen Stunden fiel, ist nichts mehr zu sehen, und die Straßen von Paris werden von goldgelbem Sonnenlicht geflutet. Der Himmel ist knallblau.

Ein perfekter Tag, könnte man meinen.

Als eine Delegation der Maison Chanel beim Portier des Ritz auftaucht und um Audienz bittet, lässt Mademoiselle ausrichten, sie kenne keine »Delegation« und habe nicht vor, jemanden zu empfangen. Ja, sie hat die Gerüchte gehört: Seit Tagen liest sie in den Zeitungen von den Streiks, von Demonstranten, die die Straßen von ganz Frankreich lahmlegen. Doch selbst wenn die Proteste die Textilbranche erreicht haben sollten, scheint sie die Sache nichts anzugehen.

Im blauen Kleid und mit Perlenkette überquert Chanel die Place Vendôme Richtung Rue Cambon. Sie geht langsam, ist aber nervös, fast genervt von der Sonne, die das Spektakel vor den unbeleuchteten Schaufenstern der Boutique beleuchtet, wo zig Angestellte den Eintritt verwehren.

»Hier kommt niemand rein!«, rufen sie.

Diese Undankbaren, Unverschämten!

Chanel gibt sich gelassen, doch die Boutique und das Atelier, in dem sich ihre Angestellten achtundvierzig Stunden die Woche über Nähmaschinen beugen, bügeln, Kleider perfektionieren und Kunden bedienen, sind verriegelt. Entgegen der Tradition fordern Köpfe und Hände der Arbeiter eine Pause. Sowie tiefgreifende Veränderungen. Der triumphale Wahlsieg der im Front populaire vereinigten Linksparteien – zu einer Zeit, in der Frauen in Frankreich noch nicht das Wahlrecht haben! – hat zu Gesetzen geführt, die die Arbeitsbedingungen verändern werden. Und die weiblichen Angestellten der Maison fordern dieselben Rechte wie die Männer: einen ordentlichen Vertrag, zwei Wochen bezahlten Urlaub und eine auf vierzig Wochenstunden reduzierte Arbeitszeit.

Chanel nimmt das persönlich.

»Ihre« Frauen streiken?

Du jamais vu! Unerhört!

Für Mademoiselle grenzt das an Majestätsbeleidigung: Ohne sie, ohne ihre Kleider würde es *die da* gar nicht geben. Coco vergisst, dass auch sie einst zu ihnen gehörte, dieselben unausgesprochenen, legitimen Bedürfnisse hatte. Sie würde sie am liebsten alle entlassen, aber das Datum der Modenschau rückt näher, sie hat keine Zeit zu verlieren, und wenn sie zu keiner Einigung gelangt, droht die Kollektion zu platzen. Soll sie etwa der Konkurrenz das Feld überlassen? Ausgeschlossen. Elsa und Coco haben dieselbe Kundschaft, und wenn Chanel zumacht, wird die andere nur profitieren. Coco fühlt sich als Zielscheibe »einer Großoffensive vonseiten der Schneider-Poeten-Journalisten«,[110] doch ihre Paranoia gilt der Rivalin, da an der Place Vendôme 21 alles reibungslos und ohne hochkochende Emotionen vonstattengeht. Die erste Kollektion »Stop, look and listen« war ein Erfolg, Schiaparellis Schneiderinnen, die gerecht bezahlt werden, sind ihrer *patronne* treu ergeben, sie bereiten die Kollektion »Musica« vor und haben keinerlei Grund, an den Streiks teilzunehmen, die ganz Frankreich überrollen.

Chanel steht mit dem Rücken zur Wand und ist gezwungen, die ihr von den Angestellten aufoktroyierten Bedingungen zu akzeptieren.

Was sie ihnen nie verzeihen wird.

Inzwischen findet das Kräftemessen mit der anderen im selben Viertel statt, in denselben Räumen, häufig auf den Seiten derselben Zeitschriften, allen voran *Vogue* und *Harper's Bazaar*. Aber auch in *Femina* und *Minverva* werden den beiden abwechselnd die Titelseiten gewidmet. Wenn also »Chanel ein fantastisches dunkelgrünes Jerseykleid lanciert«, »entwirft Schiaparelli eines für den Abend aus rotem Chenille«. Auf eine »Abendkreation von Chanel mit weißem Satinfutter, bedeckt von einem Wasserfall aus Perlenstickereien«, reagiert Schiaparelli mit Knallfarben wie Veilchenblau, Lavendelblau, Blattgrün oder einem gewagten Orange. Chanel, die Hohepriesterin der Schlichtheit, entwirft auf einmal Kleider in Knallblau, die meilenweit von ihren üblichen Unitönen Beige, Schwarz und Weiß entfernt sind, und ergänzt sie um Perlen, Pailletten, Fransen und Stickereien. »Uns fehlen die Worte, um Elsa Schiaparellis Kollektion zu beschreiben«, melden die Zeitungen. Elsa bemüht sich nicht groß, sich bei den Journalistinnen anzubiedern, weiß aber, wie man ein Image kreiert, auch wenn sie es gar nicht mag, »gezwungen zu sein, die Rolle des Enfant terrible der französischen Haute-Couture zu spielen, um sich von Kollegen abzuheben, die mit Ausnahme von Chanel eher zurückhaltend in puncto Pressekontakte sind«.[111] Und während sich Chanel rühmt, »noch nie einen Sous in Werbung gesteckt zu haben« (wobei sie unterschlägt, im Jahr 1931 der Rivalin die PR-Spezialistin Madame de Caraman-Chimay weggeschnappt zu haben, indem sie ihr mehr Geld bot), und lautstark behauptet, »Extravaganz verderbe den Charakter«, gelingt es Schiaparelli, die Rivalin als »eine langweilige Spießerin, die sich auf Friedhöfe spezialisiert hat«[112] zu verunglimpfen. Inzwischen wird der Konflikt in aller Öffentlichkeit ausgetragen und überträgt sich auf jede Modenschau – bei Schiaparelli eine komplexe Inszenierung von Körpern in Bewegung, bei Chanel eine geordnete Abfolge von Kleidern und Mannequins, die mit hoch erhobenem Haupt, zurückgenommenen Schultern und vorgeschobenen Hüften einherschreiten, während sie eine Hand in die Tasche geschoben haben und in der anderen ein Pappschild halten, auf dem die Nummer des Modells geschrieben steht.[113] Höchstdauer: dreißig Minuten.

Allein die Vorstellung, dass Frauen bereit sind, Hüte in Form eines Schuhs wie den »Soulier« zu tragen, einen Entwurf Dalís für die Winterkollektion 1937/38, oder aber in Form eines Käfigs mit bunten Insekten und Federn, bringt Chanel in Rage.

Sie versteht das nicht.

Sie kann »diese italienische Künstlerin, die Kleider macht«, einfach nicht verstehen.

Schneiderinnen, Künstlerinnen, Rivalinnen

Künstlerin.

Das ist das Entscheidende. Die eingebildete, schmerzhafte Konkurrenz, der wunde Punkt, die Achillesferse Cocos. Auch wenn sie das niemals zugeben würde, verkörpert Elsa alles, was sie so gerne wäre. Auch sie frequentiert die High Society, hatte aber anfangs große Schwierigkeiten, akzeptiert zu werden. Elsa hingegen entstammt dieser Welt, ihre Herkunft sorgt dafür, dass sie in der Welt der Künstler als ebenbürtig gilt. Ein Universum, in dem die Schiaparelli heimisch ist, in dem Chanel jedoch immer nur ein Trabant bleiben wird.

Gehen wir einen Schritt zurück.

Es war der 30. Mai 1917. Nach einem Abendessen bei Cécile Sorel, Schauspielerin der Comédie-Française und Chanels Kundin, wird sie von Misia Sert (1872 als Maria Zofia Olga Zenajda Godebska geboren: die ungekrönte Königin von Paris, Ex-Frau des schwerreichen Herausgebers der Pariser Tageszeitung *Le Matin* Alfred Edwards und inzwischen mit dem spanischen Maler José María Sert verheiratet) zu ihrem Mantel beglückwünscht. Coco zieht ihn aus und legt ihn ihr um. Sie ist jetzt schon von der schönen Polin fasziniert, die bald zu ihrer »einzigen Freundin« [114] werden wird (vielleicht auch zu etwas mehr als nur das), zu ihrer Ratgeberin – die Einzige, von der die arrogante Coco Kritik und Eifersüchteleien akzeptieren wird. Dank Misia erhält sie Zugang zu den Perlen, die noch an ihrer Kette fehlen: zu den Künstlern.

»Ohne die Serts wäre ich ein Dummkopf geblieben«, gesteht sie, und nach Boys Tod ist die schöne Polin das Lebenselixier, das sie braucht, um über den Verlust hinwegzukommen. Misia lenkt sie ab, zerstreut sie, nimmt sie im August 1920 mit nach Venedig, in die Stadt, die sie vor der Verzweiflung bewahrt und in der sie den russischen Choreografen und Impresario Serge Djagilew kennenlernt. Dank Misia entdeckt Coco ihre Leidenschaft fürs Mäzenatentum, sie gewährt jungen Literaten Monatsstipendien, die der Verleger Bernard Grasset als »Zuwendung der großen Mademoiselle« bezeichnet. Die Intellektuellen umschwirren sie wie Motten das Licht, Jean Cocteau zahlt sie das Opium ebenso wie die Krankenhausrechnungen nach seinen Entziehungskuren, die Musiker der sogenannten Groupe des Six wie Darius Milhaud und Arthur Honegger müssen sie nur fragen: »Die Künstler öffnen mir ihre Ateliers, und ich stelle sie im Gegenzug in den Salons der Reichen vor.«[115] Und als Djagilew die Mittel fehlen, um die zweite Version von *Le sacre du printemps* auf die Bühne zu bringen, steht Coco bei ihm vor der Tür und überreicht ihm einen Scheck über 300 000 Francs – unter der Bedingung, dass er diese großzügige Geste für sich behält (die erst Jahre später vom Sekretär Djagilews, Boris Kochno, enthüllt werden wird). Sie beherbergt auch Igor Strawinsky mit Frau und Töchtern in den idyllischen Räumlichkeiten von »Bel Respiro« – so lange, wie der Musiker eben zum Komponieren braucht.

Jean Cocteau, der auch als ihr »Gigolo in Weiß« gilt, nimmt sie mit ins *Bœuf sur le Toit*, in das angesagte Lokal, wohin allabendlich halb Paris sowie eine Clique aus Künstlern und Literaten strömt: Strawinsky, Picasso, Breton, Brancusi, Gide und der blutjunge Raymond Radiguet, Autor von *Den Teufel im Leib*, »wie ein fantastischer stocksteifer Uhu, reglos und blind auf seinem Schemel«, in den Cocteau verliebt ist und der schon mit zwanzig sterben wird, woraufhin Chanel sein Begräbnis bezahlt.

Sie versucht sich als Künstlerin, aber ihr Ausflug in die Welt der Kunst ist stets mehr oder weniger zum Scheitern verurteilt: sich in Rauch auflösende Ehen, nicht stattgefundene Treffen, die sie sich mit Geld erkaufen wollte. Sie ist und bleibt eine außergewöhnliche, fantastische Schneiderin, wird aber nie zu einer Kostümbildnerin. Stattdessen kleidet sie Schauspieler und Tänzer ein und unterstützt sie hier und da. Ohne eine echte Beziehung zu den Künstlern herstellen zu können, verteidigt sie sich mit einem ihrer Sprüche: »Ein Kleid ist weder eine Tragödie noch ein Gemälde.«

1922 will sie ihr Freund Cocteau für *Antigone* haben: »Ich habe Mademoiselle Chanel mit den Kostümen beauftragt, denn sie ist die größte Schneiderin unserer Zeit, und ich kann mir Ödipus' Töchter nun mal nicht schlecht gekleidet vorstellen«, wird er sagen, doch die Aufführung überzeugt nicht. Cocteau lässt nicht locker und bittet sie zwei Jahre später, die Tänzer von *Le train bleu* in der Choreografie von Bronislava Nijinska im Théâtre des Champs-Élysées einzukleiden. Coco entwirft nicht auf dem Papier, sondern arbeitet direkt am Körper. Doch schon bei der Generalprobe funktioniert nichts: weder das Ballett noch die Kostüme, die Beinlinge müssen aufgetrennt und neu zusammengesetzt, die Röcke geändert werden: »Immer etwas wegnehmen, ausziehen. Nie etwas hinzufügen. Es gibt nichts Schöneres als die Freiheit der Körper … Immer ist alles zu viel, zu viel«, wiederholt Coco gegenüber den erschöpften Näherinnen. Nur Cocteau verteidigt sie: »Kostümbildner arbeiten mit dem Stift: Das ist Kunst. Schneiderinnen mit Schere und Stecknadeln: Das ist etwas ganz anderes.«

Er ist nicht der Einzige. Zu ihren nicht ganz uneigennützigen Anhängern zählt auch Salvador Dalí. »Sie zeigt und verhüllt keine Ideen: Sie kleidet sie ein. Die Kleidung bekommt bei ihr eine biologische Bedeutung von Bescheidenheit, eine fatale, tödliche Brutalität: Es ist eine tragische, keine zynische Bedeutung. Vor allem aber ist Chanel das Geschöpf, das die am besten angezogene Seele, den am besten angezogenen Körper überhaupt besitzt.«[116]

Es ist der 17. August 1929, als Coco, die sich gerade mit Bend Or auf einer Kreuzfahrt befindet, ein Telegramm aus Venedig erhält, das den Urlaub unterbricht: »Ich bin krank. Kommt schnell, Serge.« Djagilew stirbt am 19. August in seinem Zimmer im Hôtel des Bains, und Gabrielle folgt dem von ihr bezahlten Beerdigungszug bis zur Friedhofsinsel San Michele – in einem weißen Kleid, in einer schwarzen Gondel, gemeinsam mit Misia, Kochno und Serge Lifar.

Schiaparelli mag es gar nicht, als Exzentrikerin bezeichnet zu werden, schon gar nicht im Vergleich »zur großen Mademoiselle, oder als unverzichtbarer Dreh- und Angelpunkt der Mode für die besten künstlerischen Köpfe von Paris«,[117] aber die Kunstwelt lebt von sozialen Beziehungen und Freundschaften, und für sie, die seit jeher dieselbe Luft atmet, gibt es keinen Unterschied zwischen Leben und Kunst. Manchmal sind es dieselben Künstler, die sie inspirieren, vor allem Braque und Picasso. Wie damals, als sie nach einem Spaziergang über den Fischmarkt von Kopenhagen ein paar Frauen an den Kanälen sitzen sieht, die Hüte aus Zeitungspapier tragen. Kaum zurück in Paris schneidet sie Zeitungsartikel über sich aus und lässt sie auf Chintz-Stoff drucken, ganz im Stil der *papiers collés* der mit ihr befreundeten Künstler.

Obwohl er sich Chanel verbunden fühlt, kann Cocteau sich Schiaparellis Zauber nicht entziehen. Er möchte gern mit ihr zusammenarbeiten und schmeichelt ihr auf eigenwillige Weise, indem er das Atelier an der Place Vendôme als »diabolische Höhle« bezeichnet. Und Dalí, den sie 1934 kennenlernt, umgarnt sie damit, dass sich das Paris der Dreißiger »nicht etwa in den Streitgesprächen der Surrealisten im Café an der Place Blanche symbolisiert, sondern in dem Modesalon, den Elsa Schiaparelli gerade an der Place Vendome eröffnet«.[118] Von Schiap bekommt man weniger eine »Dienstleistung« oder schlichte Lieferung, stattdessen aufgrund eines gemeinsamen Kunstverständnisses Kreationen, die an Kostüme erinnern. Und während Dalí 1936 eine Puderdose in Form einer Telefonwählscheibe entwirft, in die der Name ihrer Besitzerin eingraviert werden kann, arbeitet Cocteau 1937 für die Sommerkollektion am Konzept der Doppelung, indem er für Schiap einen Abendmantel aus grauem Leinen entwirft, auf dessen Rückenteil ein gespiegeltes Frauenprofil gestickt ist. Bei einem anderen Modell wird die Trägerin in der Taille von zwei aufgestickten Händen umfasst.

Es ist das Jahr der Exposition Internationale des Arts et des Techniques, der Weltausstellung, die am 24. Mai in der Galerie des Beaux-Arts in der Rue du Faubourg Saint-Honoré eröffnet wird. Für sie macht Schiap eine Installation aus einer nackt auf einer Wiese liegenden Schaufensterpuppe, während deren Kleider wie Wäsche an einer Leine hängen.

Ebenfalls im selben Jahr sind die Fotos von Wallis Simpson in einem weißen Organzakleid, auf dem ein Riesenhummer prangt, in der amerikanischen *Vogue* zu sehen – ein schwerer Schlag für Chanel: Sie ist so wütend und beunruhigt, dass sie Dalí unter dem Vorwand, ungestört und in luxuriöser Umgebung arbeiten zu können, dazu überredet, in »La Pausa« zu wohnen.

Chanel arbeitet »für« die Künstler; Schiaparelli ist eine der ihren. Und auch auf der großen Leinwand trägt sie den Sieg davon.

Stardust

1931 sind vierzehn Millionen Amerikaner arbeitslos, und Holly-wood erlebt eine der schlimmsten Krisen überhaupt. Der Film-produzent Samuel Goldwyn glaubt fest daran, dass man Frauen noch einen Grund mehr geben sollte, ins Kino zu gehen, nämlich »erstens um seine Filme und seine Stars zu sehen und *zweitens* um den neuesten Modetrend kennenzulernen«.[119] Er braucht Chanel, die er in Monte Carlo gemeinsam mit dem Großherzog Dimitri kennengelernt hat. Er schlägt ihr eine vertragliche Ga-rantiesumme über eine Million Dollar vor, wenn sie sich zwei-mal im Jahr nach Hollywood begibt und die u. a. bei ihm unter Vertrag stehenden Schauspielerinnen Greta Garbo, Marlene Dietrich und Gloria Swanson einkleidet. Von dem prächtigen Perlenkleid, das Paul Iribe 1920 für die Swanson schuf, einmal abgesehen, ist keinem Franzosen je so ein Angebot gemacht wor-den. Doch Chanel zögert monatelang und gibt erst nach drän-gendem Werben des Filmproduzenten nach – um im April 1931, in Begleitung von Misia, triumphal in der Hauptstadt des Kinos Einzug zu halten. Wohl wissend, dass sie von Greta Garbo[120] in Empfang genommen wird, titeln die Zeitungen *Die Begegnung zweier Königinnen.*

In Hollywood nähert sich Coco Marlene Dietrich an, die so-wohl ihre Freundin als auch Kundin bleiben wird. Doch erst als sie zwei der besten Kostümbildner der damaligen Zeit, Mitchell Leisen und Gilbert Adrian, unter der Regie von Cecil B. DeMille bei der Arbeit beobachtet, lernt sie, sich an einem Filmset zu behaupten. Sie macht die Kostüme für gerade mal drei Filme, *Palmy Days, The Greeks Had a Word for Them, Tonight or Never,* die zwischen 1931 und 1932 herauskommen: Die von den Stars getra-genen Kleider fallen weit, sie weisen schneiderische Kniffe auf, doch es fehlt ihnen an Glamour, und die Schauspielerinnen wollen nicht, dass man ihnen in einem Film nach dem anderen die Entwürfe ein und derselben Schneiderin aufdrängt – auch nicht, wenn sie Chanel heißt. Die ihrerseits Hollywood verachtet, das sie sarkastisch als »Mont-Saint-Michel von Hintern und Busen« und als »wie ein Abend in den *Folies-Bergère*« beschreibt: Die Stars? »Ich habe nur einen kennengelernt, für den sich die Reise lohnte: Erich von Stroheim.«[121]

Als das Kino ruft, lässt sich Schiaparelli nicht lange bitten. Und siegt auf ganzer Linie. Auch wenn sie Kostüme für rund dreißig Theaterstücke realisiert, zieht sie die Leinwand vor, »weil man die Kleider im Kino in ihrer immer gleichen Pracht sieht, während sie im Theater, Abend für Abend, verblassen«.[122] Zwischen 1931 und 1952 wird Elsa die Kostüme für zweiunddreißig Filme entwerfen. Während Chanel der Auffassung ist, dass die Kleidung die Schauspielerinnen nicht in ihrer Bewegungsfreiheit einschränken darf, bandagiert Elsa sie regelrecht, sie betont ihre Hüften und unterstreicht üppige Brüste. Sie kleidet Leinwandgöttinnen wie Joan Crawford ein, für die sie gerade Silhouetten und kantige Schulterpartien entwirft, den Kasten-Look, den konischen Look und den Vogel-Look mit Federcapes, die wie Flügel an den Schultern befestigt werden. Ihr *Hard Chic* ist perfekt für die Rolle der reichen, geschiedenen Frau, der Männerfresserin, Verführerin – und zwar seit *A Gentleman of Paris* von Sinclair Hill (1931). Viele Stücke werden nach einer ihrer Modenschauen geordert, so auch das Abendkleid »Aeroplano«, das Arlette Marchal in *La femme idéale* von 1933 trägt.

Bei den vielen Schauspielerinnen fehlt es nicht an diplomatischen Zwischenfällen wie dem mit Marlene Dietrich, die, nachdem sie sich Kleider aus der Kollektion von 1936 ausgesucht hat, diese wenige Wochen später mit einem Zettel zurückschickt:

»Ich habe sie nicht angerührt – zum Glück, weil ich sie neulich Abend, als ich mir die Komödie *Heart's Content* im Londoner Shaftesbury Theatre angeschaut habe, an einer unbedeutenden Nebendarstellerin gesehen habe. Ich verstehe nicht, wie Sie es sich erlauben konnten, mir das zu verschweigen!«[123]

1938, nach dem Triumph von Schiaps »Zirkus«-Kollektion mit den von der Maison Lesage mit Elefanten und Seiltänzern bestickten Boleros, bei denen die Schmuckknöpfe in Form von schwebenden Turnern gehalten sind, kommt der Film *Hotel du Nord* von Marcel Carné in die Kinos, in dem Arletty eine Tasche von ihr trägt. Und in *Pygmalion* ist Wendy Hiller in der Rolle der Eliza Doolittle von Kopf bis Fuß in Schiaparelli gehüllt. 1945 sind es *Les dames du Bois de Boulogne* von Robert Bresson, die ihre Kleider tragen, und in *Moulin Rouge* von John Huston aus dem Jahr 1952 orientiert sich Elsa an den Plakaten von Henri de Toulouse-Lautrec.

Hollywood verehrt sie, und so ist es nicht weiter erstaunlich, dass Adrian, der berühmte Kostümbildner von MGM, der Chanel ignorierte, eine Modenschau für Elsa und ihre Kollektion organisiert und die berühmtesten Leinwandgöttinnen als Mannequins verpflichtet.

Rosa im Quadrat

1937 ist das Parfüm Chanel N°5 ein Bestseller.

»Chanels Rendite geht auf den Duft N°5 zurück, Patous auf den von Joy und Lanvins auf den von Arpège. 1937 möchte Elsa ihre Einnahmequelle finden.«[124] Und nach *Soucis*, *Salut* und *Schiap* aus dem Jahr 1934 soll auch der neue Duft mit »S« anfangen. Nach einem Jahr Recherche ist er fertig. Jetzt müssen nur noch ein Name und die Farbe der Verpackung gefunden werden, auch wenn das schwieriger ist als gedacht, »denn jedes Wort im Wörterbuch scheint bereits eingetragen und geschützt zu sein. Die Farbe stand mir bereits vor Augen: leuchtend, unmöglich, unverschämt, kleidsam, vital (…) *Shocking*«.[125]

Beim Flakon-Entwurf kommt ihr eine Gipsbüste zu Hilfe, die ihr die Schauspielerin Mae West für die Kostüme zu *Every Day's a Holiday* geschickt hat. Schiap bemerkt staubtrocken: »Als Mae West nach Paris kam, streckte sie sich als Erstes auf dem ›Operationstisch‹ in meinem Atelier aus«,[126] doch es werden der üppige Busen und die schmalen Hüften der Schauspielerin sein, die die Bildhauerin Leonor Fini zu einem Flakon mit ihren Formen inspirieren. Er sieht aus wie eine kopflose Schaufensterpuppe. Das von den Labors der Firma Roure unter Leitung von Jean Carles entwickelte *Shocking* ist sinnlich, warm, animalisch und wird vom Duftexperten Jean-Marie Martin-Hattemberg als »erstes sexuelles Parfüm«[127] bezeichnet. Farbe und Verpackung reißen Elizabeth Arden zu einem abfälligen Kommentar hin, die ihm keine große Zukunft voraussagt: »Das wird nichts, meine Liebe. Wenn die Leute an Rosa denken, denken sie an mich!«[128]

Schiap ist das egal, sie behält ihren kreativen Elan, zusammen mit Jean-Michel Frank denkt sie sich eine riesige Voliere als Eingang zur Parfümabteilung der Boutique aus. Der Bühnenbildner Christian Bérard, genannt Bébé, »liebte es, sich den Duft auf seinen Bart zu sprühen, bis er auf sein abgewetztes Hemd und den kleinen Hund auf seinem Arm herabtropfte«. Marie-Louise Bousquet, Verkäuferin der Boutique, »zog ihre Röcke hoch und tränkte ihren Unterrock damit«. Und auch wenn das »S« zum Glücksbringer-Buchstaben für die darauf folgenden Parfüms *Sleeping, Snuff, Spankin, Séraphique, Sotto Voce* und *Succès Fou* wird, bleibt *Shocking* ein Bestseller.

Je erfolgreicher Schiap wird, desto besessener wird Chanel von ihr – bis zu dem Punkt, an dem sie ihr auch körperlich gefährlich wird. Die beiden Damen der Haute Couture frequentieren dieselben Kreise, manchmal ist es schlichtweg unmöglich, sich aus dem Weg zu gehen. So auch an einem schwülen Juliabend 1939, auf einem der begehrtesten Kostümbälle der Stadt, dem prächtigen »Bal de la Forêt«, der Schlagzeilen machen wird.

Das Tor zum Landhaus des *Vogue*-Fotografen André Durst in Mortefontaine steht weit offen. Im Park tragen die Gäste Waldkostüme, sie gehen als Baum oder Satyr beziehungsweise laufen mit Strohperücken auf dem Kopf herum. Chanel, die als sie selbst geht, bewegt sich unter den Gästen wie eine Biene zwischen Blumen. Während sie ihre Runden dreht, trifft sie auf Schiaparelli – deren Kollektion »Païenne« gerade erst ein Triumph war. Darin hat sie den Mythos Natur mit Grashalmen, Ährenbroschen, Blättern und Insekten, die zu Knöpfen werden, erkundet. Sie ist dem Anlass entsprechend als surrealistische Eiche verkleidet. Die beiden plaudern, als hätten sie sich jede Menge zu erzählen, und auf dem Höhepunkt des Balls fordert Coco Schiap fast mütterlich und ungewöhnlich herzlich zum Tanz auf. Elsa weiß nicht recht, ob sie ihr trauen kann, aber vor allen Leuten einen Rückzieher machen? Ausgeschlossen. Sie willigt ein.

Die beiden Rivalinnen betreten als vorläufige Freundinnen Hand in Hand den Saal und lächeln den Gästen zu, die über so viel Komplizenschaft staunen. Nach nur wenigen Minuten kippt das Bild auf tragische Weise, als Chanel Elsa anmutig gegen einen Kandelaber drängt, und Elsas »Rinde« Feuer fängt. Glaubhafte Zeugen bestätigen, dass das Feuer gelöscht und Schiaparelli von den amüsierten Gästen mit Sodawasser bespritzt wurde.[129]

Doch die Anekdote, die zur Klatschgeschichte des Jahres werden soll, gerät durch eine deutlich schmerzlichere Katastrophe ins Hintertreffen, bei der die Karten der Geschichte neu gemischt werden.

Sitzkrieg

»Für Frauen, deren Männer ausziehen, um sich umbringen zu lassen, ist das nicht der Moment, an Kleider zu denken.« Chanel schließt das Atelier, entlässt 2500 Angestellte und behält die Boutique, um Parfüms und Accessoires zu verkaufen. Eine Racheaktion gegen die Näherinnen, Angestellten und Arbeiterinnen in Erinnerung an den Streik von 1936? Auf den Vorschlag, Kriegsuniformen zu entwerfen, reagiert sie mit einem vulgären »Fragt doch Poiret, noch ist er nicht tot, soweit ich weiß« und enthält der französischen Armee so jeden Hauch von Eleganz vor. Sie zieht sich in die beruhigende Geometrie von »La Pausa« zurück, hinter die Luxusbarriere zwischen sich und den Kriegsgräueln.

Die Mode muss der Materialknappheit und den rationierten Stoffen Rechnung tragen, soll aber gleichzeitig das Bedürfnis nach Luxus und Opulenz der Neureichen stillen, die mit den Invasoren Geschäfte machen. Schiaparelli reduziert ihre Aktivitäten auf ein Minimum, sie schließt ihr Modehaus in London (zahlungsunfähige Kunden, außerdem ist es in Kriegszeiten zu kompliziert, beide Salons zu führen), doch in Paris harrt sie aus. Sie dekoriert die Schaufenster der Boutique an der Place Vendôme mit Friedenssymbolen (ein großer Glasglobus, weiße Tauben, die mit einem Olivenzweig im Schnabel herumfliegen) und bittet das von 600 auf 150 Angestellte reduzierte Personal, für ein niedrigeres Gehalt zu arbeiten. Sie hat keine Schneider, nur drei Mannequins stehen ihr zur Seite, »die die Schau mit einer un-

glaublichen Geschwindigkeit und Behändigkeit vorführen«.[130]
Im Oktober 1939 präsentiert sie die Kollektion »Cash and Carry«
aus Kleidern mit riesigen Taschen, in denen man alles bei sich
tragen kann, was man so braucht, sowie aus wollenen Latzhosen,
in die man im Falle eines Luftangriffs rasch schlüpfen kann. Die
Farben? Maginot-Linien-Blau, Fremdenlegion-Rot und Flug-
zeug-Grau.

Zu Weihnachten reist sie zu Gogo, die inzwischen in New
York mit Robert Lawrence Berenson verheiratet ist. Elsa ist
hochaktiv und hält Vorträge in vierzig Städten der Vereinigten
Staaten mit dem Titel »Clothes and the Women«, um die französische Mode und Kultur bekannt zu machen. Sie engagiert sich
für Kulturveranstaltungen, hilft André Breton und Marcel Duchamp in New York bei der Organisation der Ausstellung »First
Papers of Surrealism«, arbeitet fürs Rote Kreuz als Schwestern-
helferin im New York Hospital und sammelt Geld für die französische Armee.

Wieder quälen sie Depressionen, und dank ihrer Parfümeinnahmen kann sich Elsa in den Kokon eines direkt am Meer
gelegenen Cottages auf Long Island zurückziehen, während die
Place Vendôme 21 offiziell unter deutsche Verwaltung gestellt
wird.

August 1940. Bei ihrer Rückkehr aus Roquebrune findet Chanel
das Ritz von Deutschen besetzt vor. Sie besteht auf einem Zimmer: »Wozu umziehen? Früher oder später werden alle Hotels
besetzt werden. Und dann? Da kann ich genauso gut hierbleiben.
Ein kleines Zimmer? Umso besser, das kostet weniger …« Es
dürfte schwierig gewesen sein, die Zimmer 226 und 228 ohne
die Fürsprache des NS-Funktionärs Hans Günther Freiherr von
Dincklage, genannt Spatz, zu bekommen: Er ist dreizehn Jahre

jünger als sie, offiziell Leiter der Presse- und Propagandaabteilung der deutschen Botschaft, in Wahrheit aber ein Geheimagent unter Goebbels' Befehl. Er wird ihr auch helfen, Kontakt zu hohen SS-Funktionären herzustellen, als sie erfährt, dass ihr Lieblingsneffe André, der verwaiste Sohn von Julie-Berthe, in Gefangenschaft der Wehrmacht ist und sich mit Tuberkulose angesteckt hat. Indem sie immer engere Beziehungen zu Spatz knüpft, macht Coco gute Miene zum bösen Spiel und bittet um Hilfe: Sie ist eine Opportunistin, die sich von der Macht angezogen fühlt, und die Nazis *sind* die Macht.[131] Angeworben von der Abwehr, dem militärischen Geheimdienst der Nazis, unter dem Codenamen »Westminster F-7124«, schlägt sie vor, zwischen dem Dritten Reich und Churchill zu vermitteln. Die Operation »Modellhut« scheitert, aber im Dezember 1943 kehrt Chanels Neffe in die Heimat zurück.

Aber sie tut noch viel mehr. Sie möchte die Beziehungen zur Besatzungsmacht nutzen, um die absolute Kontrolle über die Produktion ihrer Parfüms zu erlangen (zur N°5 haben sich im Lauf der Jahre Chanel N°22, *Gardénia, Bois des Îles, Cuir de Russie* und *Sycomore* gesellt). Produziert und verkauft werden sie nach wie vor von den Gebrüdern Wertheimer, die Frankreich gleich bei Ausbruch des Krieges verlassen haben, und Coco hat sich nie damit abgefunden, dass sie nicht in ihrem Besitz sind. Ohne zu zögern, spielt sie ihre Überlegenheit aus: Sie ist Arierin, die Wertheimers sind Juden und müssen als solche enteignet werden.

Bevor die Brüder in New York unterkamen, waren sie so vorausschauend, ihre Firma auf Félix Amiot zu übertragen, einen katholischen Industriellen und Flugzeugbauer, der für die französische Luftwaffe tätig ist. Doch am 3. April wird Amiot vom deutschen Militärkommando ins Hôtel Majestic einbestellt: »Sie haben die Parfümerie Bourjois und die Chanel-Aktien gekauft,

aber das war nur ein vorgetäuschter Verkauf, Sie sind ein Stroh-
mann.« Wochenlang muss Amiot Heerscharen von Kontrolleu-
ren über sich ergehen lassen, die Beweise und Rechtfertigungen
verlangen. Er streut ihnen Sand in die Augen, aber der Todesstoß
kommt von Georges Madoux, einem von der Vichy-Regierung
bestimmten Verwalter, der die Societé des Parfums Chanel als
nach wie vor jüdisch deklariert. Mit einem an ihn adressierten
Brief vom 5. Mai 1944 tritt Chanel nach und bittet ihn offiziell,
»sämtliche Aktien der Parfums Chanel aufkaufen zu dürfen, die
sich noch im Besitz von Juden befinden und die diese Ariern zu
überlassen haben«. Die beiden kennen sich schon lange, vor dem
Krieg war er Vertriebsleiter der Parfums Chanel und der Haute
Couture, aber das Dossier AJ38276 enthüllt, dass ihr Kampf vergeblich ist. Rudolphe Frey, ein französischer Verwalter, der beauftragt wurde, Licht ins Dunkel um die Maison Wertheimer zu
bringen, schreibt: »Ich kann nach bestem Wissen und Gewissen
bestätigen, dass die Parfümerie Bourjois auf rechtmäßige Weise
in arischen Besitz gelangt ist und dass Monsieur Amiot nichts
vorgeworfen werden kann. Ausgeschlossen, dass er versucht hat,
die Interessen der Gebrüder Wertheimer zu wahren, wenn er
gleichzeitig mit der Firma Junkers Flugzeug- und Motorenwerke
mit dem Bau von Flugzeugen im Wert von 1,2 Milliarden Francs
beauftragt wurde.«

Dieser Vertrag mit Deutschland macht Amiot unantastbar.

Schwarz vor Wut beugt sich Chanel den Fakten: Ihr Vorgehen
gegen die Wertheimers hat nichts gebracht.

Der Name Chanel ist nicht der einzige auf der Liste angeblicher
Kollaborateure. Auch Elsa wird im Sommer 1945 bei ihrer Rückkehr nach Paris heimlicher Absprachen und der Spionage beschuldigt. Während des Krieges hat sie bei Reisen von Berlin und

London nach New York mehrfach den Atlantik überquert. Das FBI hat sie vier Jahre lang von 1940 bis 1944 beobachtet, sie wird verdächtigt, mit den Faschisten sympathisiert zu haben (sie ist schließlich Italienerin!), doch man findet keinerlei Beweise, und Frankreich muss exportieren, sodass Schiap Kleider für das »Théâtre de la Mode« – eine Schau aus perfekt gekleideten Minischneiderpuppen – von Christian Bérard produziert und kreuz und quer durch die Vereinigten Staaten reist, um es zu bewerben. Die Franzosen drücken ein Auge zu, und der Verdacht löst sich in Luft auf.

Doch das Europa, das Elsa bei ihrer Rückkehr vorfindet, ist nicht mehr das, das sie verlassen hat. Die unbeschwerten, sorglosen Tage sind vorbei, das Pariser Leben ist zum Erliegen gekommen, und auch wenn die Konturen klar umrissen bleiben, kann Elsa keine Farben mehr wahrnehmen, das Lied der Stadt nicht mehr hören. Sogar die Menschen scheinen sich wie in Zeitlupe zu bewegen. Schiaparelli überlebt, unzufrieden und ohne jede Vision: »Ich konnte mit dem, was inzwischen passiert war, nicht mehr mithalten, vor allem aber nicht mehr mit meinem Ich von 1940. Mir war nicht klar, dass die Eleganz, die wir vor dem Krieg gekannt haben, längst tot und begraben war.«[132]

Wird ihr Genie für immer verblassen?

Die aufstrebenden Namen lauten Dior, Balmain, Balenciaga, Fath: *Ces messieurs*«, schimpft Chanel.

Elsa holt sich den jungen Modemacher Hubert de Givenchy, der die Boutique leiten soll. Sie präsentiert kurze Jacken mit ausgeprägter Schulterpartie, die »Talleyrand«-Silhouette, eckig geformte Hüte, aber ihre Kollektion von 1947 wird von Christian Diors Triumph in den Schatten gestellt.

Am 15. Februar 1947 wird sie Großmutter von Marisa, die später einmal als Model und Schauspielerin gefeiert werden wird.

Sie wird berichten, wie sehr »du es hasst, Oma genannt zu werden. Auch für die Enkel will sie nur Schiap sein«.[133] Ganz so, als gelänge es ihr wie schon bei Gogo nicht, die frostige Grenze zu Verwandtschaft und Vertrautheit zu überwinden, hält Elsa die Enkelinnen Marisa und Berynthia auf Distanz, die sie, wenn überhaupt, zu Kleidchen und Puppen aus Plastik und Vinyl mit dem Namen »Tintair Honey« inspirieren. Sie sind für das große Kaufhaus Neiman Marcus bestimmt.

Coco muss sich vor Gericht verantworten. Die Strafe für »horizontale Kollaboration« besteht darin, die Haare abrasiert und ein Hakenkreuz auf die Stirn gemalt zu bekommen, in Haft und Todesstrafe. Chanel plädiert auf unschuldig, doch die Archive der französischen Polizei enttarnen sie als Spionin mit einer Mission in Paris, Spanien und Marokko. Nachdem sie verhaftet und verhört wurde, wird sie am 28. Januar 1949 dennoch freigesprochen, und der Vorwurf der Spionage wird fallen gelassen. Manch einer will darin den Einfluss ihres Freundes Churchill erkennen. Um sich die Amerikaner gewogen zu halten, sperrt sie die Boutique in der Rue Cambon wieder auf und verschenkt Parfümpackungen von Chanel N°5, die die Soldaten in die Heimat schicken. Pierre Wertheimer hat die Firma wieder übernommen, tritt aber zwei Prozent seiner Parfümeinnahmen weltweit an sie ab. Als sie sich nun enormer Beträge sicher sein kann, verlässt sie Frankreich und geht in die Schweiz ins Exil.

Lügen und Geheimnisse

Coco kann man nichts vormachen, das kann nur sie.

Man glaubt förmlich ihre vom Rauchen heisere Stimme zu hören: »Die Wahrheit sagen, wozu?«

Wenn sie nicht lügt, verschweigt sie, wird vage, wählt aus, woran sie sich wie erinnert. In narzisstischer Selbsttäuschung erfindet sie eine ganze Welt, manipuliert die Wahrheit, baut Lügengebäude. Viele versuchen, ihre Biografie zu schreiben.

Doch alle scheitern.

Zu ihnen zählt auch Louise de Vilmorin, Journalistin und Schriftstellerin, eine produktive Autorin unwiderstehlicher Romane (vor allem von *Madame de)*, eine elegante Vertreterin des literarischen Paris und letzte Lebensgefährtin von André Malraux. Die beiden lernen sich 1947 kennen, freunden sich an und nehmen sich vor, gemeinsam eine Biografie über die Modemacherin zu schreiben. Nach stundenlangen Gesprächen, gespickt mit apodiktischen Behauptungen wie »Eine lieblose Kindheit hat in mir ein großes Bedürfnis nach Liebe geweckt« oder »Mir gefällt die Vorstellung, dass ich, weil ich liebte, was ich tat, durch meine Kreationen auch von anderen geliebt werde«[134] gibt Vilmorin auf: Sie hat nicht vor, Cocos Leben so zu schildern, wie diese sich der Welt gerne zeigen würde. Auf den neunzig Seiten mit dem Titel *Les mémoires inachevées de Coco Chanel* [Die unfertigen Memoiren der Coco Chanel], die von der Zeitschrift *Jours de France* nach dem Tod beider Protagonistinnen veröffentlicht werden, fällt das Wort »Waisenhaus« kein einziges Mal. Aber auch weil die amerikanischen Verleger abspringen, von denen Chanel sich hohe Einnahmen erhoffte, scheitert das Projekt und damit die Freundschaft zwischen den beiden.

1953 ist Michel Déon an der Reihe, damals ein noch blutjunger

Redakteur bei *Paris Match.* »Ich hatte gerade meinen ersten Roman veröffentlicht, und mein Verleger fragte, ob ich Interesse hätte, die Memoiren einer Dame zu schreiben, die eine wichtige Rolle in der französischen Gesellschaft spiele. Wir verabredeten uns in der Brasserie *Larue* an der Place de la Madeleine. Ein ganzes Abendessen lang habe ich dieser vierzig Jahre älteren Frau zugehört, die schon alles gesehen, alles kennengelernt hatte und redete wie ein Schnellfeuergewehr. Ich zeigte meine Notizen dem Chefredakteur Hervé Mille, der meinte: ›Prima, ich erkenne ihre Stimme. Und jetzt ziehst du einen eleganten Anzug an, bindest dir eine Krawatte um und gehst zu ihr in die Rue Cambon.‹[135] Monate später liest Chanel die 300 Seiten des maschinengeschriebenen Texts, den die ganze Welt haben will, und verbietet seine Veröffentlichung. ›Das ist meine Stimme, jawohl, aber ich möchte nicht, dass sie gehört wird.‹«[136]

Die Gespenster, die man in einem Gespräch leicht überhören kann, treten bei der Lektüre umso stärker hervor. Die Enttäuschungen, die Verluste, die tragisch geendeten Liebesbeziehungen arbeiten in ihr, die Kindheit ist voller nicht vorzeigbarer Wahrheiten. Coco verdrängt sie. Und Déon vernichtet seinen Text.

Dem Chefredakteur der *Marie-Claire,* Marcel Haedrich, ergeht es nicht besser, dem sie ab 1959 zwölf Jahre lang Interviews gibt. Zig Fragen werden geschickt umgelenkt, und nachdem sie seine ersten Notizen im Hinblick auf ein Buch gelesen hat, lässt Coco ihn mit der Frage erstarren: »Wer zum Teufel hat Ihnen bloß all den Quatsch erzählt, mein Lieber?«[137]

Auch Maurice Druon, Georges Kessel, Yves Salgue, Gaston Bonheur (das Pseudonym von Gaston Tesseyre) haben versucht, über ihr Leben unter der Diktatur zu schreiben: Für alle ist Coco ein Puzzle, das niemand zusammensetzen kann. Außerdem hasst sie Anekdoten – »das ist vulgär, das hat nichts zu bedeuten«[138] –, und wenn man von ihr wissen will, ob es stimmt, dass sie den Schmuck, den ihr der Herzog von Westminster geschenkt hat, im Meer versenkt hat, weicht sie der Frage aus, indem sie sich über Brillanten und Smaragde auslässt. *No personal remarks*,[139] verfügt sie – fast so, als wäre es unanständig, von sich zu sprechen.

Die Aufgabe, die Fäden eines legendären Lebens zusammenzufügen, meistert Edmonde Charles-Roux – aber erst, als Coco nicht mehr dazwischenfunken kann: »Gabrielle Chanel hat mich damit beauftragt, ihre Memoiren zu schreiben, nachdem sie mehrere andere Autoren gefragt und einer nach dem anderen abgelehnt hat, weil es angeblich unmöglich ist, ihr die Wahrheit zu entlocken.«[140]

Ein Zeuge von Chanels Gesinnungswandel ist Pierre Galante, der Mann der Schauspielerin Olivia de Havilland, Edelfeder der Wochenzeitschrift *Paris Match:* »Edmonde hatte ihr mit einem höflichen Brief voller Respekt geantwortet, aber die cholerische Coco schrie laut Beleidigungen wie ›Diese Nutte … was erlaubt die sich!‹ Dabei ist die ›Nutte‹ keine Unbekannte in der Welt der Mode und Literatur: Die Botschaftertochter ist ehemalige *Vogue*-Redakteurin, Prix-Goncourt-Trägerin … Es gibt nichts, was diese Verwünschungen rechtfertigen würde. Außer … dass sie auf die absurde Idee gekommen ist, die Biografie einer der berühmtesten Frauen der Welt zu schreiben.«[141]

Die enormen Lügen, die die Legende begleiten, fallen 2016 in sich zusammen wie ein Kartenhaus, als Chanel von Henry Ponchon[142] enttarnt wird, der sogar die einsame Jugend im Kloster von Aubazine in Zweifel zieht. Das Standesregister von 1896, ein Jahr nach dem Tod der Mutter, enthüllt, dass Gabrielle als Zimmermädchen gearbeitet hat, dass die Tante Wäscherin ist und der Nichte das Nähen beibringt, damit sie ihre Aussteuer anfertigen kann. Auch dass sie mit achtzehn auf der Flucht vor einer arrangierten Ehe untertaucht.

Elsa Schiaparelli genügt ein Stapel weißer Blätter und eine beachtliche Stiftesammlung, um sich dem Schreiben ihrer Autobiografie *Shocking Life* zu widmen. Doch auch sie schildert ihr Leben wie ein raffiniertes Drehbuch. Ohne sich einen gewissen Größenwahn verkneifen zu können, wechselt sie von der ersten in die dritte Person: »Ich kenne Schiaparelli nur vom Hörensagen«, schreibt sie. »Ich sah sie nur im Spiegel. Für mich ist sie eine Art fünfter Dimension (…) Ihr Leben dient irgendeinem anderen Zweck und ist ein immerwährendes Fragezeichen (…) Sie ist heute steinalt, aber in Wirklichkeit niemals erwachsen geworden.«

Es folgt der pathetische Abgesang auf eine untergegangene Welt, in der Elsa den Petersdom durch die nostalgische Brille betrachtet und mit den Scheren eines Krebses vergleicht. Ein weiterer Beweis ihrer anthropomorphen Vorstellungskraft, die sie so berühmt gemacht hat. Was ihren Aufstieg betrifft, schafft es Elsa sogar, demokratische Töne anzuschlagen: »Der Weg steht jedem offen, der den Willen dazu hat, den Ehrgeiz, die Achtung vor der Arbeit.«

Andere Aspekte lässt sie völlig außen vor, ihren Mann erwähnt sie kein einziges Mal. *Shocking Life* listet »12 Gebote für die Frau« auf: Das erste lautet: »Da die meisten Frauen sich selbst nicht kennen, sollten sie versuchen, sich kennenzulernen«, und das letzte: »Und sie sollte ihre Rechnungen bezahlen.«

Als das Buch 1954, kurz vor der endgültigen Schließung der Maison, erfolgreich veröffentlicht wird, findet sich auf den 280 Seiten nicht die kleinste Erwähnung der berühmten Rivalin. Außer man möchte sie in folgendem Satz erkennen: »90 Prozent haben Angst, aufzufallen und was die Leute sagen würden. Also kaufen sie ein graues Kostüm.«

Innen/Tag

6. Februar 1954

Pierre Wertheimer fliegt aus Amerika ein, um sich persönlich die kritisierte Kollektion anzuschauen, und beschließt, sie trotzdem zu finanzieren: Er wird die Produktion, die Steuern, das Appartement im Ritz und sämtliche Privatkosten von Mademoiselle übernehmen, die nach wie vor die kreative Leitung der Maison und die Tantiemen an ihren Parfüms besitzt.

Während die Franzosen sie fertigmachen, krönt sie die Presse jenseits des Atlantiks zur Königin des Stils: Die amerikanische *Vogue* lobt sie in ihrer Ausgabe vom 15. Februar, während *Life* titelt: *Chanel hat nichts von ihrem Talent eingebüßt.* Das Tüpfelchen auf dem i ist Marilyn Monroes Reaktion im August 1952 gegenüber einer Journalistin von *Life:* »Ich werde so einiges gefragt … Zum Beispiel: ›Was tragen Sie zum Schlafen? Einen Pyjama? Ein Nachthemd?‹ Dann sage ich immer: ›Chanel N°5 natürlich.‹«

Die Zahl bestätigt Chanels Magie, als im Februar 1955 die Tasche »2.55« entsteht, die aus ganz praktischen Gründen entworfen wurde: »Ich war es leid, den Geldbeutel in der Hand zu halten und immer zu verlegen, also habe ich eine Kette daran befestigt, und ihn mir umgehängt.« Das Matelassé-Leder verweist auf ihre nie erloschene Liebe zum Reiten und die goldene, mit Leder verflochtene Kette an das Zaumzeug eines Pferdes. Doch es ist ihr Kostümentwurf – knielanger Rock, dazu ein Jackett mit vier vorn aufgesetzten Taschen (zwei für die Hände, die anderen für die Brille und die Zigaretten), von Posamenten gesäumt und mit Schmuckknöpfen verziert –, der zum Mythos wird. Das Kostüm wird zur beliebtesten »Livree« der Frauen, auch von Jackie Kennedy, die am 22. November 1963 der ganzen Welt das Blut des Präsidenten auf einem Chanel-Kostüm aus rosa Bouclé präsentiert. 1957 lanciert Chanel den zweifarbigen Slingback-Pumps aus beigem Ziegenleder mit schwarzer Kappe und flachem Absatz.

Am 14. Oktober desselben Jahres landet sie in Dallas und wird von einer Kolonne aus Rolls-Royces empfangen, die ihr der Autobauer höchstpersönlich geschickt hat, um den Neiman Marcus Award for Distinguished Service in the Field of Fashion beziehungsweise den Mode-Oscar entgegenzunehmen. Er verschafft Coco dreiundzwanzig Jahre nach ihrer Rivalin die Ehre, die Titelseite von *Time* zu schmücken. Was diesen Amerikaaufenthalt jedoch zum Klatschgespräch machen wird, ist das Barbecue, das Stanley Marcus, der Stifter des Preises und Besitzer des großen Luxuskaufhauses Neiman Marcus, organisiert hat. Ganz betäubt von der schwülen Hitze ist Chanel entsetzt: Die Texaner mit Cowboyhut entsprechen so gar nicht ihrem Geschmack, außerdem isst sie selbst extrem wenig, während der Tisch vor Grillfleisch und stinkenden Würsten nur so überquillt. Das Essen widert sie an, und in einem unbeobachteten Moment zögert Coco nicht, alles, was man ihr serviert, unter den Tisch fallen zu lassen … ohne zu merken, dass ihre Essensreste auf den rosa Seidenschuhen von Elizabeth Arden landen, die nicht versäumt, sie darauf hinzuweisen.

Auf Ruhmesfanfaren folgen die verhaltenen Klänge der Melancholie. Die Fotografen bleiben an ihrer Seite, und nach Cecil Beaton und Horst P. Horst duldet sie den Amerikaner Douglas Kirkland neben sich, der sie im Juli 1962 drei Wochen mit seinem Fotoapparat ins Appartement im Ritz, ins Atelier in der Rue

Cambon und nach Versailles begleitet. Er ist siebenundzwanzig, (noch) nicht berühmt, sie neunundsiebzig und eine Ikone.

1969 akzeptiert Chanel, von Katharine Hepburn (bereits eine Muse der Schiaparelli) gespielt zu werden – und zwar in dem Musical *Coco* von André Previn und Alan Jay Lerner, das im Mark Hellinger Theatre in New York aufgeführt wird. Bühne und Kostüme sind von Cecil Beaton, der es nicht wagt, ihre Kleider zu verändern, sondern sich darauf beschränkt, sie getreu nachzuahmen.

Mademoiselle lebt, solange sie Mode entwirft, sie hat nichts anderes als die Arbeit.

Zum ersten Mal ist kein Mann an ihrer Seite. »Die Liebe? Zu wem denn? Zu einem alten Mann? Wie schrecklich! Zu einem jungen Mann? Wie peinlich!«[143]

Im Jahr 1950, fast so, als hätte sie ihren Rückzug vorhergesehen, hat Elsa ein Anwesen in Hammamet gekauft, einen schützenden Kokon, in den man sich hüllen kann. Als das Modehaus pleitegeht, verlässt sie 1955 Paris und stürzt sich in eine aufwendige Restaurierung in Orange- und Goldtönen, in den intensiven, warmen Duft der afrikanischen Sonne zwischen Lehmwänden und einer üppigen Vegetation. Gogo und die Enkel wissen, wie sie sie ablenken müssen. Im sanften Licht dieses Rückzugsorts findet Elsa Frieden. Auch wenn ein melancholischer Rest Zurückhaltung bleibt, ist sie eine erfüllte Frau, die es geschafft hat, die Dunkelheit der Depression, unter der sie seit jeher gelitten hat, hinter einem Fächer aus Knallfarben zu verbergen. In der Familie »bleibt sie von einer geheimnisvollen Aura umgeben, die sie recht unnahbar macht, außer für einen kleinen Kreis treuer Freunde. Doch oft wirkt sie distanziert, ja fast kühl. Schüchternheit, die Schwierigkeit, ja Abneigung, Gefühle zu zeigen«.[144]

Wenn sich die Melancholie mal wieder zart bemerkbar macht, setzt sich Elsa, das kurz geschnittene Haar unter auffälligen Turbanen versteckt, auf die Terrasse, saugt das leuchtende Blau des tunesischen Himmels in sich auf und liest unter dem Sternenhimmel – nicht zuletzt wegen der Schlaflosigkeit, an der sie schon seit Jahrzehnten leidet. Fest in einer Welt verankert, die sie hat untergehen sehen, hasst sie die Sechziger und Siebziger. Sie trägt Balenciaga und bewundert den jungen Yves Saint Laurent. Ihr einziges Zugeständnis an die Moderne sind Jeans: »Ich fand sie nicht zu toppen, die beste Erfindung des Jahrhunderts«, wie sie ihrer Nichte Marisa Berenson erzählen wird. »Mit zunehmendem Alter wurde sie immer strenger und kritischer, sie sah nur noch wenig Leute, war aber nach wie vor sehr meinungsstark. Sie schaute, was ich anhatte, und brüllte: ›Was ist denn das für ein Zeug?‹« Der Modelerfolg Marisas, deren Fotos in Modezeitschriften aus aller Welt sie niemals kommentieren wird, verstimmt sie, »weil ausgerechnet sie fest davon überzeugt war, dass es sich um einen wenig ehrenwerten Beruf handelt«.

Die letzte Modenschau

Wenn das Leben der Chanel ein Loblied auf den Ehrgeiz ist, sind ihre letzten Monate die Chronik einer Verbitterung. 1970 bietet sie Yves Saint Laurents rechter Hand Pierre Bergé die Leitung ihres Imperiums an, doch der lehnt ab; sie ist eine alte Hexe, und nur, um keine Widerrede zu ernten, stellt sie sich schwerhörig. Sie geht vom Ritz schnurstracks in ihr Atelier und beschränkt sich darauf, denselben Weg am Ende des Tages erneut zurückzulegen. Um »durchzuhalten«, schluckt sie allabendlich Unmengen von Beruhigungsmitteln, streift nachts schlafwandelnd umher und lässt ein Grammofon knistern. Es kommt vor, dass Zimmermädchen sie dabei ertappen, wie sie vollkommen nackt durch die Hotelflure irrt und mit einer nicht existierenden Schere Kleider zuschneidet.

Die Einsamkeit und sie sind ein eingespieltes Team. Sie spürt und braucht sie, als wäre sie morphiumsüchtig. Sie ist nie über das erste Verlassenwerden hinweggekommen und hat niemals Rache üben können.

Innen/Nacht

10. Januar 1971
Die Wände des Schlafzimmers, das von den Laternen der Place Vendôme nur schwach erhellt wird, sind weiß gestrichen, keinerlei Bilder – »das ist ein Schlafzimmer und kein Salon« –, nur ein Spiegel, »der dir dein wahres Bild zurückwirft«, und ein Paravent, an dem Postkarten befestigt sind. Ein goldener heiliger Antonius von Padua auf der Kommode (eine Erinnerung an eine Venedigreise mit Misia), Emily Brontës Roman *Sturmhöhe* und eine antike orthodoxe Ikone, ein Geschenk von Igor Strawinsky.

Coco ist müde, sie legt sich angezogen aufs Bett, das Zimmermädchen Céline (die Coco Jeanne nennt) kann sie nur dazu bringen, die Schuhe auszuziehen.

»Ich kleide mich nach dem Abendessen um.«

Um 20 Uhr 30 geht das Zimmermädchen ans Telefon.

»Madame Grumbach ist dran, Mademoiselle.«

Die Freundin Lilian, genannt Lilou (die Cocos Kleider und ihren Schmuck 1978 von Christie's versteigern lassen wird), ruft sie an, um ihr Gute Nacht zu wünschen.

Coco Chanel stirbt mit unangefochtenem Stolz, ihr Gesicht sieht aus wie das einer Vogelscheuche.

Sollte es so etwas wie einen perfekten Tod geben, dann gilt das auch für ihren: Er fällt auf einen Sonntag, den einzigen Tag der Woche, an dem sie nicht zu arbeiten pflegte.

Paris ist grau, leer und trist.

Chanel wird in einem grün-rosa-beigen Kostüm beerdigt, in Lausanne, in einem Grab, das sie selbst entworfen hat. Keine Grabplatte über ihr – »für den Fall, dass ich rauswill«, soll sie gesagt haben.

Zwei Jahre später, am 13. November 1973, schließt Elsa Schiaparelli in der Rue de Berri für immer die Augen. Gogo und die Enkel sind bei ihr. Sie ist dreiundachtzig, fünf Jahre zuvor hat sie ihre kostbarsten Kleider und Hunderte von Accessoires dem Philadelphia Museum of Art gestiftet. Nach zwei Trauergottesdiensten – einer in der Kirche Saint-Philippe-du-Roule in Paris und einer in St. Thomas More in New York – wird sie auf dem Friedhof Saint-Éloi in Frucourt begraben, einem kleinen Dorf in der Picardie.

»Die Eleganz hat ihr die Augen geschlossen. Nur sie durfte das, sie hätte es niemand anderem erlaubt«, kommentiert der aufstrebende Stern am Modehimmel Yves Saint Laurent.

Helena Rubinstein | Elizabeth Arden

Schöne Haut, schöner Hals,
aber viel zu viel Farbe im Gesicht für ihr Alter!

HELENA RUBINSTEIN

Helena Rubinstein? Diese schreckliche Frau!

ELIZABETH ARDEN

Suffragetten

New York, 4. Mai 1912
Richtung Washington Square marschiert eine Schar knöchel-
langer Röcke. Frauen.

Tausende von Frauen, fest entschlossen, den wichtigsten
Kampf überhaupt auszufechten, nämlich dafür, dass ein sakro-
sanktes Recht anerkannt wird.

Die Sonne bescheint Manhattan, eine frische Brise weht den
Geruch vom Hudson River herüber. Die Fifth Avenue wimmelt
nur so von Demonstrantinnen in Weiß, gesprenkelt vom Lila und
Grün der Rosetten. Sie sind an die Kleidung geheftet, die sich
bläht wie ein imaginärer, flugbereiter Drachen: Blusen mit Puff-
ärmeln, Baumwollmäntel und dazu geflochtene Strohhüte. Weiß
symbolisiert die Reinheit, Lila die Treue und Grün die Hoffnung.
Die frische Luft streicht über die Haut der vornehmen, schmäch-
tigen, zarten, kräftigen, lärmenden, altruistischen, rebellischen
und – als wollten sie dem Vorwurf, exzentrisch oder, schlimmer
noch, »maskulin« zu sein, etwas entgegensetzen – eleganter
Frauen. Die eine oder andere ist in Arbeitskluft aus der Fabrik
dazugestoßen, weil sie den Tag nicht freibekommen hat. Sie marschiert mit Studentinnen in Collegeuniform, Müttern mit Neu-
geborenen an der Brust und ganz alten Frauen mit unsicherem
Gang, die sich auf ihre Spazierstöcke stützen. Die Gebrech-
lichsten sitzen auf Wagen, die mit gelben Ranunkeln geschmückt
sind. Anführerin des Demonstrationszugs ist die Präsidentin
der Women's Social and Political Union, Harriot Stanton Blatch,
die erste Frau mit einem Abschluss in Bauingenieurwesen. Neben

ihr die fünfzehnjährige Mabel Ping-Hua Lee[145] hoch zu Pferd auf einem stolzen schwarzen Rappen, dahinter Marie Stewart, die sich wie eine stolze Jeanne d'Arc gekleidet hat. Am Straßenrand, auf den Bürgersteigen, an den Fenstern: Hunderte von Unterstützerinnen und Unterstützern, die die Protagonistinnen dieser Demonstration geballter Schwesternschaft anfeuern. Alle Blicke gehen in dieselbe Richtung:

GEBT DEN FRAUEN DAS WAHLRECHT, fordern die Schilder unmissverständlich.

Zwanzigtausend ziehen durch New York, um das aktive und passive Frauenwahlrecht einzufordern. Eine der Frauen stellt karminrote Lippen zur Schau. In Europa ist das nichts Besonderes, die berühmte Schauspielerin Sarah Bernhardt »trägt« sie seit Jahren, ohne dass sich irgendjemand über das aufregt, was sie als »*le style d'amour*« bezeichnet. Aber Sarah ist Französin, während Schminke hier, unter vorurteilsbehafteten Blicken, nach wie vor gesellschaftlich inakzeptabel ist. Für einen hellen Teint sind einer Frau aus der Mittelschicht ein Hauch Reispuder und ein wenig Rouge auf den Wangen erlaubt, so wie vom *Ladies Home Journal,* der Bibel der anständigen Frau, empfohlen (dasselbe Blatt schreibt auch, dass »Männer roten Lippenstift weiterhin als Symbol für Sex und Sünde betrachten«). Die *Saturday Evening Review* geht sogar so weit, Kosmetika als »verlogen« zu bezeichnen.

Diejenige, die die Suffragetten mit cremigem, knalligem *rouge à lèvres,* das in die Lippen eingeklopft werden muss, versorgt, ist Florence Nightingale Graham alias Elizabeth Arden. Wenn dann am nächsten Tag in den Zeitungen, die Artikel über die »größte, gelungenste Parade« bringen, nichts von ihren Lippenstiften zu lesen ist, muss sie sich eben in Geduld üben. Dass die Firmengründerin (ohne Wahlrecht!) zwei Jahre nach Eröffnung ihres Schönheitssalons Interesse an den demonstrierenden

»Schwestern« zeigt, kann auch nur kaufmännisches Geschick sein, die schlaue PR-Aktion einer jungen Frau, die weiß, dass sie im richtigen Moment am richtigen Ort ist: »Die Suffragetten sind ein Modephänomen, und indem Elizabeth ihnen Lippenstifte schenkt, tut sie etwas für ihr Image, ohne ein Vermögen für Werbung auszugeben.«[146] Sie selbst bestätigt ihr Engagement, indem sie behauptet, »als Frauenrechtlerin in der Politik aktiv gewesen zu sein«.

Eine Großstadtlegende?

Gut möglich, aber in diesem feierlichen Kontext setzen die roten Lippen die Gleichung »Lippenstift = Sünde« außer Kraft.

Es geht um weitaus mehr.

Anfang des 20. Jahrhunderts ist die Geschäftswelt reine Männersache. Die Unternehmer heißen Henry Ford, Andrew Carnegie und John D. Rockefeller; auch die Ärzte, die seit Ende des 19. Jahrhunderts mit Paraffininjektionen experimentieren, um die Wangen der Aktricen aufzupolstern – »Sarah Bernhardt ist eine der Ersten«[147] –, sind ausschließlich Männer. Unternehmerinnen, die Schönheitscremes herstellen, bilden eine winzige Nische. Die blonde Elizabeth nimmt also eine Vorreiterinnenrolle ein.

Doch der gerade erst von ihr eroberte Thron wackelt. Er droht von einer gefürchteten Konkurrentin übernommen zu werden, der vierzigjährigen Helena Rubinstein, Feministin *avant la lettre,* die schon ein ganzes Jahrzehnt früher, 1902 in Melbourne und dann 1908 in London, jede Menge Suffragetten gesehen hat. Aber Helena demonstriert nicht, Helena handelt. Und löst damit eine Fehde aus, die sich zu einer der aufregendsten weiblichen Rivalitäten des 20. Jahrhunderts entwickeln wird.

Am Morgen des 14. Oktober 1914 duftet Manhattan nach Herbst, der Central Park wird von Bäumen mit rotgelbem Laub eingerahmt, und die Straßen in den Museumsvierteln sind belebt. Die schräg einfallende Sonne bescheint »die grauen Lippen und kreidebleichen Gesichter der Frauen«.[148] Nachdem sich Helena in ihrem Hotel ein paar Stunden von der langen Überfahrt von Europa nach Amerika an Bord der *Baltic* erholt hat – die letzte Etappe einer 1910 begonnenen Annäherung, als sie reichen Amerikanerinnen, die zur Krönung von Georg V. nach London reisten, in Zeitungsannoncen nahelegte, ihre Produkte in der Grafton Street zu erwerben –, stolziert Helena auf ihren hohen Hacken zwischen den Wolkenkratzern der Upper Westside umher. Auch wenn eine erfolgreiche Frau in Amerika nach wie vor misstrauisch beäugt wird, ist das Land bereit, eine über das notwendige Selbstbewusstsein verfügende Helena, ihren Tatendrang und ihre Ideen zu akzeptieren. Ihr Ziel ist die 78 W 94th Street, wo sie ganz aus der Nähe heimlich »ihr« Valaze im Schaufenster des exklusiven Geschäfts von Miss Kate Simpson bewundern kann. Sie fühlt sich, als zöge sie in die Schlacht, ist bereit zu beweisen, dass Schönheit nicht nur etwas für reiche Damen ist, sondern »eine neue Macht«.[149] Sie hat es ihrem Mann überlassen, die Möbel und Bilder aus der Pariser Wohnung in Sicherheit zu bringen, und ihrer Schwester Pauline den Beautysalon in der französischen Hauptstadt übergeben; Ceska, eine weitere Schwester, ist bereits in London. Zusammen mit ihrem englischen Ehemann leitet sie die Geschäfte in der Grafton Street.

Ihr Passierschein auf Ellis Island? Helena ist durch ihre Heirat Amerikanerin, trägt vornehme Kleider und kostbaren Schmuck und hält einen Pass mit einem schamlos »gefälschten Geburtsdatum« in der Hand.[150] Der Zeitpunkt ist günstig, Europa, »ein für sie idealer Kontinent und ein fantastischer Markt für ihre Produkte«,[151] ist angesagt – nicht zuletzt dank der International Exhibition of Modern Art von 1913, die an ihrem spektakulären Standort, dem 69th Regiment Armory in der Lexington Avenue, Werke von Van Gogh, Gaugin, Cézanne, Picasso und Matisse ausgestellt und damit eine nicht nur ästhetische Revolution ausgelöst hat.

Während Helena gerade dabei ist, Amerika zu erobern, geht Elizabeth auf ihre erste europäische Erkundungstour. Der Erste Weltkrieg steht kurz bevor, doch das scheint sie nicht groß zu bekümmern. Sie ist vollauf damit beschäftigt, die schicksten Beautysalons zu besuchen, sämtliche Schönheitsbehandlungen an sich auszuprobieren und die Geheimnisse *des* europäischen Salons zu lüften, von dem alles spricht: Helena Rubinstein in der Rue Saint-Honoré 255 in Paris. Angesichts der Herkunft dieser beiden Damen verweist nichts auf das spätere Schicksal der Heldinnen eines Dramas, das sich Hollywood nicht besser hätte ausdenken können.

Eine heiratsfähige junge Frau

Chaja Rubinstein verbirgt ihre Anfänge hinter einer Maske – nicht umsonst wird sie als Erwachsene leidenschaftlich Masken sammeln. In Interviews weicht sie aus und gibt sich gern geheimnisvoll – in der festen Überzeugung, dass »gute Werbung ohne viel Informationen auskommt«.[152] An Weihnachten des Jahres 1872 kommt sie in Kazimierz, dem Getto von Krakau, zur Welt, als Erstgeborene von zwölf Kindern (von denen vier sterben werden). Übrig bleiben sie, Pauline, Rosa, Regina, Stella, Ceska, Manka und Erna. Die Eltern sind Gitel und Hertzel, zwei gottesfürchtige Juden, die Jiddisch sprechen. Sie wächst mit einer Mutter auf, die sie zur Liebe erzieht und ihr beibringt, wie wichtig es ist, sich gut zu pflegen. Und mit einem traditionsbewussten

Vater, der in einem Geschäft Treibstoff verkauft. Wenn Chaja gerade nicht zur Schule muss, erwirbt sie dort kaufmännische Grundkenntnisse. Auch wenn ihr das zunächst vielleicht gar nicht bewusst ist, merkt sie in diesem durchstrukturierten Alltag bald, dass sie anders ist als andere.

Sie fühlt sich zu Höherem berufen: Sie möchte Chemie studieren.

In Polen wie in ganz Osteuropa überliefert jede Familie mehr oder weniger geheime Rezepte für selbst hergestellte Pomaden und Salben, die von Generation zu Generation weitergegeben werden. Auch Mama Gitel handhabt das so und bringt den Töchtern das unverzichtbare Schönheitsritual bei: Jeden Abend vor dem Schlafengehen müssen die Mädchen, nachdem sie die langen Haare gebürstet und die Haut sorgfältig gereinigt haben, eine ölhaltige Creme gründlich ins Gesicht einklopfen. Chaja sieht zu, wie die Mutter geheimnisvolle Zutaten zusammenrührt, und begeistert sich für Chemie. Sie malt sich aus, zwischen Fläschchen und Destillierkolben in einem Labor zu stehen. Von wegen! Das ist nicht die Zukunft, die die Eltern für sie vorgesehen haben, das bleibt Söhnen vorbehalten, die aufgrund einer behaupteten Überlegenheit studieren dürfen. Acht Töchter wiederum sind acht zu stopfende Mäuler, die unter die Haube gebracht werden müssen und eine möglichst gute Partie machen sollen.

Chaja ist die Erstgeborene, und solange sie nicht heiratet, müssen die Schwestern warten. Sie will das nicht, sie rebelliert gegen die Regeln und hat so gar keine Lust, sich zu fügen. Mit fünfzehn verlässt sie die Schule, lehnt die Anträge mehrerer Bewerber ab und wehrt sich gegen die Heirat mit einem fünfunddreißigjährigen Witwer. Wenn sie sich aus den familiären Fallstricken befreien will, bleibt ihr nichts anderes übrig, als fortzugehen. Die Eltern erlauben es ihr in der Hoffnung, dass sie anderswo einen passenden Mann kennenlernen wird. Chaja entscheidet sich für Wien, wo sie der Schwester der Mutter, Chaja Silberfeld, verheiratete Splitter, in deren Pelzwarengeschäft in Leopoldstadt zur Hand gehen und Deutsch lernen kann. Vermutlich ist die Wahrheit deutlich weniger romantisch: »In Osteuropa hatten die Juden kein leichtes Leben«, wird Rubinstein Jahrzehnte später in einem ihrer seltenen Fernsehinterviews erzählen. »Wir waren kleine Leute mit wenig Geld. Ich war die Älteste und hatte keine Brüder, ich wusste, dass ich die Familie eines Tages unterstützen muss.«

Chaja ist lebhaft, eine geborene »Macherin«, und die Stadt Wien mit ihren Theatern, Konzertsälen, Museen und funkelnden Schaufenstern beflügelt ihre künstlerische Ader. Sie weicht der Frage »Wann heiratest du endlich?« genervt aus und lehnt auch die von Onkel und Tante vorgeschlagenen Bewerber reihenweise ab. Aber als die Splitters darauf bestehen, träumt sie erneut davon fortzugehen.

Zwei Jahre später müssen die Splitters nach Antwerpen umziehen. Chaja läuft Gefahr, sich ohne jede Arbeit in Wien wiederzufinden und als einzige Perspektive die Rückkehr nach Krakau zu haben. Die Rettung kommt in Form eines herzerweichenden Briefes ihrer Cousine Eva, die in Australien mit einem gewalttätigen Trinker verheiratet ist. Eva, deren Mutter schon tot ist, braucht Hilfe und bittet die ferne, noch nie gesehene Cousine, zu ihr zu kommen, um ihr mit den drei Kindern zu helfen.

Eine solche Reise ist damals ein großes Wagnis, aber als sich die vierundzwanzigjährige Migrantin, die kein Wort Englisch spricht, 1896 im Hafen von Genua auf dem deutschen Schiff *Prinzregent Luitpold* einschifft, ist sie bereit, das Risiko auf sich zu nehmen. Vielleicht sieht sie in den traurigen Blicken der Passagiere die ihrer Schwestern und ihrer Mutter, doch sie verliert nicht die Fassung und konzentriert sich ganz auf die Zukunft. Den Überseedampfer zu erkunden, an Deck zu flanieren, sich über die Reling zu beugen und die salzige Meeresluft einzuatmen ist, wie in den Kulissen eines Theaterstücks umherzulaufen. Die Natur hat sie nicht sonderlich verwöhnt: Sie ist klein, fällt in die Kategorie hässliches Entlein, dazu eine markante Nase, ein energisches Kinn und eine rabenschwarze Mähne. Diszipliniert befolgt sie das tägliche Schönheitsritual und hütet die zwölf Tiegel mit Gesichtscreme, die ihr Mama Gitel zusammen mit einem Schirm zum Schutz vor der Sonne in den Koffer gesteckt hat, wie einen Schatz.

Als sichtbares Zeichen ihrer Emanzipation gönnt sich die rebellische Chaja erst mal einen neuen Namen: Von nun an wird sie sich Helena Juliet nennen.

Ein geheimnisvolles Datum

Ihre Geburtsurkunde ist verloren gegangen, und über den Tag, an dem Florence Nightingale (damals ein weitverbreiteter Name zu Ehren der Begründerin der modernen Krankenpflege) das Licht der Welt erblickte, gibt es widersprüchliche Angaben. Ganz so, als wäre es bei einigen später berühmt gewordenen Frauen üblich, die eigenen Wurzeln zu verschweigen. Die Hochzeitsurkunde von 1915 nennt das Jahr 1883; als sie 1920 einen Pass beantragt, ist 1886 eingetragen. Das letzte Wort wird ihr Bruder William Pearce haben: Florence Nightingale Graham wurde am 31. Dezember 1878 im kanadischen Woodbridge, Ontario, geboren.

»Ich habe so oft gelogen, dass ich gar nicht mehr weiß, wie alt ich bin«,[153] wird sie mit leichtem Spott zu den Journalisten und Biografen sagen, die versuchen, Nachforschungen anzustellen.

Florence wächst auf dem kleinen Bauernhof der Eltern auf, Einwanderer aus Schottland. Doch auch dieses Landleben könnte eine geschickt fabrizierte Legende sein, um die wahre Herkunft zu verschleiern. Denn während der Vater William Graham in der Geburtsurkunde der Schwester Christine als Buchhalter in der Church Street 129, Toronto, eingetragen ist, steht in der Urkunde der Schwester Lilian Drogist, in der des Bruders William fahrender Händler und in der der Jüngsten, Gladys, dass die Familie in Vaughan im Norden Torontos lebt.

Auch wenn Florences Herkunft vage bleibt: Fest steht, dass William Graham ein armer Alkoholiker ist. Dass seine Frau Susan Tadd, geschwächt von der Geburt des letzten Kindes, einer Tochter, an Tuberkulose stirbt. Und dass Florence, die schon mit sechs Halbwaise wird, gezwungen ist, sie zu ersetzen, sich um die Geschwister zu kümmern, ihnen Essen zu machen, die Kleider zu waschen, zu bügeln und das Haus in Ordnung zu halten. Ihre Zukunftsperspektive? Arbeit, Arbeit und nochmals Arbeit. Ein Los, das auch die Geschwister erwartet, die sich, wenn es denn nach dem Vater geht, beeilen sollen, eine Stelle zu finden und Geld nach Hause zu bringen.

Florence, eine schüchterne Schönheit mit meerblauen Augen und hellem Teint, besucht die Schule, verlässt sie aber ohne Abschluss. Sie hilft Bruder und Vater auf den Märkten, erlernt die Kunst des Verkaufens, träumt aber davon, andere zu pflegen. Sie ist der festen Überzeugung, dass sie von der berühmten Krankenschwester nicht nur den Namen, sondern auch heilende Kräfte geerbt hat. Sie macht ein Praktikum in Toronto, das sie aber bald abbrechen muss. Blut ekelt sie an, dieser Beruf ist nichts für sie. 1905 ist sie Kassiererin in Toronto, dann Sekretärin in einem Maklerbüro und ab 1907 Zahnarzthelferin. Dort beweist die gescheiterte Krankenschwester mit einer für damalige Verhältnisse mutigen Idee Geschäftssinn: Sie entwirft Broschüren, die drastisch schildern, was mit dem Gebiss passiert, wenn man nicht regelmäßig zum Zahnarzt geht. Diesen frühen Werbeartikel händigt sie den Patienten persönlich aus, was innerhalb weniger Monate zu deutlich mehr Umsatz führt.

Obwohl ihre Initiative Erfolg hat, ist Florence unzufrieden: Toronto wird ihr zunehmend zu eng. Sie hat nur wenige Freunde und fühlt sich einsam. Es genügt ihr nicht, sich abends mithilfe von Liebesromanen oder Geschichten in Zeitschriften fortzuträumen. Ihr Bruder William ist nach New York gezogen, Lillian arbeitet als Hutmacherin, die eitle Gladys ist von den jungen Männern abgelenkt, die sie in Scharen umschwärmen. Florence spürt, dass etwas passieren muss, bevor es zu spät ist. Und nachdem sie wochenlang darüber nachgedacht hat, nimmt sie 1907 eines Morgens ihren ganzen Mut zusammen, schaut ihren Vater mit kreisrunden blauen Augen an und verkündet ihren Entschluss: »Lieber Papa, ich habe beschlossen, zu Willie nach New York zu gehen. Versuch nicht, mich aufzuhalten, aber keine Sorge: Ich bin fast dreißig. Wenn ich bis heute nicht verführt worden bin, warum sollte mir das ausgerechnet jetzt passieren?«[154] Es gibt Hoffnung jenseits der Grenze.

Mit der Schüchternheit einer jungen Frau aus der Provinz, die berühmt werden möchte, geht Florence Nightingale Graham in New York von Bord, die »Stadt der ersten Male«: Es ist das erste Mal, dass sie sich wirklich unabhängig fühlt und sich ihren Lebensunterhalt in der Pharmafirma E.R. Squibb & Sons selbst verdient. Es ist auch das erste Mal, dass sie nach Laborbesuchen begreift: Die Fläschchen interessieren sie mehr als die Buchhaltung. Sie beschließt, eine Mrs zu werden. Und auch wenn sie keinen dafür notwendigen Ehemann vorweisen kann, verbietet sie ihren Kollegen, sie Miss zu nennen (denn eine arbeitende Frau, die verheiratet ist, bekommt mehr Respekt). Aber wie das nun mal so ist, wenn man seinem Schicksal begegnet: Sie braucht nur einen Fuß in den ersten Schönheitssalon ihres Lebens zu setzen, um ihre wahre Berufung zu finden.

Auf jedes Ende folgt ein neuer Anfang

Eine siebenwöchige Überfahrt.

Über Neapel, Alessandria, Aden, Port Said, Bombay. Dann taucht in der Ferne die Silhouette von Melbourne auf. Der Himmel färbt sich langsam morgenrot, Chaja – von nun an für alle nur noch Helena – spürt, dass auf diesem Kontinent, der von den Engländern als »riesige Strafkolonie« bezeichnet wird, eine neue Frau geboren werden wird.

Es folgt die erste Enttäuschung: Cousine Eva hat sich inzwischen scheiden lassen und ist mit den drei Kindern auf und davon. Dann die zweite Enttäuschung: Am Bahnhof des verschlafenen Städtchens Coleraine, 329 Kilometer von Melbourne entfernt, wird sie von Onkel Bernard abgeholt, dem verleugneten Bruder von Mama Gitel. Der egoistische, grobe Mann lässt Helena tagsüber in seinem bis unter die Decke vollgestopften Laden arbeiten und zwingt sie danach, die Wohnung zu putzen. Außerhalb dieses Lochs ist die Luft kaum zu atmen, Schweiß tritt ihr auf die Stirn, und Staub brennt ihr in den Augen. Die Realität ist grausam, der Alltag hart und die Arbeit schwer. Helena langweilt sich, und in dieser scheinbar endlosen Phase schmeckt das Exil zunehmend einsam und bitter. Es gibt nichts als Schafe. Schafe, wohin das Auge schaut. Helena hasst sie, wie sie ihrem Sekretär Jahrzehnte später anvertrauen wird: »Australien war die Hölle:

Hitze, Niedergeschlagenheit und Staub … Ich habe ununterbrochen geschuftet, der Tag hat vierundzwanzig Stunden, doch ich musste fünfzig arbeiten.«[155]

Ein Schreckensszenario. Und dann kommt auch noch Louis, ein Cousin von Bernard, ein brutaler Typ, der ihr nachstellt, auch wenn Helena nie ausdrücklich von Missbrauch gesprochen hat. Aber manchmal hält das Leben glückliche Fügungen bereit, die hinter den Kulissen bereits Jahre gewartet haben. Und wenn sie dann eintreten, machen sie alles wieder wett, was ihnen bis dahin versagt war. Das gilt auch für Helena, der ihre Lieblingsbeschäftigung, der »Kleine Chemiebaukasten«, als Mädchen verboten war. Die Frauen, die jetzt in den Laden kommen, machen ihr Komplimente zu ihrem Alabasterteint, und angesichts deren sonnenverbrannter Haut begreift Helena, das das Gegenmittel in ihren Cremetiegeln steckt.

»Wie schaffen Sie es bloß, so eine Haut zu haben?«, wird sie immer wieder gefragt.

»Ein Familiengeheimnis«, erwidert sie maliziös.

Diese Ladengespräche mit den Frauen von Coleraine sind ein Lichtblick, hier muss sie ansetzen: Sie muss sich weitere Tiegel schicken lassen und sie verkaufen. Helena ist seit zwei Jahren in Australien, ihr Englisch wird besser, nicht zuletzt dank des Unterrichts bei Miss Crouch. Und dank ihrer Intuition hört Helena auf, sich zu bemitleiden, und beginnt daran zu arbeiten, dieses Leben hinter sich lassen zu können. An Fantasie mangelt es ihr nicht, an Risikobereitschaft ebenso wenig, und sie findet die Lösung – nur wenige Kilometer entfernt im Örtchen Sandford. Dort überredet Helena den Apotheker, ihr die Grundlagen seines Berufs beizubringen und ihr in ihrer wenigen Freizeit sein Labor zu überlassen, ein sonnendurchflutetes Kämmerchen, das zu ihrer ersten »Kosmetikküche« werden wird. Von ersten Misserfolgen lässt sie sich nicht abschrecken, sie setzt ihre Versuche fort, die mütterliche Creme zu reproduzieren.

Die Tiegel, die sie mithatte, hat sie längst verkauft, sie schreibt der Mutter, dass sie mehr davon schicken soll. Aber bis die aus Polen in Australien ankommen, dauert es zwei Monate, und Helena kann die Nachfrage nicht befriedigen. Der Onkel protestiert, er will sie im Laden haben, damit sie die Kunden bedient und im Lager hilft, und dann ist da noch die Hausarbeit. Ohne sie herrsche das reinste Chaos: Was wolle sie überhaupt hier, wenn sie sich nicht nützlich mache? Doch Helena bleibt stur, sie hat nicht vor, ihre Pläne aufzugeben. Mit dreißig begreift sie, dass ihr nichts anderes übrig bleibt, als weit fortzugehen und nie mehr zurückzukehren. Sie muss von diesen staubbedeckten Bauern weg, weiß aber nicht, woher sie das Geld für die Reise nehmen soll. Lady Lemington fällt ihr ein, die elegante Dame, die sie auf dem Schiff kennengelernt und deren Adresse sie sich schlauerweise notiert hat. Sie schreibt ihr, bietet sich als Gouvernante oder Dienstmädchen an. Als sie eine Zusage bekommt, packt sie ihre Koffer, ohne dass der Onkel etwas davon mitbekommt, und bricht nach Melbourne auf, wo sie wieder aufblüht und Freiheit wittert.

Es gibt keine hässlichen Frauen, nur faule

Nach dem Goldrausch der viktorianischen Zeit ist Melbourne 1901 die reichste Stadt Australiens. Dank Lady Lemington hat Helena ein Zimmer bei Elizabeth Stern in der Grey Street gemietet. Sie verdient sich den Lebensunterhalt als Bedienung im Café *Maison Dorée*, das von wohlhabenden angelsächsischen

Auswanderinnen besucht wird. Die bewundern ihre helle Haut. Diese potenziellen Kundinnen werden Teil eines stets realistischeren Plans, und 1902 eröffnet Helena ihren ersten Schönheitssalon in der Elizabeth Street 138.

Elizabeth: der Name ihrer zukünftigen Rivalin. Schicksal?

Aber der Schritt von der Kellnerin zur Besitzerin eines Beautysalons kostet Geld. Wo hat sie das her? Rubinstein wird erzählen, dass sie sich zweihundertfünfzig Pfund von Helene MacDonald geliehen hat, die sie Jahre zuvor auf dem Schiff nach Australien kennenlernte. Doch höchstwahrscheinlich dürfte ihr James Henry Thompson unter die Arme gegriffen haben, ein Stammkunde der *Maison Dorée* und Geschäftsführer der Robur Tea Company, wie ihr getreuer Sekretär und Faktotum Jahrzehnte später gehässig schreiben wird: »Ohne Mister Thompson hätte Madame nie erreicht, was sie erreicht hat. Er hat ihr geholfen, sie geschult, sie geformt. Er hat sie gemacht! Merkt euch meine Worte, er war das Gehirn hinter der kleinen Miss.«[156] Tatsächlich besitzt Thompson die Erfahrung und die richtigen Kontakte, um ihr mit dem Papierkram zu helfen, der nötig ist, um Helena Rubinstein & Co. zu gründen. Helenas Englisch ist noch nicht fließend, und es ist Thompson, der die ersten Werbeanzeigen für Valaze (Ungarisch für »Himmelsgeschenk«) redigiert. Daraus entwickelt sich bald eine ganze Kosmetiklinie, bestehend aus Gesichtscreme, Seife, Puder und Haarlotion.

Auch dass Helena in den ersten Valaze-Broschüren Werbung für seine Firma macht, spricht für ihre Dankbarkeit Thompson gegenüber. Doch inhaltlich ist sie allein zuständig. Indem sie sich als Wiener Gräfin ausgibt, verführt sie auf geniale Weise die Presse, und schon 1903 berichten die Lokalzeitungen *The Age*, *The Argus* und *Table Talk* von ihrer Creme. Nicht ohne Kalkül behauptet Helena, Valaze werde unter Aufsicht des berühmten

Spezialisten Dr. Lykuski hergestellt: »Die Valaze-Rezeptur wurde von den Gebrüdern Lykuski entwickelt. Sie gaben sie an mich weiter, als ich noch ein junges Mädchen war. Ihnen verdanke ich meine perfekte Haut – ihnen und den besonderen Kräutern, die nur in den Karpaten zu finden sind«,[157] behauptet sie. Doch auch die Lykuskis könnten frei erfunden sein, da sie ihnen, als sie 1930 davon spricht, noch eine Schauspielerin und einen Bruder zur Seite stellt. Wieder heißt es: »Ich habe beschlossen, Dr. Lykuski zu schreiben und ihn zu bitten, hier in Australien für mich zu arbeiten. Zu meiner großen Freude hat er eingewilligt, ein wenig zu bleiben. Für eine ganze Kosmetiklinie haben wir uns auch Reinigungslotionen, adstringierende Lotionen und eine Seife ausgedacht.«[158]

Helena hat eine blühende Fantasie! Eine allzu menschliche. Diese hochtrabenden Anekdoten sollen Jahrzehnte später von Patrick O'Higgins auseinandergenommen werden, der verkündet, die Originalrezeptur wenige Monate nach Helenas Tod enthüllt zu haben … ohne auch nur den Hauch von seltenen Kräutern, orientalischen Mandeln oder immergrünen Bäumen darin zu finden. Dafür »Gartenpflanzen und Zutaten wie Wachs, Mineralöle und Sesam«.[159]

Was auch immer die Inhaltsstoffe sein mögen – Valaze verkauft sich wie verrückt. Der Schönheitssalon ist dermaßen erfolgreich, dass Helena bald schon einen eleganteren in der Collins Street 274 eröffnet, sieben kleine Räume, die sie renoviert und mit Teppichen und Wänden in Grüntönen, mit Rattanmöbeln, einer Behandlungskabine aus Holz, einem Büro und mit der für Fremde verbotenen »Kosmetikküche« ausstattet. Dort verbringt sie die Nächte damit, Tiegel und Fläschchen abzufüllen und zu etikettieren. Die berühmte Journalistin Eugenia Stone vom *Advertiser* aus Adelaide schreibt Lobeshymnen wie: »Madame Ru-

binsteins Creme ist die Antwort auf die Gebete aller Australie-
rinnen.«[160] Aber vor allem ist es die Mundpropaganda, die Valaze
so richtig erfolgreich macht. Leserinnen und Kundinnen reden
mit ihren Freundinnen darüber, und vor dem Salon bilden sich
lange Schlangen.

Die visionäre Helena erfindet die ersten Hauttypen – fettige
Haut, trockene Haut und Mischhaut –, für die sie unterschied-
liche Behandlungen empfiehlt. Ganz nach dem Motto »Es gibt
keine hässlichen Frauen, nur faule« beginnt sie mit einem Ver-
sandhandel und gibt den Kundinnen somit die Möglichkeit,
anonym zu bleiben. Sie müssen nur eine Nummer oder ihre Ini-
tialen angeben. Helena verspricht, jede nur erdenkliche Bitte
erfüllen zu können. In ihrem Postfach stapeln sich Tausende
von Bestellungen, die ins ganze Land verschickt werden. Es folgen die ersten Werbeträgerinnen wie die berühmte australische
Schauspielerin und Sängerin Nellie Stewart, die ganz verrückt
nach ihrer Creme ist: »Die beste, die ich je ausprobiert habe«, verkündet sie bei jedem ihrer Interviews. In Sarah Bernhardts Fußstapfen tretend akzeptiert sie auch, in Werbeanzeigen als das Gesicht für Seifen, Cremes und Reinigungslotionen aufzutreten.

1906 lernt Helena in Melbourne Edward Ameisen kennen,
freier Journalist, Literaturliebhaber und Pole wie sie, der seinen
Nachnamen in Titus geändert hat. Er findet ihren Tatendrang
und ihr Durchsetzungsvermögen großartig, ist von ihrem Charme
und ihrer Bildung hypnotisiert. Von Edward stammt auch der
Spitzname, der Helena immer bleiben wird: Madame. Er hat ein
Talent für PR, als geborener Werber schreibt er Anzeigentexte,
die die Wirkung von Valaze in den Himmel loben. Doch trotz
ihrer Aufstiegsgeschichte kann kein Erfolg so etwas wie Liebe
und Anerkennung ersetzen. Helena gibt es zwar nicht zu, doch
sie hat unglaubliches Heimweh nach den Frauen in Kazimierz.

Jetzt, wo sie etwas Geld und eine kleine, aber blühende Firma hat, kann sie es sich leisten, Schwester Ceska und Cousine Lola nach Melbourne kommen zu lassen. Nach sechs Wochen empfängt sie sie in ihrer Wohnung und verliert keine Zeit, sie mit dem liebevollen Elan der erfolgreichen Erstgeborenen einzuarbeiten.

Jetzt, wo das Schönheitsinstitut in Melbourne bei ihnen in guten Händen ist, packt Helena für Europa.

Erste Etappe: London, im Sommer 1905.

Königin Viktoria ist seit viereinhalb Jahren tot, aber die Engländerinnen stehen Schminke unverändert zurückhaltend gegenüber. Nicht einmal das Kaufhaus Harrods verfügt über eine Kosmetikabteilung. Als Helena wenige Monate später nach Australien zurückkehrt, erzählt sie ihren Kundinnen eine Lüge nach der anderen. Sie behauptet, dass ihr Salon jetzt auf Wiener Experten zählen könne (in Wahrheit ihre Schwester und ihre Cousine), dass sie sich auf ihrer Europareise von einem gewissen Dr. Pashki in Wien habe unterweisen lassen, von Professor Lasaar in Berlin, von Dr. Pokitonoft in Paris und von Dr. Una in Hamburg, deren wahre Namen wohl Heinrich Paschkis, Professor Oskar Lassar, Frau Dr. Catherine Sophie Mathilde Pokitonoff und Paul Gerson Unna lauten dürften. Ob sie diese Eminenzen tatsächlich getroffen hat, bleibt ein Geheimnis. Die Einzige, auf die das wirklich zutreffen könnte, ist Frau Dr. Mathilde Pokitonoff, geborene Wulfert.

Doch aus dieser Reise ergibt sich alles Weitere.

1906 eröffnet die entscheidungsfreudige und ehrgeizige Helena einen Salon in Sydney. Sie beginnt, ihre Cremes nach Neuseeland zu exportieren, wo sie 1907 in Wellington ein drittes Institut gründet. In Australien tummeln sich inzwischen jede Menge Nachahmer, und Helena beschwert sich in einem Interview mit

Table Talk darüber: »Es macht mir Sorgen und ärgert mich, dass einige hiesige Firmen alles daransetzen, sich Cremes wie Valaze auszudenken. Sie kopieren sogar meine Werbung und probieren auf jede nur erdenkliche Weise, an das Rezept von Dr. Lykuski zu gelangen.«

Egal, wohin sie sich wendet: Sie erntet Zustimmung.

Sie hat allerdings einen Traum, den sie 1912 wahr machen kann, als Paris zur begehrtesten Stadt überhaupt wird. Ohne ein einziges Wort Französisch zu verstehen, eröffnet sie die Maison Beauté Valaze in der Rue du Faubourg Saint-Honorée 225. Helena bezieht die Schwestern in ihre Geschäfte mit ein. Von Frankreich aus überwacht sie alles, Rezepturen und Verpackungen, Werbung und Verkauf in London, Australien und Neuseeland. Es dauert tatsächlich nicht lange, bis sich ihr Credo durch Mundpropaganda auch unter den Pariserinnen herumspricht. Noch beliebter wird es dank der neuen Techniken, die sie auf ihren Wallfahrtsreisen durch Europa kennengelernt hat und die ihr Behandlungsangebot ergänzen. Sie nimmt innovative Körperanwendungen wie die Schottische Dusche, Elektrolyse und Hydrotherapie hinzu. Nachdem die Schriftstellerin Colette in einem Institut eine Massage ausprobiert hat, verkündet sie, die eine von Helenas eifrigsten Kundinnen werden wird, es sei »für Frauen eine heilige Pflicht, sich massieren zu lassen«.

Die rot lackierte Tür

1908. New York, 15 West, Ecke 39th Street. Florence Nightingale Graham arbeitet als Kassiererin und Telefonistin bei Eleanor Adair, einer Irin mit mehreren Schönheitssalons in der Stadt sowie weiteren in London, Paris und Brüssel. Es sind keine leichten

Eleonora Duse in einem Atelierporträt, 1875.
(Hulton Archive / Getty Images)

Eleonora Duse in *Die Kameliendame*.
(Lebrecht Music Arts / Bridgeman Images / Mondadori Portfolio)

Sarah Bernhardt während einer Aufführung von *Die Kameliendame,* um 1913.
(CORBIS / Corbis via Getty Images)

Sarah Bernhardt in einer Aufnahme des französischen Fotografen Nadar, 1865.
(Mondadori Portfolio / Age)

Coco Chanel in ihrem Atelier in der Rue Cambon in Paris, 1937.
(© Boris Lipnitzki / Roger-Viollet / Contrasto)

Coco Chanel mit dem Dichter und Künstler Jean Cocteau, 1950er-Jahre.
(© Luc Fournol / PHOTO12 via ZUMA Press / Mondadori Portfolio)

Elsa Schiaparelli mit einem Beduinen in Tunesien, 1936.
(© Horst P. Horst / Condé Nast via Getty Images)

Elsa Schiaparelli trägt eine ihrer Kreationen, 1940.
(© Fredrich Baker / Condé Nast via Getty Images)

Elizabeth Arden, 1948.

Helena Rubinstein bei der Arbeit, um 1910.
(Mondadori Portfolio / CSU Archives / Everett Collection)

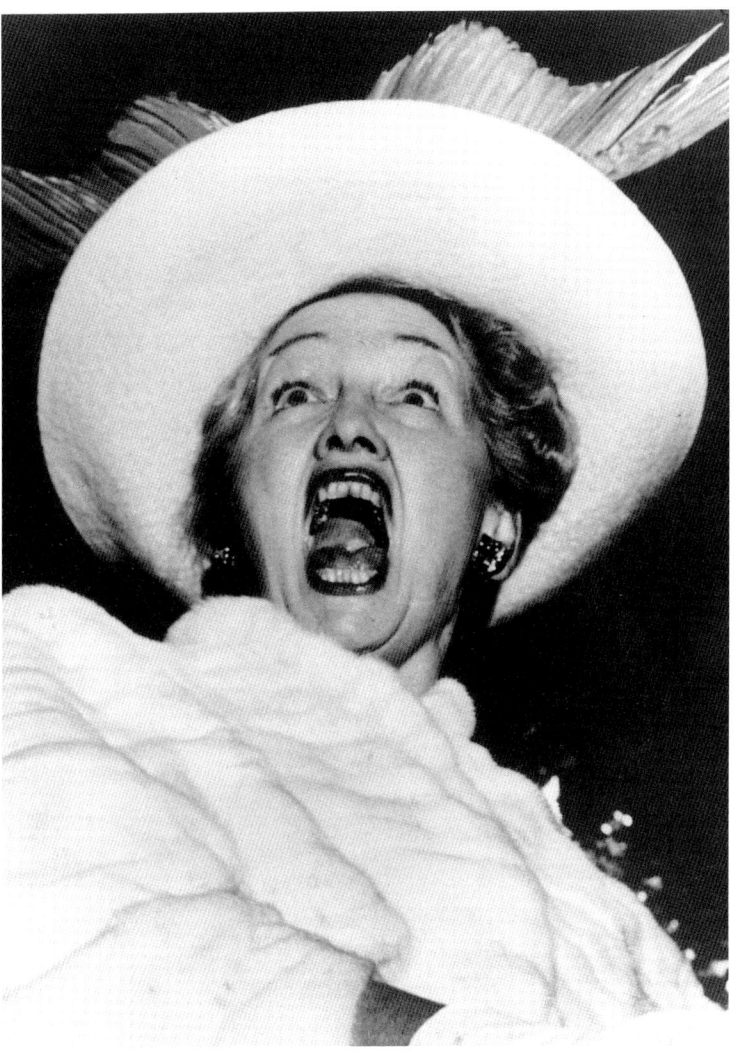

Hedda Hopper bei einer Veranstaltung in New York im Jahr 1948.
(© Weegee (Arthur Fellig) / International Center of Photography / Getty Images)

Hedda Hopper mit Louella Parsons bei einer Party im legendären Nachtclub *Mocambo* in Hollywood, 1948.
(mptvimages.com / Contrasto)

Ein Studioporträt von Louella Parsons, 1956.
(© Allan Grant / The LIFE Picture Collection via Getty Images)

Olivia de Havilland, 1939.
(© George Hurrell / Warner Bros / Kobal / Shutterstock)

Joan Fontaine, 1950.
(© Ernest Bachrach / Rko / Kobal / Shutterstock)

Olivia de Havilland und Joan Fontaine bei der Oscarverleihung 1942.
(Pictorial Press Ltd / Alamy Foto Stock / Ipa)

Zeiten für eine Frau aus bescheidenen Verhältnissen, die sich aus eigener Kraft hochgearbeitet hat, aber Florence gelingt es, Miss Adair von den »magnetischen« Kräften ihrer Hände zu überzeugen, von ihrer Gabe, sie mit natürlichem Geschick über Körper und Gesichter der Kundinnen gleiten zu lassen. Adair nimmt ihr Angebot an, weigert sich jedoch, ihr das Gehalt zu erhöhen. Doch noch ist es nicht das Geld, das sie interessiert – sie hat genug, um sich ein kleines Apartment an der West 94th Street zu gönnen, in einem typischen New Yorker Mittelklasseviertel. Sie übt sich lieber darin, ihre gesegneten Hände zu nutzen, und zwar ohne sich zu schonen. Schon bald fragen die Kundinnen des Instituts ausdrücklich nach ihr.

Im Herbst 1909, als sie weiß, dass sie genug gelernt hat, beschließt sie, dass der Moment gekommen ist, sich selbstständig zu machen. Doch ganz allein schafft sie das nicht. Sie braucht eine Verbündete. Und findet sie in Elizabeth Hubbard, der Erfinderin von Cremes, die Florence besser findet als die von Miss Adair.

Ihr gemeinsames Beauty-Abenteuer beginnt im dritten Stock der Fifth Avenue 509, zwischen luxuriösen Geschäften und Kaufhäusern. Dort eröffnen die beiden ihren Salon d'Oro, zwei Etagen, in die Hubbard ihre Erfahrung mitnimmt und in denen Florence ihre Massagetechnik perfektioniert. Ihr scheint nichts zu fehlen: Wenn sie abends nach einem langen, anstrengenden Tag nach Hause kommt, schaut ihr im Spiegel das Gesicht einer jungen, ehrgeizigen Frau entgegen, einer Frau mit einem immer raffinierteren Geschmack und einem Talent nicht nur für Schönheitsbehandlungen, sondern auch für den Verkauf von immer mehr Hubbard-Produkten – in einem weiblichen Universum auf der Suche nach stets bezahlbareren Kosmetika.

Die Allianz zwischen Hubbards Cremes und Florence'Talent

wird jedoch durch ständige Streitereien geschwächt und bald zerbrechen. Die aufbrausenden Charaktere der beiden und die Angst, Florence könnte sich emanzipieren – Geld verdienen, berühmt werden –, sind eine explosive Mischung. Sogar der Name, der ins Firmenschild eingraviert werden soll – »Elizabeth Hubbard & Florence Nightingale Graham« ist zu lang und klingt nach Krankenhaus –, ist Gegenstand endloser Diskussionen. Doch die arrogante, rücksichtslose Hubbard ignoriert ihre Partnerin und lässt nur ihren Namen auf die Salonfassade pinseln. Florence kann es sich nicht leisten, diesen Ort und ihre Kundinnen zu verlassen. Sie schluckt ihren Ärger hinunter und arbeitet weiterhin zehn Stunden am Tag bis zum Umfallen.

Seit ihrem Kennenlernen ist ein halbes Jahr vergangen, der Waffenstillstand dauert nur kurz. Die Spannungen zwischen beiden werden immer schlimmer. Florence sinnt auf Rache, und an dem Tag, an dem Hubbard beschließt, den Streit in die Hände eines Anwalts zu legen, der die Firma auflösen soll, plündert sie ihre Ersparnisse und eilt zum Vermieter. Sie bietet ihm an, die gesamte Jahresmiete für den Salon auf einmal im Voraus zu zahlen. Sie behauptet knallhart, dass »der Vermieter sie bevorzugt hat«,[161] und somit zieht Elizabeth Hubbards Salon wenige Meter weiter in die Fifth Avenue 505.

Jetzt ist Florence endlich unabhängig, aber auf sich gestellt und ohne jegliche Ersparnisse. Was tun? Den Schaden begrenzen, indem sie nur den Nachnamen der ehemaligen Partnerin vom Schild entfernt und sich einen neuen gibt, da Graham an eine Hebamme erinnert und Nightingale an die berühmte Krankenschwester. Elizabeth hingegen gefällt. Es genügt, sich einen neuen Nachnamen auszudenken.

Der Legende nach hat sie das Gedicht *Enoch Arden* des viktorianischen Dichters Lord Alfred Tennyson von 1864 zu »Arden«

inspiriert. Andere behaupten, der Name sei ihr eingefallen, als sie zig Artikel über den Tod des Eisenbahnmoguls Edward Henry Harriman gelesen habe, der einen Landsitz namens »Arden« in Orange County besaß. Was auch immer sie zur Beschriftung des neuen Schildes veranlasst haben mag – woher soll Florence/Elizabeth das Geld nehmen, um ihre Tätigkeit zu beginnen? Soll sie sich von ihrem Bruder William 6000 Dollar leihen? Weder er noch die Schwestern sind in der Lage, ihr so eine hohe Summe zu geben. Gut möglich, dass Florence wie Rubinstein von einem geheimen Verehrer unterstützt wird, ohne dass sie später je ein Wort darüber verlieren wird.

Florence Graham ist bereit, zu verschwinden und ihrem Alter Ego zu weichen. Sie muss nur noch einen Weg finden, das publik zu machen. Sie schaltet Anzeigen in den wichtigsten Zeitschriften, die verkünden, dass »Miss Elizabeth Arden Kundinnen im fabelhaften Luxus ihres Schönheitssalons mit Rat und Tat zur Seite steht und ihre außergewöhnlichen Behandlungen höchstpersönlich vornimmt«.

Als Florence bereit ist, sich endgültig in Elizabeth Arden zu verwandeln, ist Helena bereits reich.

Der Salon d'Oro öffnet sich mit einer rot lackierten Eingangstür, die für den Rest ihres Lebens Ardens Markenzeichen bleiben wird. Ein Traum wird wahr, als mit der unentbehrlichen Unterstützung des Chemikers A. Fabian Swanson die erste seidenweiche Creme entsteht, die »Venetian Cream Amoretta«, angeblich eine berühmte französische Rezeptur und verpackt in eine Schachtel in Bonbonrosa – die Farbe, die Arden »am passendsten für ihre Produkte« hält. Europa, vor allem aber Italien und alles, was es heraufbeschwört, beeindruckt die Kundinnen. Das klingt schick und lässt die Produkte deutlich weniger banal wirken.

Dank einer unbändigen Fantasie und einer Arbeitsmoral, der

auch anstrengende Stunden zwischen Labor und Salon nichts anhaben, kann sich Florence jetzt auf einen neuen Namen verlassen, auf Behandlungen und Produkte, die nur sie anbietet: die Anfänge eines Unternehmens, in dem alles läuft wie geschmiert und das ihr eine wunderbare Zukunft verheißt. Elizabeth Arden kommt genau im richtigen Moment: Die Mode ist »sagenhaft knabenhaft«, es gibt die *Flappers,* Frauen, deren Bewegungen an das Flattern von Vögeln bei ihren ersten Flugversuchen erinnern, rebellische Frauen, die in aller Öffentlichkeit Alkohol trinken und rauchen, sich die Lippen herzförmig mit knallrotem Lippenstift nachziehen und die Augen mit Eyeliner und Mascara dunkel umranden. Schauspielerinnen, vor allem Clara Bow, werden zu Vorbildern. Die Kluft zwischen Wunsch und Realität, zwischen der, die man sein möchte, und der, die man ist, wird immer kleiner.

Es ist jedoch nicht leicht, alles am Laufen zu halten: die Miete, die Rohstoffe, Swansons Forschungsarbeit und das Gehalt der Mitarbeiterin Irene Delvaney, genannt Lanie … Elizabeth braucht Verbündete und findet sie in den Friseurschwestern Jessica und Clara Ogilvie, mit denen sie Räumlichkeiten und Kompetenzen bündeln, neue Kundinnen für den Schönheitssalon und den anderen eine billigere Miete garantieren kann. Das reicht aber noch nicht aus, um die Kosten zu decken, weshalb Elizabeth nach der Arbeit im Salon d'Oro anonym Nägel in einem kleinen Salon downtown manikürt. Als ihr das Geld für die Werbeanzeigen ausgeht, die sie braucht, um sich in der Stadt bekannt zu machen, leiht sie es sich von den Ogilvie-Schwestern und zahlt es pünktlich aus ihren Einnahmen zurück. Sie hat keine Freundinnen, kein mondänes Leben, arbeitet unermüdlich. Als sie nicht mehr gezwungen ist, zwei Jobs zu machen, experimentiert sie nach der Arbeit im Hinterzimmer des Salon d'Oro mit neuen Produkten. Getreu dem Prinzip, wer wenig ausgibt, verdient auch wenig, geizt sie nicht bei der Verpackung, die stets raffinierter, üppiger und luxuriöser ausfällt.

Ende der Geschichte? Aber nein!

Denn obwohl Amerika ihr Fenster zur Welt bleiben wird, schaut Elizabeth mit wachsendem Interesse nach Europa.

Europa: einmal hin und zurück

Helena Rubinstein erobert Europa bereits.

An einem nebligen Herbsttag des Jahres 1908 ist sie erneut in London. Sie investiert 100 000 Pfund in eine Immobilie in der Grafton Street 24, wo sie, umgeben von edwardianischen Villen mit weißem Stuck und von Privatgärten des ebenso romantischen wie exklusiven Viertels Mayfair, die Maison de Beauté Valaze eröffnet. Mit von der Partie: Edward Titus, der ihr ebenso einfühlsam wie engagiert hilft, den Salon zu bewerben, und dermaßen hartnäckig um sie wirbt, dass Helena bei ihrer Rückkehr nach Sydney gar nicht anders kann, als nachzugeben und in eine Heirat einzuwilligen.

Helenas Geschäfte laufen weiterhin prächtig, sie ist wie ein Vulkan, der ständig Neues gebiert. Die Heirat ändert nichts daran, auch wenn die Hochzeitsreise nach Südamerika den Auftakt zu einer Menage aus Streitereien, Untreue, Trennungen und Versöhnungen bildet, bei der ihr schwieriger Charakter auf sein Phlegma prallt. Edward, ein ehebrecherischer, libertinärer Narzisst, betrügt sie von Anfang an. Um sich aufzumuntern, kauft Helena Kunst und denkt ans Geschäft. Sie sucht nach Räumlichkeiten, um Salons in Buenos Aires, Rio de Janeiro und São Paolo zu eröffnen. Sie kämpfen einen Kampf, bei dem es weder Sieger noch Besiegte gibt, verziert von Perlen und Rubinen. Angeblich soll Helenas Schmuckbesessenheit begonnen haben, als sie eines Morgens mitbekam, wie ihr Mann einer attraktiven Rothaarigen, die er gerade eben im Foyer eines Hotels kennengelernt hatte, einen Handkuss »aus nächster Nähe« gab. Während ihr Herz vor Eifersucht raste, tröstete sie sich beim ersten Juwelier mit einer Perlenkette.

Ist sie zu beschäftigt für eine stabile Ehe?

Helena weiß, dass sie nicht die hingebungsvollste aller Ehefrauen ist, sie liebt Edward mit Unterbrechungen, wie sie Jahre später gestehen wird: »Zutiefst in meinem Innern war ich stets zwischen den Menschen, die ich geliebt habe, und meinem Ehrgeiz hin- und hergerissen.«

Sie betäubt sich mit Arbeit, die sie nicht einmal bei den zwei einzigen, erzwungenen Pausen vernachlässigt: Am 12. Dezember 1909 bringt sie mit siebenunddreißig ihr erstes Kind Roy Valentine zur Welt; am 23. April 1912 mit vierzig Horace Gustave. Die kleine, autoritäre Frau scheint sich auch nicht sonderlich für die Mutterrolle zu interessieren. Es fällt ihr schwer, Gefühle zu zeigen, als wäre Zärtlichkeit ein vermintes Gelände, auf das sie sich lieber nicht wagt. Was die Söhne betrifft, tut sie, was sie tun muss. Doch obwohl die Kinder mit Luxus und Aufmerksamkeit überhäuft werden, wachsen sie in Internaten und mit Gouvernanten auf, pendeln zwischen diversen Sommerresidenzen hin und her, während die Mutter durch Abwesenheit glänzt. Ihre strenge Art ist die Kehrseite ihres Perfektionismus, den sie auch von ihren Mitarbeitern erwartet und mit dem sie die Kinder erstickt. Die wachsen mit Ressentiments in emotionaler Distanz zur Mutter auf. Dass Frauen, die Karriere machen, ihr Privatleben opfern – ist das vielleicht der unvermeidliche Preis, den sie zahlen müssen?

Vielleicht ja in einer Zeit, in der Frauen eine feste Rolle zugewiesen wird. Von ungeschriebenen Gesetzen abzuweichen ist ein
Risiko, das die frei denkende Helena nun mal eingehen muss.

Inzwischen ist Florence für alle nur noch Elizabeth Arden, sie ist
ungebunden und hat nicht die Absicht zu heiraten. Obwohl die
amerikanischen Frauen immer noch nicht das Wahlrecht haben,
ermöglicht ihnen die Arbeit mehr finanzielle Freiheiten. Doch
die erfordert auch, dass sie zunehmend größeren Aufwand mit
ihrem Äußeren betreiben: Kleider, Frisuren und Schönheitsprodukte gewinnen selbst im Berufsleben an Bedeutung. Sogar die
Apotheken und großen Kaufhäuser haben inzwischen Abteilun-
gen, die Schönheitsprodukten, Cremes und Make-up gewidmet
sind. Jetzt, wo die Nachfrage nach Kosmetika steigt, gilt es, eine
ganze Welt zu erobern.

Wird es ihr gelingen, das einem Mann zu erklären?

Am Broadway singt Marie Dressler im Musical *Tillie's Night-
mare* den Song *Heaven Will Protect the Working Girl*. Elizabeth
nimmt das als Aufforderung. Am Vormittag des 26. Februar 1914
steht sie vor ihrer Bank. Sie braucht Geld, um die Produktion
hochzufahren, sie hat gerade erst eine kleine Elizabeth-Arden-
Niederlassung in Washington, D.C., eröffnet, und die »Venetian«-Kosmetiklinie geht auch in Boston weg wie nichts, wird
von weiteren Geschäften an der Westküste nachgefragt. Sie muss
beim Bankmanager Thomas Jenkins Lewis vorsprechen, der sie
galant und freundlich empfängt. Doch das Gespräch droht sofort
in einen Flirt auszuarten. Um einen Kredit zu bekommen, doch
ohne die Regeln der Verführung zu kennen, tut die unerfahrene
Florence so, als spielte sie das Spiel des Mannes mit dem hellen
Teint und dem freundlichen Lächeln mit. Er scheint sie nicht
ernst zu nehmen und ihr stattdessen den Hof zu machen. Doch

sie ist gerissen: Für ein dickes Portemonnaie lohnt es sich schon mal, eine alberne Komödie aufzuführen. Deshalb reagiert Florence auf die Schmeicheleien mit dem bisschen weiblichen Charme, den sie sich abringen kann.

Ohne zu ahnen, dass diese Entscheidung das Ende ihrer Liebesnöte sein wird.

In Paris fühlt sich Elizabeth wie eine Debütantin. Ihre Mission ist ausschließlich beruflich, und zum ersten Mal seit Eröffnung ihres Salon d'Oro fühlt sie sich wirklich verloren. Nachdem sie tagelang zwischen vier Schönheitsinstituten hin- und hergeeilt ist und Behandlungen der gefeierten Maison de Beauté Valaze in der Rue Saint-Honoré an sich ausprobiert hat, denkt sie verbittert, dass sie den Frauen zwar beibringt, attraktiv zu sein, mit ihren sechsunddreißig Jahren (was zu dieser Zeit als »fatal« gilt, weil man dann schon eine alte Jungfer zu werden droht) aber immer noch nicht weiß, wie man Männer verführt, geschweige denn den Rausch körperlicher Liebe kennt. Sie marschiert den ganzen Tag durch die Straßen von Paris, kauft alle möglichen Cremes und Parfüms – mit anderen Worten, sie arbeitet. Wie sehr sie die jungen Frauen beneidet, die sich der Muße hingeben, sich zuprosten und bei ihren Geliebten untergehakt am Seineufer spazieren gehen, die Brasseries der Rive Gauche bevölkern und Baguette mit Käse verschlingen! Sie gönnt sich höchstens eine nachmittägliche Verschnaufpause an der Bar des Ritz oder im Tearoom der englischen Buchhandlung in der Rue Rivoli. Nur an einem einzigen Abend, bevor sie sich wieder nach New York einschifft, isst sie ein Luxusmenü in einem Restaurant in der Rue de la Paix.

Die Überfahrt auf der *Lusitania* ist angstbehaftet, die Außenbeleuchtung des Schiffes bleibt aus Sorge vor Angriffen ausgeschaltet. Im von romantischen Kandelabern erhellten Speisesaal gibt man sich dennoch gelassen und fröhlich; Florence, die die einsamen Mahlzeiten leid ist, nimmt die Einladung eines breitschultrigen Mannes mit hoher Stirn und gelocktem Haar an, der sie an seinen Tisch bittet. Er wirkt irgendwie vertraut, und Florence braucht eine Weile, bis sie ihn wiedererkennt: Es ist Thomas Jenkins Lewis, der Banker/Verführer, der ihr noch vor wenigen Wochen den Kredit bewilligt hat. Dieses Abendessen ist nichts weniger als der Beginn (gegenseitigen) Werbens, das die gesamte Reise andauert. Es werden jede Menge Feste gefeiert, auf denen die Damen der europäischen Oberschicht, die in die Vereinigten Staaten fliehen, zusammenkommen, um die Moral der Offiziere zu stärken. Trotz ihrer chronischen Schüchternheit und völligen Unerfahrenheit merkt die »Virgin Queen«,[162] dass sie ein erstaunliches Talent für Liebesgeplänkel besitzt.

Häuserkampf

Die beiden Damen aus der Schönheitsbranche kommen einander immer näher.

In Manhattan ist Platz für zwei, aber jede möchte die Einzige sein – in der festen Überzeugung, die Beste zu sein. Nach den ersten hektischen Wochen in der Stadt scheint sich das vernichtende Urteil Rubinsteins über die ästhetisch vernachlässigten Frauen New Yorks indirekt auch an Elizabeth Arden zu richten. Die wiederum ist noch ganz erschöpft von ihrer Tour durch Europa und wird die Aussagen »dieser Frau« mit einem ironischen Lächeln herunterspielen, sie als Mitglied einer ominösen »polnischen Mafia« titulieren. Noch fürchtet sie sie nicht, aber im Mai 1915 beginnt die Invasion eines Reviers, das sie bisher als ihres betrachtet hat, und zwar in Form eines ungeheuren Affronts auf den Seiten der *Vogue,* die die bevorstehende Eröffnung »des größten Schönheitssalons von ganz New York, des berühmten europäischen Schönheitsinstituts Valaze«, ankündigt. Darin feiert sich Rubinstein, die sich mit einer Wiener Herkunft schmückt, als »die wichtigste Beraterin des europäischen Adels und einzige Expertin auf dem Gebiet der Schönheit – zur großen Freude der Frauen New Yorks«.

Und das ist nur der Vorgeschmack auf ein vergiftetes Menü, das auch für Helena schwer verdaulich sein wird, der Arden nicht einmal einen Namen gönnt: Sie nennt sie einfach bloß »die andere«. Ihr neuer Salon liegt nicht in der Fifth Avenue: Helena musste auf die 15 East 49th Street ausweichen, da das Gebäude, das sie sich auf der Edelmeile Manhattans ausgeguckt hatte, für Juden verboten ist. Das ist nicht nur eine persönliche Diskriminierung, sondern auch eine ahistorische Absurdität, wenn man bedenkt, dass die Kosmetik-Pionierinnen in den Vereinigten Staaten überwiegend Einwanderinnen oder Einwanderertöchter wie Helena und Elizabeth oder aber Afroamerikanerinnen wie Madam C.J. Walker sind.

Helena lässt sich von dieser vulgären Diskriminierung nicht entmutigen und stellt dem Salon d'Oro der Rivalin, der inzwischen um eine weitere Etage erweitert wurde, traumhafte Räumlichkeiten gegenüber. Die sind eher von einem literarischen Salon als von einem Schönheitsinstitut inspiriert. Darin wird »den angestrengt lächelnden New Yorkerinnen« gute Laune geschenkt. Gleich nach Betreten finden die Kundinnen ein ganzes Geschwader liebenswürdiger Kosmetikerinnen in weißen Kitteln vor. Sie erteilen Ratschläge, die die begnadete Lügnerin Rubinstein angeblich aus streng wissenschaftlichen Studien hat. Salz in den Wunden der Autodidaktin Elizabeth, die die Herausforderung annimmt, indem sie mit ihrem Salon von ihrem Sitz in der Fifth Avenue 673 in fünf helle, schallisolierte Räume umzieht. Dort werden die Frauen mit Behandlungen verwöhnt, lernen, sich zu schminken und ihre Haut zu pflegen.

Wenige Meter weiter, an der Hausnummer 665, entstehen ihre neuen Labors. Die hohen Investitionen machen ihr Angst, nachts findet sie keinen Schlaf. Um nicht den Mut zu verlieren, arbeitet sie umso mehr und erlegt auch ihren Mitarbeiterinnen eine mörderische Arbeitslast auf: Tagsüber schuftet sie im Salon, abends und an den Wochenenden gibt sie Fortbildungskurse.

Das Werben von Thomas Jenkins Lewis geht weiter, monatelang meidet Florence das Thema Hochzeit, aber als sie den Verlobten in einer makellosen Offiziersuniform sieht, bereit, sich angesichts von Amerikas Kriegseintritt an die Front zu melden, kapituliert sie. Sie weiß, dass sie sich in diesen Mann mit der liebenswürdigen Art verliebt hat, mit dem sie nicht nur über Blumen und Ähnliches, sondern auch übers Geschäft reden, ja von dem sie auch finanziellen und geschäftlichen Rat erwarten und mit dem sie Zukunftspläne schmieden kann. Die Lippenstifte für die Suffragetten sind nur noch eine ferne Erinnerung. Doch ohne das je zu bestätigen oder politische Positionen zu verkünden, gelangt Elizabeth zu dem Schluss, dass sie der Frauenbewegung den größten Gefallen tut, wenn sie sich um die Schönheit der Damen kümmert und sich darüber mit einem Mann austauscht, der sie mit seiner langjährigen Erfahrung in der Finanzwelt unterstützen kann.

Am 29. November 1915 soll die Hochzeit stattfinden. Elizabeth arbeitet bis um 16 Uhr. Nach einer Gesichtsbehandlung und einer Dauerwelle durch ihre Freundin Jessica Ogilvie verkündet sie, dass sie sich eine Stunde vom Salon entfernen wird. Kurz nach 17 Uhr ist die frischgebackene amerikanische Staatsbürge-

rin wieder zurück: »Also gut, ich hab's getan«, verkündet sie, ohne
weitere Details zu nennen. Um sich anschließend in ihrem Büro
einzuschließen. Um 20 Uhr geht sie zu ihrem frisch angetrauten
Ehemann ins Hotel St. Regis für ein köstliches, hochprivates
Hochzeitsmahl.

Immer noch nicht zufrieden mit ihrem Erfolg in New York reist
Rubinstein quer durch die Vereinigten Staaten – ganz wie die
Hauptdarstellerin einer Theatertruppe: von Norden nach Süden
und von Osten nach Westen; mit ihrer Schwester Manka richtet
sie in den großen Kaufhäusern Minisalons ein, sucht Räumlichkeiten für neue Institute. Innerhalb von fünf Jahren, weiht sie zwischen 1915 und 1920 HR-Salons in San Francisco, Chicago, New
Orleans, Philadelphia, Boston und Atlantic City ein. Und bringt
ihren hochraffinierten Geschmack in die Produktverpackungen
ein. Arden steht der direkten Konkurrentin ins nichts nach und
hisst in verschiedenen amerikanischen Städten ihre Flagge, reagiert auf die Rivalin in Boston, Palm Beach und Detroit.

Auch in New York wird der Immobilienkrieg im darauf folgenden Jahrzehnt ungebremst fortgesetzt: 1930 lässt sich Arden
vor der rot lackierten Tür eines neuen Salons in der Fifth Avenue
691 fotografieren, mit dabei: ein zukunftsweisendes Studio für
Gymnastik und Yogastunden als Teil eines regelrechten »Arden-
Systems«. Währenddessen mietet Helena, zunehmend unzufrieden mit ihrer Adresse in der 49th Street, das Gebäude Fifth Avenue 715 an, restauriert es, um 1936 eine fantastische Niederlassung
im Bauhaus-Stil nach einem Entwurf der Designer Harold
Sterne und Samuel Oxhandler einzuweihen.

Dass Arden und Rubinstein wirtschaftlich dermaßen mächtig
sind, liegt nicht nur an ihren riesigen Markenimperien, sondern
auch an den unzähligen kleinen Shops, winzigen Jahrmärkten

der Eitelkeit in den großen Kaufhäusern überall in den Vereinigten Staaten, die das Geld nur so scheffeln.

Während die Zarinnen beider Hemisphären alles daransetzen, sich die Kundinnen abspenstig zu machen, beobachten – und bespötteln – sie sich aus der Ferne. Helena wird der Satz »schöne Haut, schöner Hals, aber viel zu viel Farbe im Gesicht für ihr Alter!«[163] zugeschrieben, und die bissige Elizabeth zögert nicht, Helena als »diese schreckliche Frau«[164] zu bezeichnen. Laut Rubinstein ist das Gute daran, »mit Frauen für Frauen zu arbeiten, ihnen das zu geben, was sie endlich gelernt haben einzufordern«.[165] Und in diesen »Frauenberufen« steigen die Gehälter: Während in den Zwanzigerjahren der Lohn einer Arbeiterin noch bei siebzehn Dollar die Woche lag, verdienen diejenigen, die in den Salons von Helena und Elizabeth ausgebildet und anschließend angestellt werden, bis zu sechzig Dollar die Woche – ohne Trinkgeld.

Die Rivalität beflügelt sie, und ihr Talent, gepaart mit einer gehörigen Portion Heimtücke, spornt sie an, in ihren Labors zu forschen, Feuchtigkeitscremes und adstringierenden Lotionen das triste Aussehen von Medikamenten zu nehmen und ihnen stattdessen den Charme moderner Kosmetika zu verleihen.

Geliebte Feindin

Obwohl Helena und Elizabeth einander ein Dorn im Auge sind, »träumen sie und wissen ihre Träume zu verkaufen«.[166]

Beide sind im Zeichen des Steinbocks geboren, sie sind Individualistinnen, tyrannisch und unermüdlich, sie haben einen schrecklichen Charakter (aber sagt man das nicht immer über erfolgreiche Frauen?) sowie einen Teint, »der die bestmögliche

Werbung für ihre jeweilige Firma ist«.[167] Und beide hängen sehr an ihren Herkunftsfamilien, an den Verwandten, die noch übrig sind: Helenas Schwestern sind in verschiedenen Salons überall auf der Welt beschäftigt, Elizabeth bezieht den Bruder William und die Schwestern Lillian und Gladys mit ein.

Doch ansonsten könnten die beiden gar nicht unterschiedlicher sein.

Arden ist die Erste, die eine Berufsschule für ihre Kosmetikerinnen gründet. Die »Arden Women«, elegant, in makellosen Kitteln und mit einem rosa Band im Haar, reisen durchs ganze Land, um in Geschäften und großen Kaufhäusern ihre Produkte und Behandlungen vorzuführen; Arden legt auch Karteikarten für ihre Kundinnen an, auf denen der Geburtstag, die Anzahl der Kinder und die Hobbys vermerkt werden. Sie schickt ihnen personalisierte Nachrichten – Jahrzehnte bevor so etwas wie Big Data überhaupt aufkam. Helena bereichert das Vokabular der Frauen um die Worte »Prävention«, »Korrektur« und »Sonnenschutz«. Indem sie sich rühmt, bei bedeutenden europäischen Dermatologen gelernt zu haben – das Lügen liegt ihr einfach im Blut –, überzeugt sie mit Cremes, die »seltene« Inhaltsstoffe aufweisen. Die werden in luxuriösen Verpackungen präsentiert, die den hohen Preis rechtfertigen.

Der Krieg wird auch mit Produkten geführt, die häufig nur wenige Tage nacheinander auf den Markt kommen. Arden kreiert die Kosmetiklinie »Ardena Orange Skin Food«, die Astringent Cream, die Anti-Wrinkle Cream, das Ardena Skin Tonic, während Helena den Evergreen Valaze (der die Einnahmen nur so sprudeln lässt) um die Crème Pasteurisée (die ein Bestseller wird), die Water Lily Cleansing Cream und zig Kosmetiklinien mit üppigen Verpackungen ergänzt. Auf der Chanel-Modewelle reitend, die dünne, durchtrainierte Körper bevorzugt, überzeugt

Helena, die selbst weder Gymnastik noch Massagen macht, die Kundinnen von der Notwendigkeit ihrer Schlankheitscreme Body Slimming. Die Verkaufszahlen geben beiden recht: 1927 kaufen die amerikanischen Frauen 52 000 Tonnen Reinigungslotion, 26 500 Tonnen Gesichtstonikum, 19 109 Tonnen Seife, 17 500 Tonnen Pflegecreme, 8750 Tonnen Make-up und 2375 Tonnen Lippenstift.

Die beiden Visionärinnen räumen auch mit Vorurteilen über Schminke auf: Elizabeth startet eine Aufklärungskampagne, die zeigt, dass Make-up nicht mehr wie eine dicke Maske wirken muss. Sie produziert eine fast unsichtbare Foundation, die mit dem natürlichen Hautton verschmilzt, und lanciert den *total look* mit dazu passendem Lippenstift, Rouge und Nagellack. Rubinstein hingegen entwickelt cremige Lippenstifte aus persischem Wachs, Puderrouge und Puder, der das natürlich gepflegte und mit Feuchtigkeit versorgte Gesicht mattiert.

1929 kann sich Arden neunundzwanzig Salons in den Vereinigten Staaten und weiterer in aller Welt rühmen. Sie ist deren alleinige Inhaberin – mit Ausnahme von Frankreich, wo die Schwester Gladys regiert, die die Marke mithilfe ihres blasierten Verlobten Henri de Maublanc auch jenseits der Alpen etabliert. Kein Wunder, dass Investoren Arden Marke, Labors und Salons für fünfzehn Millionen Dollar abkaufen wollen. Ein verlockendes Angebot, das sie jedoch stolz ablehnt.

Im Gegensatz zu Helena, die am 11. Dezember desselben Jahres 75 Prozent ihrer Firma für 7,3 Millionen Dollar (was heute 100 Millionen entsprechen dürfte) an die Bank Lehman Brothers abtritt. Doch schon bald bemerkt sie bestürzt, dass die Bank ganz andere Pläne hat, als sie dachte. Für sie besteht das Erfolgsgeheimnis im Luxus: »Was weiß schon ein Banker vom Schönheitsbusiness – außer dass sich jede Menge Geld damit verdienen lässt? Nachdem sie mich gekauft hatten, wollten sie meine Produkte in Drogerien verkaufen!«[168]

Aus Reue schreibt sie Hunderte kleine Aktionäre persönlich an, einen nach dem anderen, und beginnt, die Aktien zurückzukaufen. Ende des Jahres 1930 überzeugt sie die Lehmann Brothers, ihr den Rest der Aktien für weniger als zwei Millionen Dollar zu überlassen. Indem sie so einen Gewinn von sechs Millionen netto macht, wird sie wieder zur Vorsitzenden der Helena Rubinstein Company. Der *New Yorker* widmet ihr einen bewundernden Artikel mit der Schlagzeile *Die Frau, die keine Heimat kannte:* eine geborene Polin, die Australierin wurde, durch Heirat Amerikanerin, aber mit Frankreich im Herzen und, was wirklich kein vernachlässigbares Detail ist, eine der reichsten Frauen der Vereinigten Staaten.

Und Arden? Sie reagiert gelassen auf den Börsencrash, ignoriert die große Depression. Während Amerika seine schlimmste Zeit erlebt, macht sie Millionen von Dollar, hat über hundert Salons und Verkaufsstellen, ist Vorsitzende und Managerin einer Firma, die ihr ganz allein gehört. Sie ist nach wie vor fest davon überzeugt, »dass ihre Kundinnen sich vom Stress über ihre abwesenden Ehemänner in einem Wannenbad mit ihrem ›Rose Geranium‹-Zusatz erholen«. Produkte in Reisegrößen? Sie erfindet sie, 1934 führt sie als Erste das Spa-Konzept in Amerika ein. Sie eröffnet die Maine Chance Farm, eine Beautyfarm, in der »erschöpfte Schönheiten 500 Dollar die Woche zahlen, um sich mithilfe von Diäten, Gymnastik und Behandlungen zu regenerieren – im Kreis von Reit-, Schwimm- und Bridge-Lehrern. Die Diäten sind streng, es gibt alle möglichen Körner und Obstsäfte«.[169] Auf der Maine Chance Farm werden die Behandlungen mit Yogastunden kombiniert, damals ein noch außergewöhnlicher Sport, aber für Arden, die nach einem Sturz mit achtzehn

Jahren qualvolle Monate im Bett verbringen musste, bevor sie durch einen Inder, den sie in Kanada kennenlernte, Yoga entdeckte, eine wahre Religion.

Helenas Reaktion darauf? Im selben Jahr entwickelt sie, die Altersanzeichen hinauszögern möchte, mit Chemikalien aus eigener Produktion eine Hormoncreme und interessiert sich für Elektrostimulation und *Beauty Therapy* für Kranke. Um ihren Porzellanteint zu erhalten, meidet sie die Sonne. Aber als Chanel die Mode sonnengebräunter Haut ausruft, was sie als »Selbstmord der Schönheit«[170] bezeichnet, bringt sie eigene Cremes auf den Markt, die vor ultravioletter Strahlung schützen. In ihren Salons installiert sie »Lichtbäder«, und als die Franzosen auf den Geschmack »bezahlten Urlaubs« kommen, bringt sie die erste wasserfeste Sonnencreme auf den Markt, die Crème Côte d'Azur.

Manchmal schummelt sie mal wieder und gibt Entwicklungen anderer als ihre aus wie die wasserfeste Wimperntusche. Die beansprucht Rubinstein für sich, dabei haben wir sie in Wahrheit der Wiener Sängerin Helene Winterstein-Kambersky zu verdanken. Die hat sie 1936 erfunden und unter dem Namen La Belly Nussy patentieren lassen. Als sie wegen einer Bleivergiftung an den Rollstuhl gefesselt war, verkaufte sie Rubinstein die Lizenz, die sich nicht genierte, sie 1939 auf der Weltausstellung in New York im Rahmen eines Wasserballetts als exklusive Neuheit der Maison vorzustellen.

Mit Unterstützung von fünf Fabriken in Long Island City, London, Saint-Cloud, Mailand und Melbourne kann Helena in den Vierzigerjahren auf sechstausend Verkaufsstellen zählen, darunter Shops in den großen Kaufhäusern und Salons in New York, Boston, Philadelphia, Detroit, Newport, Newark, Chicago, Los Angeles, San Francisco, Seattle, London, Paris, Kopenhagen,

Brüssel, Wien, Mailand, Rom, Cannes, Nizza, Monte Carlo, Madrid, Buenos Aires, Toronto, Honolulu, Melbourne, Sydney und Johannesburg.

Arden? Idem.

Jahrmarkt der Eitelkeiten

Der wichtigste Ort, um Träume zu wecken, Trends zu setzen und Kunden zu verführen, sind die Seiten der Hochglanzzeitschriften, vor allem die Beautyseiten – nicht zuletzt dank Helena und Elizabeth, die die Magazine mit ihren Produkten und Vorschlägen derart überschwemmen, dass es oft schwierig ist, Werbung und redaktionellen Teil auseinanderzuhalten.

Die Wortwahl, mit der sie versuchen, die Aufmerksamkeit der Leserinnen zu erreichen, unterscheidet sich: Die Frau, an die Helena sich wendet, ist urban, modern, selbstbewusst; die, auf die Elizabeth abzielt, ist die klassische Erbin, die zwischen einem Landsitz in den Hamptons und der New Yorker Wohnung hin- und herpendelt. Sie besitzt eine natürliche Blässe und läuft mit breitkrempigen Hüten herum. Wenn sie nicht gerade bei Arden im Salon ist, verbringt sie die Vormittage damit, in einen Hauch von Chiffon gehüllt von Zimmer zu Zimmer zu gehen. Rubinstein pflastert die Zeitungen mit ihrem Porträt im weißen Kittel zu, so wie jemand, der auf die Wissenschaft hört: in divenhafter Pose, die Hand auf dem Brustbein und mit Slogans wie: »Wir Frauen können ein aufregendes Leben haben und reisen, hart arbeiten, Geld verdienen, es ausgeben, leidenschaftlich lieben und Kinder bekommen. Wir haben die Pflicht, jung zu bleiben.« Sie rühmt sich, Werbekampagnen zu schalten, die »deutlich aufrichtiger sind als die der Arden, die fantastische, in Schleier gehüllte

Models benutzt. Die Leserinnen denken, die seien die Arden. Aber das ist sie gar nicht!!!! Arden ähnelt ihnen kein bisschen«.[171]

Arden ist die Erste, die sich eine PR-Beraterin zulegt. Die befreundete Journalistin Hedda Hopper reagiert auf die Rivalin mit hochtrabenden Sprüchen wie: »Die Schönheit ist ein zu kostbarer Schatz, um ihn dem Zufall zu überlassen. Man muss wissen, wie man sie verbessert und erhält, mithilfe von Plänen, die von anerkannten Spezialisten ausgearbeitet wurden.« Als Pionierin von Schönheitsratgebern hat Arden ab 1933 eine erfolgreiche Radiosendung, in der sie den Amerikanerinnen den Weg zur Schönheit zeigt.

Sie sind die besten Markenbotschafterinnen ihrer Produkte, sie exponieren sich selbst, geben Interviews, in denen sie die Frauen davon überzeugen wollen, dass sie mit ihrer Hilfe ein aufregendes Leben haben können.

Die Superlative häufen sich, die Werber präsentieren beide Damen als »Kosmetikpäpstinnen« und »Hohepriesterinnen im Dienste der Frau«. Die Agenturen wetteifern miteinander, sie als Kundin zu haben, und denken sich millionenschwere Kampagnen aus, in denen sie jeweils als »außergewöhnliche Frau«, »Künstlerin«, »Mitarbeiterin von Hautärzten«, »große Spezialistin« mit »Wundermethoden«, mit »magischer, sofortiger Wirkung« beschrieben werden. Elizabeth Arden, die eine feste Größe in *Vogue* und *Harper's Bazaar* ist, kann den Journalistinnen zufolge Frauen in »moderne Sylphiden« verwandeln, »und dank ihr ist der Gedanke, einen ganzen Vormittag mit Schönheitspflege zu verbringen, Glück pur«.

Das Marketing wetteifert um die besten Ideen: Zu den originellsten Werbeaktionen gehört die Markteinführung des Parfüms Heaven Sent am 31. März 1940, als sich Rubinstein ausdenkt, vom Dach des großen Kaufhauses Bonwit Teller an der

Fifth Avenue fünftausend rosa und blaue Luftballons aufsteigen zu lassen, daran hängen Körbchen, die Pröbchen und die Botschaft *Out of the blue to you* enthalten – also wirklich eine Gabe aus dem sprichwörtlich heiteren Himmel.

Wer hat mir den Mann weggenommen?

1919 hatte Arden ihren Mann Thomas Jenkins Lewis, den ehemaligen Bankmanager, zum Vertriebschef gemacht. Unter seiner Leitung wuchs die Firma, und auch bisher unerreichbare Luxuskaufhäuser wie Saks Fifth Avenue und Neiman Marcus begannen, Arden-Produkte zu verkaufen. Der extrem fähige Thomas hat jedoch eine Schwäche, die Elizabeth nicht lange duldet: Er macht vor ihren Augen Mitarbeiterinnen ihrer Salons den Hof und geht mit Kosmetikerinnen und Verkäuferinnen ins Bett. Für Elizabeth ist er weniger ein Liebhaber als ein Geschäftspartner. Dafür hört sie nie auf, ihm seine Rolle als Angestellter unter die Nase zu reiben: »Ein winziges Detail bitte nie vergessen, mein Lieber: Die Firma gehört mir. Du arbeitest bloß hier.«[172]

1934, nach der x-ten Affäre mit einer gleich darauf entlassenen Sekretärin, kommt die Scheidung. Tommy wird mit 25 000 Dollar abgefunden und unterschreibt eine Wettbewerbsklausel, die ihn verpflichtet, mindestens fünf Jahre lang nicht in der Kosmetikbranche zu arbeiten. Und weil der Wettkampf mit Helena auch so geführt wird, dass man sich gegenseitig Personal abwirbt, klaut ihr »Miss Graham« (ein weiterer Spitzname, den Helena für Arden verwendet) auf einen Schlag den Manager Harry Johnson mit einem Jahresgehalt von 50 000 Dollar sowie elf Verkäuferinnen beziehungsweise Filialleiterinnen.

Rubinstein tobt und nimmt kein Blatt vor den Mund: »Diese Frau nimmt mir die Angestellten weg. Die soll mich kennenlernen!«

1939, genau fünf Jahre und einen Tag nach Thomas' Entlassung, wird ihr die Rache, die die Zeitungen »als größten Coup in der Geschichte der Kosmetikbranche«[173] bezeichnen, auf einem Silbertablett präsentiert. Die Wettbewerbsklausel gilt nicht mehr, und Rubinstein ernennt Thomas Jenkins Lewis zum Vorsitzenden und Generaldirektor mit einem Jahresgehalt von 50 000 Dollar. Trotz ihres vorgeblichen Engagements für die Frauenemanzipation orientiert sich Helena an männlichen Verhaltensweisen und übernimmt von den Herren alle möglichen Gepflogenheiten: Von ihren Schwestern einmal abgesehen, gibt es in ihrer Firma keine Frauen in Machtpositionen.

Die berufliche Verbindung mit dem Ex-Mann der Feindin währt bis 1944, und das genügt Elizabeth, um ein Leben lang verletzt zu sein. Eine Frage der Ehre, mehr nicht, denn jetzt hat Elizabeth eher ein Auge auf junge Frauen geworfen, vor allem nachdem sie bei »Sonntagsnachmittagen« der Feministin und Intellektuellen Elisabeth »Bessie« Marbury war, wo man nicht selten Prominente aus Kunst und Kultur wie Arturo Toscanini findet oder George Gershwin lauscht, der die Gäste am Klavier unterhält, sowie Groucho Marx, der Witze erzählt, oder aber den Gouverneur Al Smith, der einen blutjungen Prince of Wales in Sachen Politik unterweist. Um an Bessies Hof zugelassen zu werden, genügt es, jemand zu sein, egal auf welchem Gebiet, und Elizabeth ist inzwischen ein Stern am Unternehmerinnenhimmel. Die beiden haben wirklich wenig gemeinsam, Bessie ist eine Liberale, sie schert sich nicht um Kleider und Make-up, ist körperlich unattraktiv und eine stolze Lesbe, während Arden konservativ und traditionsbewusst ist.

Über Liebesabenteuer wird nicht geredet, die Liebe steht an zweiter Stelle, bis Tom White, Manager des Zeitschriftenimperiums William Randolph Hearst, in das Leben der knallharten Elizabeth tritt. Er ist außerdem der Bruder der *Harper's Bazaar*-Chefredakteurin Carmel Snow – ein mächtiger, faszinierender und sehr katholischer, sehr verheirateter Mann. Die heimlichen Treffen der beiden beschränken sich auf lange Gespräche im Auto und private Abendessen in reservierten Lokalen oder bei ihr. Arden hält den Belastungen einer Liebe, die offiziell keine Zukunft hat, nicht stand und flüchtet sich wie immer in den einzigen sicheren Hafen: die Arbeit.

Währenddessen tritt Amerika in den Krieg ein.

Achtung, es wird gedreht … und gestritten

Trotz der Vorherrschaft von Max Factor, einem Giganten am Set von Hollywood, schon seit das Kino mit Close-ups begann, »bei denen Poren, Schatten, Erhebungen und tausend kleine Falten Gesichter in Landschaften verwandeln«,[174] hat es Rubinstein geschafft, einen Fuß in den lukrativen Filmmarkt zu bekommen und zur ästhetischen Referenz des Vamps Theda Bara mit ihren dunkel umrandeten Augen zu werden: für »eine akzentuierte, stilisierte und konkretisierte Schönheit ohne Schatten und Makel«.[175]

»Und die Schönheitskuren, die Arden und Rubinstein den Leinwandgöttinnen angedeihen lassen, die für sie kreierten Salben und Cremes multiplizieren sich mit Gesichtern aus aller Welt. Schachteln, Tuben, Cremes, ganze Laboratorien, ausgestellt auf den Schminktischen des Kleinbürgertums, der einfachen Angestellten, sind die tausend Alchemien, die man sich von den Leinwandgöttinnen ausleiht, um ihnen zu ähneln.«[176]

Hollywood gibt den Takt vor, Helena und Elizabeth reiten die jeweilige Modewelle, aber Arden trägt den Sieg davon und schafft es, den Neid der Rivalin zu wecken, indem sie sich – und ihr Image – an einem der wichtigsten Sets des Jahrzehnts etabliert.

Wir schreiben das Jahr 1939, im Film *Die Frauen* von George Cukor ist die ausführliche Eingangsszene im fiktiven Schönheitstempel »Sydney's Beauty Salon« in der Park Avenue angesiedelt (zu Ehren von Sydney Guilaroff, Chefcoiffeur bei MGM von 1934 bis zum Ende der Sechzigerjahre). Zwischen Trockenhauben und Lockenwicklern, Tratsch und Anekdoten werden in einer langen Sequenz Gefühle und Liebesdebakel einer fantastischen weiblichen Besetzung miteinander verwoben, bestehend aus Norma Shearer, Joan Crawford, Rosalind Russell, Mary Boland, Paulette Goddard und einer blutjungen Joan Fontaine.

Elizabeth ist in Los Angeles, als ihre gute Freundin und frühere Mitarbeiterin Hedda Hopper, die im Film die Rolle der Journalistin Dolly Dupuyster spielen wird, sie an den Set einlädt, der nichts weiter ist als eine Reihe von Zimmern für Fangobäder, Massagen und Spinning-Kurse, eindeutig am Institut von Elizabeth Arden an der Fifth Avenue orientiert. George Cukors Kamera schwenkt nahtlos von einem Raum zum anderen, in fließenden Bewegungen, sie eilt durch die Kabinen, die wir uns in Bonbonrosa vorstellen dürfen und in denen die jungen und weniger jungen Kundinnen verschiedenen Behandlungen unterzogen werden.

Kein bisschen beeindruckt von der Hommage des großen Cineasten stört sich Elizabeth an den Tapeten: »Diese Wände sind ein Trompe-l'Œil! In meinem Salon habe ich kostbaren Marmor

verwendet!«[177] Als der Bühnenbildner sie beruhigt und ihr erklärt, dass sie auf der Leinwand wie echter Marmor aussehen werden, nimmt sie zwar wahr, dass ihre Produkte verwendet werden –
Joan Crawford und Norma Shearer bitten um eine Maniküre in
Jungle Red –, beschwert sich aber über die Räume im Miniaturformat, die mit winzigen Möbeln eingerichtet und an Rubinsteins Salon angelehnt sind. Aber nach der Premiere des Films,
der sich als Erfolg entpuppen und zum Longseller in der Geschichte des Kinos werden wird, ändert sie ihre Einstellung. Sie
rühmt sich öffentlich, den Film inspiriert zu haben, und zeigt
verärgertes Staunen darüber, dass sie nicht im Abspann erwähnt
wird.

Wartime

Bei Kriegsausbruch hat Helena nur eine Sorge: ihre Familie in
Sicherheit zu bringen. Die schrecklichen Nachrichten aus Europa, die Deportationen und Massaker lassen sich nicht ignorieren, und das Getto von Kazimierz sowie die bewegte Vergangenheit, für die es steht, pochen wie eine nässende Wunde. Helena
holt die Schwester Ceska zu sich nach New York, und Stella kann
nach Argentinien fliehen, aber Regina, die man mitsamt ihrem
Mann 1939 in Wien verhaftet, wird deportiert und in einer Gaskammer in Auschwitz ermordet, genauso wie die Onkel, Tanten,
Cousins und Jugendfreunde, die in Polen geblieben sind. Ihr ist,
als könnte sie die Schüsse hören, die Verfolgungsjagden von einem Zimmer zum nächsten, den Befehl, sich zu ergeben. Verstört
stellt sie sich deren Reise bis zur Endstation vor. Kazimierz ist
jetzt eine Karte ohne jeden Bezugspunkt, das Bild vom zerbrechlichen Glück der heranwachsenden Chaja in der Heimat, die sie

verlassen hat, wobei sie ihre Familie »verriet«, belastet sie und macht ihr Gewissensbisse. Der Familienverband wurde zerstört, Regina wird für immer fehlen, und ihr Tod dürfte auch der Grund sein, warum Helena für den Rest ihres Lebens nie mehr einen Fuß nach Polen setzen wird.

Als Jüdin ist sie auch in Amerika Vorurteilen und Misstrauen ausgesetzt. Bei ihrem Kampf um berufliche Unabhängigkeit wurde sie noch nie damit konfrontiert, ja hat nie näher darüber nachgedacht. Sie hat die Vergangenheit hinter sich gelassen, »jüdische« Rituale und Mentalitäten mehr oder weniger vergessen. Sie geht nur selten in die Synagoge und isst auch nicht koscher. Sie ist einfach immer nur stur nach vorn gestürmt, ohne sich um ihre Wurzeln zu kümmern. Und wird es auch weiterhin tun.

Das Murren einer antisemitischen Wohnungseigentümergemeinschaft bremst sie aus.

Sie hatte sich in ein großes Apartment in der Park Avenue 625 verguckt, drei Stockwerke mit sechsunddreißig Zimmern, nur wenige Schritte von ihrem Büro entfernt: »Ich habe mich in ein Schloss in den Wolken verliebt«,[178] schreibt sie ihrem Sohn Roy. Doch wenige Stunden vor Unterzeichnung des Kaufvertrags wird Helena vom Immobilienmakler angerufen, der ihr verlegen mitteilt, dass »die Wohnungseigentümergemeinschaft keine Juden in ihrem Haus haben will«.[179] Für Helena ist das ein Affront, doch inzwischen hat sie genug Geld, um die x-te Niederlage zu vermeiden.

»Die wollen keine Juden unter ihrem Dach haben? Dann machen Sie ihnen ein Angebot: Ich kaufe das gesamte Gebäude.«

Im Dezember 1941 tritt Amerika in den Krieg ein.

Und Schönheit wird zu einem Mittel des Widerstands.

1942 wird Helena von der Regierung gebeten, Sonnenschutz-

und Tarnungscremes zu liefern. Helena und ihre Nichte Mala, Mankas Tochter, die schon seit den Dreißigerjahren an ihrer Seite ist, entwickeln ein Set, und Washington kauft sechzigtausend Stück von der Firma H.R. Inc. Präsident Franklin Delano Roosevelt lädt sie ins Weiße Haus ein und erzählt ihr von einer britischen Soldatin, die nach einem Bombardement gerettet worden sei. Noch ehe sie ein Schmerzmittel genommen habe, habe sie ihre Retter um den Lippenstift in ihrem Tornister gebeten. Make-up sei wichtig für die weibliche Arbeitsmoral. Man solle sie ermutigen, roten Lippenstift zu tragen. »Danke!«, so der Präsident.[180] Gut möglich, dass er von der Fehde weiß, denn er lädt auch Elizabeth Arden ein, der er dieselbe Geschichte erzählt. Während des Krieges wird der Lippenstift zum Symbol für erschwinglichen Luxus. Das begreift auch Winston Churchill, der darin ein außergewöhnliches Werkzeug zur Stärkung der Moral von Soldatinnen erkennt und verfügt, dass er auf den Lippen der Frauen niemals fehlen soll, am liebsten in Rot: »Das macht der Trägerin gute Laune *und* ihren Betrachtern«, so sein Urteil.

Helena und Elizabeth nutzen die Gelegenheit. Sie denken sich sprechende Namen für ihre Lippenstifte aus: Arden kreiert das Montezuma Red sowie das Victory Red, die zur Militäruniform passen und deren Hülsen genau auf die Uniformtaschen abgestimmt sind. Helena reagiert mit Regimental Red. Seide wird rationiert und dient vor allem zur Herstellung von Fallschirmen. Als Seidenstrümpfe unauffindbar werden, erfindet Elizabeth den »Velva Leg Film«, ein Tönungsprodukt, das diese imitiert und die Beine bräunt: praktisch und wasserfest. Gleich darauf bringt Helena ein ähnliches Produkt namens »Aquacade Leg Lotion« auf den Markt.

In Europa verliert Helena ihre Salons in Berlin, Wien und Paris, aber die französischen Niederlassungen werden nicht kon-

fisziert, da sie sie zwei französischen Anwälten übereignet hat –
dasselbe, was die Gebrüder Wertheimer mit ihrer Societé des
Parfums Chanel getan haben. Im Mai 1945 kehrt Rubinstein
nach Paris zurück. Die Fabrik in Saint-Cloud wurde während
des Krieges beschlagnahmt, sämtliche Rezepturen für Cremes
und Lotionen wurden gestohlen, die Archive vernichtet und die
Konten ebenfalls beschlagnahmt. Das Appartement am Quai de
Béthune wurde geplündert, die Möbel hat man verbrannt oder
zerschlagen, auch ist der Verlust zahlreicher Kunstwerke, Manu-
skripte, Bücher und Noten zu beklagen. Helena weigert sich zu
weinen, obwohl sie von dem Bild, das Paris ihr bietet, schockiert
ist und an die 75 000 Juden denkt, die aus der Hauptstadt deportiert wurden. Sie macht sich sofort wieder an die Arbeit, besucht
alte Freunde und geht auf die Präfektur, um nach ihnen zu suchen.

Um die Kontakte, ja das Leben wiederaufzunehmen. Um die
Toten zu beweinen.

1948 wird der Salon in Paris offiziell wiedereröffnet.

Der Londoner Salon in der Grafton Street 24 wurde bombar-
diert und ist vorübergehend an den Berkley Square 45 gezogen.
Rubinstein findet ein anderes Gebäude in der Grafton Street 3,
restauriert es und weiht den Salon 1951 neu ein.

Arden kommt relativ ungeschoren durch den Krieg: Ihre
Schwester Gladys, inzwischen Madame Maublanc de Boisbou-
cher, hat überlebt. In London sind ihre Institute von den Blitz-
angriffen verschont geblieben, und ein Salon in Paris war sogar
unter der Besatzung die ganze Zeit geöffnet. 1943 versucht Arden, auch in der Modebranche Fuß zu fassen: mit einer Kollektion von Antonio Castillo. Andere Designer ihrer Textilsparte
sind Jean Dessès, Ferdinando Sarmi und Oscar de la Renta.

Leidenschaften

Auch körperlich könnten die beiden kaum unterschiedlicher sein: Helena trägt knallige Farben, ist 1,47 Meter klein und zieht ihre hochhackigen Schuhe nie aus. Sie trägt das blauschwarze Haar im Nacken zusammengebunden und schminkt sich mit einem dicken schwarzen Lidstrich. An ihr dürfen rote Akzente niemals fehlen: Nagellack und Lippenstift. »Rubinstein gestikuliert wild, sie hat kurze Beine und winzige Füße«, beschreibt sie ihr Sekretär wenig schmeichelhaft und berichtet: »Wegen ihres typischen Napoleon-Komplexes mag sie keine kleinen Räume und keine Beengtheit. Sie sitzt in großen Sesseln an Schreibtischen, die viel zu hoch für sie sind. Will sie wichtige Kunden oder Gäste beeindrucken, bittet sie um Kissen, die sie sich in den Rücken schiebt, wobei sie ihre kurzen Beine baumeln lässt.«[181]

Natürlich ist Rubinstein moderner als die apollinische Arden, das blonde Haar dünn wie Seide, dazu der mondblasse Teint. Für einen femininen Look setzt sie auf Rosa- und Cremetöne, auf zarte Nuancen mit passendem Lippenstift. Ihre Lieblingsfarbe neben Babyrosa ist Gold, ein Synonym für Luxus und Macht. Die junge Frau aus Ontario hat ihr Ziel mit reiner Willenskraft erreicht. Seitdem sie in New York ankam, wollte sie lernen, wie man eine vornehme Mrs wird, und das hat sie geschafft. Jetzt, wo sie schwerreich ist, legt sie eine fast süßlich-übertriebene Weiblichkeit an den Tag, die so gar nicht zu ihrem herrischen Auftreten passen will.

Die unbeugsame Rubinstein wird bei Schmuck schwach: Mit zunehmendem Alter wird ihr Hals von immer mehr auffälligem Modeschmuck sowie von echten Juwelen beschwert. Schmuck von Cartier, Bulgari und dem Diamantenkönig Harry Winston,

den sie alphabetisch sortiert in einem Schlafzimmerschrank aufbewahrt: »A« für Amethyst, »D« für Diamanten, »R« für Rubine,
»P« für Perlen. Eine Leidenschaft, die auf ein kleines Kettchen
zurückgeht, das ihr die Großmutter in Kazimierz geschenkt hat.
Die schmuckbehangene Milliardärin spricht gebrochen Englisch
mit slawischem Akzent sowie mit deutschen und polnischen
Einsprengseln. Sie isst in der Firma mit den Angestellten zu Mit-
tag, nimmt sich dafür von zu Hause hart gekochte Eier, Hühner-
schlegel und Krakauer Würste mit. Außerdem ermahnt sie alle,
die nicht gleich das Licht ausmachen, sobald sie einen Raum verlassen.

Doch sie liebt den Luxus und macht keinen Hehl daraus:
»Schmuck ist tatsächlich der beste Freund einer jungen Frau.
Nicht unbedingt wegen seines Werts – der auch nicht schadet –,
aber vor allem, weil er ihr genau den richtigen weiblichen, indivi-
duellen Touch verleiht. Außerdem wirkt er Wunder für die Haut:
Ohrringe in der perfekten Form und Farbe können Augen und
Teint zum Strahlen bringen.«[182]

Helena ist der Traum eines jeden Couturiers: Auch ihre riesige, theatralische Garderobe ist in enormen Schränken geordnet.
Unterteilt in Kleider »vor dem Krieg« (darunter kostbare Poirets),
»Straßenkleidung«, »Abendgarderobe« (Elsa Schiaparelli, Dou-
cet, Rochas, Balenciaga und Chanel) sowie in »Pelze«, die sie liebt,
weil sie sie an ihre Zeit als Verkäuferin im Geschäft der Tante in
Wien erinnern.

»In meinem Beruf muss ich elegant sein«, rechtfertigt sie sich
kokett.

Der Wettkampf zwischen den beiden Schönheitsexpertinnen
weitet sich auch auf ihre Häuser aus, auf deren Einrichtung in
Form von Möbeln, Deko-Objekten und Farbgebung. Bei Helena
ist es eine Explosion lebhafter Farben, Gelb, Grün und Lila tref-

fen aufeinander. Bei Elizabeth sind es alle nur erdenklichen Rosa-
und Goldtöne. In den Salons in der Park Avenue, die nahtlos
ineinander übergehen zu scheinen, gibt es übereinandergeschich-
tete orientalische Teppiche, Sessel, einen Flügel, überall Kunst-
bände und Gemälde, hohe Decken und dunkelrote Bücherregale
vor den Wänden.

Mitte des Jahrhunderts hat Rubinstein fast schon zwanghaft
Häuser angehäuft: fünfzig Zimmer auf der Île Saint-Louis in
Paris, ein Schauplatz unvergesslicher Feste; eine kleine Villa im
georgianischen Stil in Mayfair, London; ein Penthouse in New
York; ein Landhaus in Greenwich, Connecticut; eine Villa im
südfranzösischen Grasse. In Interviews gefällt es ihr, auch noch
ein Schloss in Wien und eine Villa in Italien anzuführen (die
es beide gar nicht gibt). Ansonsten alles ausnahmslos opulente
Wunderkammern mit Wandteppichen, goldenen Spiegeln, chi-
nesischen Perlmutttischchen, Paravents, Perserteppichen und
anderen, die von Miró entworfen wurden. Mit Bronzeskulpturen,
samtbezogenen viktorianischen Stühlen, orientalischen Lampen,
irischen Skulpturen, Glasvasen, jede freie Fläche bedeckenden
Gemälden sowie mit ihrer überwältigenden Sammlung afrikani-
scher Masken: »Qualität ist wichtig, aber erst Quantität macht
Eindruck«,[183] so ihre Rechtfertigung.

Und wenn Melbourne sie reich und London berühmt gemacht hat, ist es Paris, das Helena zu ihrer zweiten Leidenschaft
inspiriert. »London ist eine elegante Stadt, aber alles geht von Paris aus«, verkündet sie in jedem Interview. Und Paris ist vor allem
ein Name: Misia Sert, die pariserischste aller Polinnen, die sie im
Atelier von Paul Poiret kennenlernt. Misia stellt sie auch Marcel Proust vor, der sie neugierig zu Schminkgepflogenheiten be-
fragt – »Benutzt eine Herzogin roten Lippenstift? Schminken
sich die *demi-mondaines* die Augen mit Kajal?«[184] –, und öffnet

ihr die Tür zu dem, was neben der Kosmetik zu Helenas zweiter großer Liebe werden wird: die Kunst.

Die Kunstliebhaberin

In ihrem Pariser Appartement am Quai Voltaire verbringt sie die Abende und ihre Freizeit mit den Künstlern der Bateau-Lavoir-Gruppe (Juan Gris, Picasso, Fernand Léger, George Braques, Modigliani, Matisse, Jean Cocteau, der ihr den Titel »Kaiserin der Schönheit« verleiht). Wenn sie nicht gerade in der Weltgeschichte unterwegs ist, um ihre Geschäfte zu überwachen, pendelt sie zwischen Ateliers, Auktionshäusern und Galerien hin und her, beginnt, Gemälde und Skulpturen zu sammeln, die sie in ihren Domizilen und Salons überall auf der Welt anhäuft. Das ein oder andere Kunstwerk wird sie sogar vergessen, wie Patrick O'Higgins verrät, als er in einem Schrank, unter Bettwäsche begraben, Lithografien von Matisse und Zeichnungen von Juan Gris und Picasso findet.

Wie hinter Elizabeth Ardens Bedürfnis, die High Society New Yorks zu frequentieren, »dazuzugehören«, in den Klatschspalten der Zeitschriften vertreten zu sein, Benefizveranstaltungen für Theater, Museen und Kultureinrichtungen zu organisieren, verbirgt sich auch hinter Helenas Sammelzwang der Wunsch, sich in die französische Gesellschaft einzugliedern, sich als Teil davon zu fühlen. Sie lässt sich von Salvador Dalí und Marie Laurencin porträtieren, die ihre Begeisterung für Kunst wecken. Der Einzige aus der befreundeten Künstlergruppe, der sich Jahrzehnte lang bitten lässt, ist Picasso. Bis 1955 widersteht er Helenas Werben, dann kann sie ihn nach stundenlangem Warten vor seinem Atelierhaus in Mougins endlich überreden, sie »wenigstens« in einer Reihe von Zeichnungen zu verewigen.

Helena kann nicht genug bekommen. Doch anders als ihr Mann, ein raffinierter Büchersammler, interessiert sie sich nicht für Literatur und duldet die mittellosen Schriftsteller nur widerwillig, die in ihren Salons biwakieren: »Ich habe keine Zeit, ihre Bücher zu lesen, warum soll ich sie dann durchfüttern?«,[185] sagt sie zu Edward, als sie entdeckt, dass er die Literaten mit ihrem Geld übertrieben großzügig unterstützt. Angeblich soll sie 1937, bei einer Lesung von Ernest Hemingway – der wie James Joyce und D.H. Lawrence im Verlag ihres Mannes erschien – auf dem Sofa der historischen Pariser Buchhandlung Shakespeare & Company einfach eingeschlafen sein – und das vor einem Publikum, das angesichts von so viel Desinteresse schwer entsetzt war. Hemingway langweilt sie, obwohl der amerikanische Schriftsteller sie amüsiert auf den Flohmarkt an der Porte de Clignancourt begleitet oder in den *Jockey Club* einlädt. Helena verliebt sich dermaßen in das Lokal in Montparnasse, dass sie das gesamte Gebäude kauft und ihrem Mann schenkt, »damit er und seine Schriftstellerfreunde sich dort amüsieren können«.

Die Blumenliebhaberin

Elizabeth Arden, die keinen Renoir von einem Monet unterscheiden kann, liebt Blumen, und zwar mit der Naivität der kindlichen Florence. Ihr Penthouse an der Park Avenue ist eine Wunderkammer voller Kunst und Barockismus, aber auch voller Vasen, die in duftenden Nischen verteilt sind und die Pflege einer eigens damit betrauten Angestellten benötigen. Die Dame des

Hauses, die ständig auf Reisen ist, kümmert sich nicht persönlich darum, will aber überall frische Blumen haben.

Wenn Schönheit ihr Metier ist und Blumen eine Obsession sind, werden die Pferdezucht und Pferderennen nach und nach zu einer richtigen Leidenschaft. Im Sommer 1931 steht die Ehe mit Thomas Jenkins Lewis kurz vor dem Aus. Auf einem Ball in Saratoga im Staat New York, wo die große Depression nur noch eine ferne Erinnerung zu sein scheint, feiert man im Grand Union Hotel den Neuanfang. Dort wird Elizabeth die wichtigste Begegnung ihres zweiten Lebens haben, nämlich mit Samuel D. Riddle, der sie, um sie von ihren Eheproblemen abzulenken, mit zu Pferderennen nimmt. Als er sieht, wie sie sich mit mädchenhafter Begeisterung zwischen Ställen und Heuballen bewegt, ruft er: »Da hast du es, Elizabeth, dein neues Hobby!«

»Pferde? Die liebe ich schon von klein auf, aber ich weiß nicht viel von Rennen und Turnieren.«[186]

Ihre Neugier ist geweckt, und für den Anfang mietet sie sich in der Rennsaison ein Cottage in Saratoga. Sie begeistert sich von Tag zu Tag mehr dafür, und nach ihrem ersten Vollblüter, How High, der ihr bei seinem ersten Rennen vierzehnhundert Dollar einbringt, kauft sie weitere Pferde, bis ihr innerhalb weniger Monate das vornehme Gestüt Maine Chance gehört.

Diesem Hobby ist es auch zu verdanken, dass die Trennung von Thomas problemlos vonstattengeht, ohne allzu große Narben zu hinterlassen. Die Pferde sind auch eine perfekte Methode, den nie vergessenen Wunsch der jungen Florence wahr zu machen, sich in der guten Gesellschaft zu etablieren. Nach ersten Lehrjahren als Pferdezüchterin wird aus ihrem Interesse an Pferderennen in den Vierzigerjahren ein richtiges Geschäftsmodell. 1944 stellt sie den besten Trainer überhaupt ein, Robert Thomas Smith, der mit den siegreichen Vollblütern aus Ardens Gestüt

Tausende Dollar verdient. Das ist auch der Grund, warum sie die Zeitschrift *Time* am 6. Mai 1946 auf ihrer Titelseite zur Frau des Jahres ausruft und warum sie 1947, beim angesehenen Derby in Kentucky, mit ihrem Lieblingsvollblut Jet Pilot den Sieg davonträgt. Aber auch als Pferdezüchterin vergisst Arden nie ihre erste Leidenschaft: Schönheitsprodukte. Damit pflegt sie sogar ihre edlen Pferde, da sie den Geruch von Tiersalben nicht ertragen kann. Als 1946 einer ihrer Ställe in Flammen aufgeht und zweiundzwanzig Tiere getötet werden, zögert Elizabeth nicht, die Beine der überlebenden Pferde mit ihrer Eight Hour Cream zu versorgen, die sich als perfekte Verbrennungssalbe entpuppt.

Elizabeths Rolle als egozentrische Besitzerin eines der wichtigsten Gestüte der Vereinigten Staaten gipfelt in einer Episode, die Bände spricht, was ihr Selbstverständnis angeht. 1953 – sie ist gerade in London angekommen, um an der Krönung von Elisabeth II. teilzunehmen – kann sie den Leiter der englischen Werbeabteilung, der sie abholen soll, nirgendwo entdecken. Also nimmt sie ein Taxi quer durch die Stadt, die schon ganz gelähmt ist wegen der Vorbereitungen auf das große Ereignis. Im Hotel findet Arden einen riesigen Blumenstrauß aus Geranien, Margeriten und Rosen vor, die von einem auffälligen rot-weiß-blauen Band zusammengehalten werden. Woraufhin sie ausruft: »Wie schön, dass sich meine Mitarbeiter an die Farben meines Gestüts erinnert haben!«,[187] ohne diese im Geringsten mit dem Land in Verbindung zu bringen, das kurz vor einem der wichtigsten Momente in seiner Geschichte steht.

Prinzessinnen

Mit der beruflichen Rivalität ist es nicht getan – Helena und Elizabeth zögern nicht, sie auch auf persönlichem Gebiet auszutragen. Als das Thema Hochzeit ebenfalls Teil ihres Konkurrenzkampfes wird, beginnt ein Wettstreit, der sich in allen Klatschspalten niederschlagen wird. Ganz einfach, weil sich beide in zweiter Ehe mit zwei mittellosen Pseudoprinzen zusammentun. Mit ihrer magischen, aristokratischen Aura sollen sie wenn schon nicht ihre Nächte, dann ihre Feste, die Opern- und Ballettpremieren im Metropolitan Opera House und natürlich die Verpackungen ihrer Produkte schmücken.

Zufall oder Nachahmungsdrang?

Als Erste darf sich Helena mit einem Adelstitel schmücken. Sie gönnt sich zu ihrem sechsundsechzigsten Geburtstag einen brandneuen Verlobten, den georgischen Prinzen Artchill Gourielli-Tchlonia, dreiundzwanzig Jahre jünger als sie. Hartnäckiges Werben, anhimmelnde Blicke, unverhohlene Bewunderung: Artchill betet Helena förmlich an. »Neben ihr ist jede andere Frau bedeutungslos«, erzählt er allen, die er trifft, und vier Monate nach Helenas Scheidung von Titus heiratet er sie im Juni 1938 in Baltimore. Am 14. Juli geben sie ein üppiges Hochzeitsbankett in ihrer Pariser Wohnung und schaffen es, noch vor dem Einmarsch der Deutschen aus Paris zu fliehen.

1942 ist Elizabeth an der Reihe. Auf einem Fest lernt sie den Tartaren-Prinzen Michael Evlanoff kennen, siebzehn Jahre jünger als sie, ein fantastischer Tänzer und sehr gut aussehend. Außerdem stellt sein Rang den von Gourielli noch in den Schatten. Während das System Frauen nach wie vor zur Abhängigkeit von Vätern, Brüdern und Ehemännern verdammt, ist Michael für eine Adels-Aspirantin Grund genug, sich mit ihm zu zeigen. Elizabeth Arden hat eine wichtige Position, sie hat Geld, viel Geld. Aber erst durch ihn wird sie zu einer echten Prinzessin, und die New Yorker Salons öffnen ihr die Türen. Mit vierundsechzig ist ein Liebesintermezzo außerdem genau das Richtige. Es ist zwar eine Liebe ohne Leidenschaft, Hitze ohne Feuer, hat aber den nicht zu unterschätzenden Vorteil, dass sie in der Öffentlichkeit endlich mit »Eure Durchlaucht« angesprochen wird. Das genügt, damit man ihr den Satz zuschreibt: »Die einzige Elizabeth, die mächtiger ist als ich, ist die Königin Elizabeth.«[188] Ein paar angenehme Abende an seiner Seite, seine Liebenswürdigkeit und seine aristokratische Art genügen, um sie davon zu überzeugen, ihn am 30. Dezember in einer schlichten Zeremonie in Maine Chance zu heiraten. Kurz davor kann sie ihre gesamte Wäsche gerade noch rechtzeitig mit ihrem neuen Wappen besticken lassen. Doch schon die Hochzeitsreise auf die Bahamas und nach Arizona genügt, um das, was Elizabeth für einen Vorgeschmack auf eine Welt aus lauter Verbeugungen und Höflichkeiten hielt, zunichtezumachen und der frischgebackenen Prinzessin zu demonstrieren, dass sie eine Dummheit begangen hat.

Michael entpuppt sich als Aufschneider und Lügner. Elizabeths Enttäuschung ist sicherlich groß, als sie die Rechnungen für die teuren Geschenke erhält, die er ihr während seines kurzen Werbens gemacht hat. Doch am meisten ärgert Arden, dass sie den Titel, der sie endgültig in den Kreis der New Yorker High Society erhoben und ihr erlaubt hat, mit ihren Vollblütern an den von ihr erstrebten königlichen Pferderennen teilzunehmen, wieder ablegen muss. Die Ehe hält gerade mal etwas mehr als zwei Jahre. Und als sie am Abend des 14. Februar 1944, am Tag der Scheidung, die ihr dank eines verständnisvollen Richters wegen »seelischer Grausamkeit des Ehemannes«[189] gewährt wurde, vom unvergessenen und nach wie vor verheirateten Tom White zum Abendessen eingeladen wird, willigt Elizabeth vorbehaltlos ein.

Abenddämmerung

Helena und Elizabeth altern und können dem Wandel in Mode und Kosmetik nur noch mühsam folgen. Doch zumindest in Sachen Umsatz bleiben sie unangefochtene Heldinnen. Ihre gegenseitige Abneigung lässt trotzdem nicht nach. Das beweist eine saftige Anekdote, die bei den Zeitungsredaktionen die Runde macht: Als Rubinstein 1959 erfuhr, dass Arden beim Verfüttern einer Orange an einen ihrer Vollblüter eine Fingerkuppe verloren hat, soll sie angeblich gesagt haben: »Schrecklich, das arme Pferd.«

Beide haben genug Macht und Geld, dass ihnen die Konkurrenz eigentlich egal sein könnte. Doch sie spüren, dass ihnen neue Firmen im Nacken sitzen, und hören nicht auf, die *nail men* alias Charles und Joseph Revson von Revlon zu hassen, die 1932 ihren ersten Nagellack herausbrachten und inzwischen eine Riesenmarke für Nagellack und Lippenstifte sind. Hinter den verächtlichen Bemerkungen der beiden eleganten Kriegerinnen über die Konkurrenz verbergen sich Anzeichen einer zunehmenden Resignation: »Unser Business ist im Wesentlichen ein Frauenbusiness«, verkündet Helena. »Welcher Mann würde schon eine ganze Partie Puder vernichten, nur weil sie nicht den richtigen Farbton hat? Wer sonst schnuppert an einem halben Dutzend Pröbchen, um den bestmöglichen Duft zu finden? Oder mischt Nagellack so lange, bis er die richtige Nuance hat?«[190]

Vor dem Hintergrund immer rascher wechselnder Moden halten sie auch noch dem Aufkommen so erbitterter Konkurrentinnen wie Estée Lauder stand. Doch es ist die Natur, die sich an ihnen rächt, mit anderen Worten das Alter.

Im November 1955 stirbt Prinz Artchil, von dem sich Helena zwar hat scheiden lassen, dem sie aber nach wie vor freundschaftlich verbunden war, an einem Herzinfarkt. Drei Jahre später ist der plötzliche, grausame Tod des Sohnes Horace bei einem Autounfall die Tragödie, die sie endgültig zusammenbrechen lässt. Helena ist am Boden zerstört. Trotzdem lässt sie sich möglichst wenig anmerken. Ihre Trauer äußert sich stattdessen in häufigen Wutausbrüchen, wegen eines hartnäckigen Hustens versagt ihr die Stimme, doch ihre hektische Beredsamkeit und ihr selbstbewusstes Auftreten überspielen in Wahrheit einen Hass auf sich selbst und alle in ihrer Umgebung. Der vorzeitige Tod des zweitgeborenen Sohnes unterbricht den Rhythmus eines Lebens, das stets nur der Arbeit gewidmet war. Helena versucht, ihn zu ignorieren, zu verdrängen, aber ihr von Ehrgeiz geprägtes Dasein wird dadurch auf den Kopf gestellt. Nur die Anwesenheit ihrer Enkelin Mara, ihrer wahren Erbin, vermag sie zu trösten. Helena fällt es schwer, morgens überhaupt noch aus dem Bett zu kommen, sie betäubt den Verlustschmerz mit in der Vergangenheit unterdrückten, ungesagten Worten und verpassten Zärtlichkeiten. Anfangs haben die Kinder noch auf sie gehofft. Irgendwann dann nicht mehr. Horace, das Sorgenkind, dem sie keine Liebe abringen konnte, verfolgt sie bis in ihre Träume. Zum Erstgeborenen Roy ist das Verhältnis schon seit Jahren angespannt. Obwohl er die Fabrik in Long Island leitet, geht er der Mutter möglichst aus dem Weg.

Die Arbeit allein genügt nicht mehr.

Helena hat alle möglichen Dinge angehäuft, konnte aber nur sich selbst und ihr Imperium lieben.

Nach diesem einschneidenden Vorfall ist es ihre Kunstobsession, die sie rettet und dazu veranlasst, den Helena Rubinstein Pavilion for Contemporary Art in Tel Aviv zu finanzieren, dem sie einen Teil ihrer Sammlung und alle ihre Puppenhäuser stiftet, die Chemie-Fakultät an der Universität Massachusetts zu unterstützen und sich aktiv um die 1953 gegründete Helena Rubinstein Foundation zu kümmern, die junge Wissenschaftlerinnen fördert.

Doch wer weiß schon, was in ihrem Innersten vorgeht?

Helena ist eine alte Dame, die vieles überlebt hat. Sie wird zunehmend von Schuldgefühlen gequält. Ihre Schritte werden langsamer und unsicherer. Fast schon lethargisch kontrolliert sie ihr Imperium vom Bett aus, sie »lebt« förmlich darin, empfängt dort Anwälte, Sekretärinnen und PR-Mitarbeiter. Sie gönnt sich eine lange Weltreise. Es wird die letzte sein.

Helena fürchtet nichts mehr als den Tod, und alles, was sie in ihrer Hyperaktivität tut, tut sie nur, um vor ihm zu fliehen. Wenn sie überleben will, muss sie weiterhin Pläne schmieden. Dazu gehört auch der Traum von einem Film, der ihr Leben erzählt. Auf einem cremefarbenen Sofa im Hotel Château Marmont, zwischen Sunset Boulevard und West Hollywood, bittet sie die Journalistin Louella Parsons, bei der Schauspielerin Merle Oberon vorzusprechen: ob die sie nicht spielen wolle? So als könnte sie durch die Filmfiktion zu neuem Leben erweckt werden. Doch es wird nichts daraus.

Helena besitzt einen schützenden Kokon, ihr Queensize-Bett ist eine Insel, auf der sie schläft, isst, liest, Briefe diktiert, telefoniert, Rechnungen prüft – liebevoll assistiert von O'Higgins. Eines Morgens im Mai 1964 brechen Diebe in die Wohnung in der Park Avenue ein, nehmen den Butler als Geisel und dringen bis in Madames Zimmer vor. In ihrem Bett versunken, Medikamente und Bücher auf dem Nachttisch und Kleider über den

Stuhllehnen, schaut sich Helena voller Angst um; ihr Kopf ist leer, sie spürt nichts. Dann nimmt sie es mit ihnen auf. Die Schlüssel zum Tresor sind in ihrer Handtasche, die unter Bergen von Zeitschriften neben ihr liegt. Heimlich zieht sie sie hervor und versteckt sie unter ihrem Hintern, zusammen mit einem Paar Ohrringen im Wert von 40 000 Dollar. In der Handtasche finden die Räuber Puder, Taschentücher und etwas Kleingeld. Sie verschwinden mit wenigen Hundert Dollar. Der Boden des Zimmers ist mit Gegenständen und Kleidern übersät, auf dem Sessel prangt ein schlammiger Schuhabdruck, die Schubladen sind aufgezogen. Elena bittet den Butler, die Rosen in eine Vase zu stellen.

Diese Episode, die sie nach außen hin mit dem üblichen Kampfgeist gemeistert hat, lässt sie noch zerbrechlicher und verängstigt zurück. Es fällt ihr immer schwerer, sich die Zukunft vorzustellen. Ihre Gesten sind träge, ihr Gesicht eine bleierne Maske, darin unglaubliche Müdigkeit. Sie findet noch die Zeit und Energie, ein Testament zu verfassen ... bestehend aus fünfhundert Seiten. Es berücksichtigt die vielen Menschen, die für sie gearbeitet und sie jahrzehntelang unterstützt haben. Ihnen hinterlässt sie Wandteppiche, Bücher, Tapisserien, afrikanische Skulpturen, Fotografien, Hunderte von Kleidern und zig Gemälde aus ihrer Privatsammlung.

Madames unbezähmbarer Geist ist Geschichte. Die Frau, die sich ihre Position hart erarbeitet, ihre Geschicke selbst gelenkt hat, stirbt am 1. April 1965 ganz allein in einem Zimmer des New York Hospital an einem Herzinfarkt. Vermutlich der einzige Anlass, bei dem es »Elizabeth Arden nichts ausgemacht haben dürfte, dass Helena ihr zuvorkam«.[191] Sie wurde dreiundneunzig Jahre alt. Im Radio und im Fernsehen wird einen ganzen Tag über sie und ihre Karriere berichtet. Der einzig bekannte Kommentar Elizabeth Ardens dazu lautet: »Warum müssen die ständig ihr Alter nennen?«[192]

Helena Rubinstein wird neben Prinz Gourielli auf dem Mount-Olivet-Friedhof in Queens begraben, in einem Kleid von Yves Saint Laurent.

Drei Wochen später.

Vier Personen flanieren über die Fifth Avenue, sie streben dem Restaurant *La Grenouille* zu. Wegen anhaltender Hüftschmerzen leicht hinkend läuft eine Vierundachtzigjährige mit wasserstoffblondem Haar neben Ernestine Carter von der *Sunday Times,* neben der wiederum deren Mann Jake Carter, Berater bei Sotheby's, und neben diesem schließlich Graf Lanfranco Rasponi geht. Als wäre sie rein zufällig hier, bleibt Elizabeth Arden kurz vor der Adresse Fifth Avenue 715 stehen. Die Hand zu einem theatralischen Gruß erhoben wie bei Beerdigungen – teils um sich selbst zu trösten, teils um jemanden, der weint, aufzumuntern – wendet sie sich mit heuchlerischer, spontaner Vertrautheit an ihre Freunde und haucht: »Die arme Helena.«

»Ihre Stimme klang traurig, aber in ihrem Blick war Triumph zu erkennen«, wird Ernestine Carter schreiben. Und erzählen, dass Helena in einem seltenen Moment der Großzügigkeit über die Erzfeindin gesagt haben soll: »Mit ihren Verpackungen und meinen Produkten hätten wir die ganze Welt regieren können.«

Florence Nightingale Graham, die alle nur als Elizabeth Arden kennen, stirbt am 18. Oktober 1966 im Lenox Hill Hospital, New York, ebenfalls an einem Herzinfarkt.

Der 21. Oktober, ein Freitag, ist ein wunderbarer Herbsttag: Unter einem wolkenlosen Himmel geben ihr alle, die in New York etwas bedeuten – angefangen bei der Dramatikerin Clare Boothe Luce bis hin zur Senatorin Margaret Chase Smith – in der Episkopalkirche St. James das letzte Geleit. So wie sie sich das gewünscht hätte: mit großem Pomp, im Kreis der wichtigsten Familien der Stadt. Ein Triumph für die Tochter eines Drogisten aus einem kleinen, unbekannten kanadischen Kaff. Ihr Geburtsdatum, das jahrzehntelang geheim war, wird nicht einmal auf dem Grabstein in Sleepy Hollow, Bezirk Westchester, enthüllt. Dort wird Elizabeth Arden in einem roten Kleid, umgeben von rosa Blumen und mit der 1962 von Frankreich verliehenen Ehrenlegion an der Brust, begraben.

Sie wurde achtundachtzig Jahre alt.

Chaja und Florence oder, besser gesagt, Helena und Elizabeth sind beide Heldinnen im selben Drama, nur wenige Straßenzüge voneinander entfernt. Legendäre Töchter des 20. Jahrhunderts, die nie aufhörten, sich gegenseitig zu belauern. Die ihren Erfolg stets an der jeweils anderen maßen. Zwei parallele Leben. Mit parallelen Lebensgewohnheiten. Sie besuchten dieselben Galas und Feste, waren mit denselben Journalistinnen befreundet. Beflügelt von ihrer Rivalität erfanden sie die Frau in all ihrer Schönheit neu und begleiteten sie auf ihrem Weg zur Gleichberechtigung. Sie haben sich bekämpft, mit Sicherheit gehasst, aber letztlich insgeheim bewundert.

Und dennoch sind sie sich kein einziges Mal persönlich begegnet.

Hedda Hopper | Louella Parsons

Louella Parsons ist eine Reporterin,
die versucht, sich dumm zu stellen.

HEDDA HOPPER

Hedda möchte in zwei Jahren schaffen,
was ich in dreißig geschafft habe.
Soll sie es doch versuchen, diese alte Schachtel!

LOUELLA PARSONS

Ein brüchiger Frieden

Los Angeles, 16. März 1948
Im Restaurant *Romanoff* am Rodeo Drive sind alle Tische besetzt. Zwei Damen lassen sich anmutig in die Sessel der ersten Nische sinken – die begehrteste, wenn man auffallen will. Die Blondine – auftoupiertes Haar, geschwungene, dick getuschte Wimpern – zeigt sich in einem himmelblauen Kostüm mit Margeritenmuster und einem riesigen, mit Blumen und Gemüse verzierten Hut. Die andere – mollig, schwarzes kurzes Haar, kleine, gehässige Augen – bemüht sich in einer bonbonrosa Chiffonwolke vergeblich um Charme.

Anstelle eines Mittagessens ist das hier eher die Choreografie eines manierierten Pas de deux.

Kleine, scheinbar unbedeutende Gesten, angesichts derer »niemand weiß, wie er sich verhalten soll. Als ein Freund von Louella an unserem Tisch vorbeigeht, herrscht verlegenes Schweigen: Er weiß nicht, ob er mich grüßen oder ignorieren soll«.[193]

Mit Stift und Notizbuch bewaffnet genießen zig Reporter auf ihren Barhockern das Spektakel. Ganz so, als nähmen sie an einem Familientreffen teil, das seit zig Jahren immer wieder verschoben wurde. »Sie bilden eine aufgeregte Menge und sind bereit, die Unterzeichnung des Versailler Vertrags zu bezeugen.«[194] Zwischen den einzelnen Gängen eilen sie zu den Telefonzellen, um ihre Artikel zu diktieren.

Die Gelegenheit, Fotos von den beiden zu machen, bleibt dem Finale vorbehalten.

Louella Parsons und ihr Pendant mit dem Hut, die extrovertierte und auffällige Hedda Hopper, alias die beiden gefährlichsten Journalistinnen des glitzernden Hollywoods, zerpflücken gefüllte Krebse und schlürfen Champagner.

Eingefädelt wurde diese öffentliche Versöhnung von Harriet, Parsons Tochter: Nachdem sie Jahre gebraucht hat, um aus dem Schatten ihrer berühmten Mutter zu treten, war das jüngste Loblied Hoppers in der *Daily News* über den von ihr produzierten Film *Geheimnis der Mutter* von George Stevens die unerwartete Krönung ihres Erfolgs. Da muss man sich einfach dankbar zeigen!

Gleich nach der Lektüre des Artikels hat Harriet zum Telefon gegriffen. »Du musst dich bei ihr bedanken, Mama. Ich glaube, du solltest sie zum Essen einladen.«

»Zum Essen?«

»Na ja, das wäre eine super Werbeaktion für dich …«

Die Versöhnungsgeste entspringt dem diplomatischen Geschick Harriets – etwas, das ihrer Mutter vollständig fehlt. Doch weil beim Thema Kinder selbst die härtesten Widersacher schwach werden, willigt Louella gnädig ein. Dank einer unerwarteten positiven Rezension begraben die beiden blutdürstigen Klatschkolumnistinnen im schicksten Lokal von ganz Beverly Hills das Kriegsbeil.

Das Gift, das sie jahrzehntelang verspritzt haben – wo ist es geblieben?

Die beiden können sich nicht ausstehen, auch wenn sie einmal fast so etwas wie Freundinnen waren, auf jeden Fall Komplizinnen, wenn es galt, Gehässigkeiten und Schmeicheleien perfekt auszutarieren: Geschah am Set eines Films etwas Interessantes oder hatte jemand eine neue, vielleicht auch nur vermutete *love affair*, gab Hedda, damals noch eine eher weniger begabte Nebendarstellerin, sofort Louella Bescheid, um im Gegenzug die eine oder andere lobende Erwähnung zu erhalten.

An den Nebentischen ist schon vom Ende einer Epoche die
Rede, doch die aufmerksameren »Zuschauer« befürchten, die
Versöhnung der beiden Giftnattern – die zusammen genommen
auf ein Publikum von 75 Millionen Lesern und Zuhörern zählen
können (mehr oder weniger die Hälfte der Bevölkerung) –
könnte mehr bedeuten als nur eine gekittete Beziehung: Produzenten und Filmstars, die schon seit Jahren davon profitieren,
dass die beiden sich gegenseitig die Augen auskratzen, wissen,
dass jeder Streit ein gutes Geschäft ist: Hedda und Louella bieten
ihnen einen Tauschhandel, so nach dem Motto: Ich rede (auch
schlecht) über dich, aber dafür steigert der Tratsch deinen Be-
kanntheitsgrad. Was, wenn das freundschaftliche Mittagessen
genau das fatale Körnchen Sand im Getriebe ist, das die Werbemaschinerie Hollywoods zum Stillstand bringt? Doch dieses Ka-
russell zu stoppen wäre einfach unwirtschaftlich. Insofern ist es
eher unwahrscheinlich, dass die absolute Macht geschwächt werden soll, die seit Jahrzehnten Skandale vertuscht oder auslöst,
Karrieren fördert oder zerstört (und, wenn man dem Klatsch
glauben will, sogar in der Lage ist, Morde zu verheimlichen).

Aber man wird sehen.

In der Zwischenzeit eilen die Reporter zwei Stunden lang
»von einer Toilette zur nächsten, raufen sich die Haare, knirschen
mit den Zähnen und warten auf den Weltuntergang«.[195] Erst
nach einem Schokoladensoufflé und einem kameragerechten
Lächeln verlassen die beiden Damen Arm in Arm das Lokal und
geben den Fotografen die ersehnte Erlaubnis.

Klick-klick-klick! Blitzlichtgewitter.

Am Tag darauf betexten weniger Fantasiebegabte das Essen
mit Schlagzeilen wie »Das Ende einer wunderbaren Fehde«.
Hedda scherzt darüber und legt nach: »Louella und ich haben
gestern im *Romanoff* gegessen, und die Stadt steht immer noch

unter Schock«,[196] während Louella ironisch mit »Viele behaupten, wir würden uns hassen, wie soll ich da gegen eine Meinung ankommen, die mehrheitlich geteilt wird?« kontert.

Wie von den meisten vorhergesagt, »ist Frieden schön, aber nicht von Dauer«.[197]

Schon wenige Monate später hagelt es wieder Schläge unter die Gürtellinie, die bösartiger sind denn je.

Sob sisters

Nachdem sie ihre Jugendfreundschaft ad acta gelegt haben, bekriegen sich Hopper und Parsons sogar in Bezug auf ihr jeweiliges Geburtsdatum: Hedda behauptet, »ein Jahr jünger zu sein, als Louella das von sich behauptet« – auch wenn sie es in ihrer Autobiografie völlig weglässt, weil »ich nicht will, dass mich einer im Rollstuhl belästigt«.[198] Bei ihren unverhohlenen Feindseligkeiten nehmen beide kein Blatt vor den Mund. Und wenn das gesprochene Wort nicht reicht, tun sie es Schwarz auf Weiß: »Louella Parsons ist eine Reporterin, die gern den Clown gibt«,[199] »Hedda Hopper ist ein Clown, der gern die Reporterin gibt, sie möchte in zwei Jahren schaffen, was ich in dreißig geschafft habe. Soll sie es doch versuchen, diese alte Schachtel!«, oder auch: »Mit dem Hearst-Imperium im Rücken besitzt Louella Parsons eine Macht, die mit der von Katharina der Großen vergleichbar ist. Hollywood saugt jedes ihrer Worte auf, als wäre es auf dem Berg Sinai verkündet worden. Die Stars haben eine Heidenangst vor ihr. Wenn sie sich nicht ihren Regeln beugen, verschwinden sie aus ihren Artikeln.«[200]

So beleidigen sie sich gegenseitig.

Ihretwegen bekommt der historische Begriff *sob sisters*

(»schluchzende Schwestern«), der 1907 verächtlich für die vier Pionierinnen des Journalismus Ada Patterson, Dorothy Dix, Winifred Black und Nixola Greeley-Smith geprägt wurde, eine radikal neue Bedeutung.

Anfang des 19. Jahrhunderts waren Journalistinnen noch eine Seltenheit und ihre Anwesenheit in Gerichtssälen fast schon surreal. Erst recht beim »Prozess des Jahrhunderts« gegen Harry Kendall Thaw, der am 25. Juni 1906 auf der Terrasse des Madison Square Garden dem verhassten Rivalen, dem berühmten Architekten Stanford White, vor zig Zeugen dreimal ins Gesicht schoss: wegen einer Dreiecksbeziehung zwischen der schönen und berühmten Evelyn Nesbit, ihrem reichen und geistesgestörten Ehemann Thaw und dem Architekten. Tod, Sex und Ehebruch: Wie soll man da ungerührt bleiben? Auch wenn die Leitungsfunktionen fest in Männerhand sind, braucht man doch eine Reporter*in*, um die emotionale Seite des Falles zu beleuchten: um den Lesern und vor allem Leserinnen intimere Einblicke zu bieten. Der Angeklagte hat doch sicherlich eine Mutter oder Schwester, die man interviewen kann? Damit werden die »Journalistinnen zweiter Klasse« unerlässlich, um Gefühle und Gesichter zu beschreiben, die menschlichen Leidenschaften in den Blick zu nehmen. Von der männlichen Konkurrenz wird ihnen vorgeworfen, übertrieben gefühlig und sentimental zu schreiben, ihre Artikel werden als *sob stories* verunglimpft, was sie zu *sob sisters* macht: ein Begriff, der ins Wörterbuch Einzug halten wird, und zwar mit der Bedeutung: »Reporterin, die die Gefühle ihrer Leser anspricht und über emotionale Ereignisse berichtet«.

Die Zeitungsauflagen steigen.

Nach und nach verhallt das Schluchzen jedoch, stattdessen werden Geheimnisse enthüllt und Unterstellungen veröffentlicht, die Artikel verkommen zu boshaftem Klatsch, bis unter

Louella Parsons und Hedda Hopper »SOB« sogar zur Abkürzung für *son of a bitch* (»mieses Arschloch«) wird: Ganz einfach, weil sie in der Lage sind, die Karriere, ja manchmal sogar das Leben ihrer Opfer mit chirurgischer Präzision zu ruinieren.

One-Way-Ticket

Louella Rose Oettinger kommt am 6. August 1881 zur Welt (wird aber mehrmals behaupten, erst zwölf Jahre später geboren worden zu sein), und zwar in Freeport, Illinois, als Tochter von Joshua Oettinger und Helen Stein, die deutsche Wurzeln hat. Es gibt noch zwei Brüder, Edwin und Fred, sowie eine Schwester, Rae. 1890 heiratet die inzwischen verwitwete Mutter John H. Edwards, und die Familie zieht ins nahe gelegene Dixon.

Als junge, körperlich unattraktive, aber wissbegierige Frau geht Louella mit der Mutter häufig ins Theater und liest viel. Schon als junges Mädchen möchte sie etwas mit Schreiben machen. Eine Berufung, die noch deutlicher hervortritt, als Louella von einer Karriere als Journalistin träumt. Am 4. Juni 1901, nachdem sie bei der Abschlussfeier an der Dixon's South Side High School einen Aufsatz mit dem Titel »Große Männer« vorgetragen hat, betritt Präsident Benjamin Franklin Bullard das Podium, um der jungen Frau eine glänzende Zukunft als Journalistin vorherzusagen, wie der *Dixon Evening Telegraph* am Tag darauf vermeldet.

Schon seit dem Bürgerkrieg arbeiten Frauen als Journalistinnen, aber mit Ausnahme von Nellie Bly und Winifred Black vom *San Francisco Examiner* stellen Verleger und Chefredakteure Frauen in erster Linie an, um ihre Blätter mit »weiblichen« Themen wie Haushalt, Garten, Gesellschaft und Dorffeste zu füllen.

Frauen, die bald in aller Munde sein werden, weil man sich dafür interessiert, wie sie sich kleiden, sprechen, bewegen. Weniger dafür, wie sie schreiben. Und ebendeswegen ist die Erstanstellung der einundzwanzigjährigen Louella beim *Dixon Morning Star* für fünf Dollar die Woche eine Sensation. Nicht für sie, die jeden Abend in Bars und Kneipen, zu Gemeinderatssitzungen und Fahrradrennen geht, um Berichtenswertes zu finden. Im *DMS* bringt sie Kommentare, schreibt über Lokales, Hochzeiten, Taufen, Verlobungsfeiern und mondäne Anlässe in der Rubrik »Society Doings« – erste Schritte, die sie mit der Kunst des Klatsches vertraut machen: »Tag für Tag schrieb ich in mein Notizbuch, was ich so von den Ladenbesitzern hörte, und dank dieser Informationen wusste ich, was am nächsten Tag in der Zeitung stehen würde.«[201]

Mit zuckersüßen Worten – »Ich glaube, die Liebe ist die Antwort auf fast alle Probleme, vor die die Welt sich gestellt sieht« – betört sie 1905 den Immobilienmakler John Dement Parsons, heiratet ihn am 31. Oktober und zieht mit ihm nach Burlington, Iowa. Am 23. August 1906 wird Harriet geboren, doch da funktioniert die Ehe bereits nicht mehr: Er ist ein gefühlskalter, distanzierter Typ, sie hingegen emotional und hochsentimental. Obwohl sie versuchen, trotzdem zusammenzubleiben, sind sie »zwei einander entgegengesetzte Ufer desselben Ozeans«.[202] 1910 endet die Ehe, wie es banaler kaum geht: Auch wenn der unverbesserliche Gauner bis dahin emotional stets zurückhaltend und wortkarg war, kann er die Affäre mit seiner Sekretärin Ruth Schaefer, in die er sich unsterblich verliebt hat, nicht verheimlichen. Daraufhin flieht die fromme Louella mit dem Engelsgesicht, die nicht so leicht verzeiht, mit ihrer Tochter und ihrer Mutter nach Chicago. In ihrer Biografie bleibt Louella vage und lässt dieses und viele weitere Details über das Scheitern ihrer Ehe im Unklaren. Sie stellt sich als eine tiefgläubige Christin dar, die hauptsächlich in ihre Gebetbücher vertieft ist. Die fanatische Katholikin und ziemlich bigotte Frau soll sich, als sie mittleren Alters und berühmt ist, noch zu einer viel größeren religiösen Eiferin entwickeln.

Erlöst von ihrem Ehemann (der 1918 sterben wird) und ihre Scheidung, die einen Schatten auf ihren tugendhaften Lebenswandel werfen würde, verheimlichend ist Louella mit neunundzwanzig Jahren depressiv und abgebrannt. Um sich vom tristen Grau der Großstadt und ihres Alltags abzulenken, verbringt sie die meisten Abende bei Melodramen und Vaudeville-Aufführungen im Theater. Dort beeindrucken sie vor allem die kurzen Filme, die zwischen den Akten gezeigt werden. Mit zwei wichtigen Filmstudios wie Essanay Film Manufacturing und Selig Polyscope Co. kann sich Chicago zu dieser Zeit, ja sogar noch bis 1917 als Hauptstadt des Kinos bezeichnen und zieht dadurch Stummfilmstars wie Mary Pickford, Gloria Swanson und Charlie Chaplin an die Ufer des Michigansees. Sie alle werden zum Trostpflaster für die junge, aufstrebende Reporterin. Zwischen dem Kino, das kurz vor seinem Goldenen Zeitalter steht, und Louella ist es Liebe auf den ersten Blick – eine Leidenschaft, die der, bei einer Zeitung arbeiten zu wollen, ebenbürtig ist. Nach einem kurzen Intermezzo als Sekretärin ist sie bereit, für neun Dollar die Woche für die *Chicago Tribune* zu schreiben.

Parsons hat nicht das Aussehen, um in der Redaktion zwischen den männlichen Kollegen sitzen zu dürfen. Aber sie ist eine ehrgeizige Streberin, sie arbeitet im Verborgenen, weit weg von den anderen in einem kleinen, staubigen Büro, wo sie deren Texte redigiert. Dabei langweilt sie sich zu Tode. Doch sie gibt nicht auf, gelangt immer mehr zu der Überzeugung, dass sie sich, um sich gegen die Männer durchzusetzen, einen eigenen Bereich schaffen, pausenlos arbeiten, ja jede Gelegenheit nutzen muss, sich bemerkbar zu machen. Sie ist einfallsreich, fleißig, diszipliniert, aber auch sehr einsam. Wenn sie gerade mal nicht arbeitet oder sich um Harriet kümmert (die bei ihrer Mutter gut aufgehoben ist), wird der dunkle Kinosaal zu ihrem Zufluchtsort. Damit betäubt sie ihren Schmerz und ihre Trauer. Sie besucht die Movie Fan Clubs, die überall in der Stadt aus dem Boden schießen, aber im Gegensatz zu den Theaterliebhabern, die ihre Helden live sehen können, muss sie sich damit zufriedengeben, die Fotos ihrer Lieblingsdarsteller in Zeitschriften wie *Motion Picture* und *Photoplay* anzuhimmeln. Theaterkritiken sind hauptsächlich etwas für männliche Intellektuelle, das Kino hingegen ist eine frivole Branche und daher geeigneter für Journalistinnen, die »mit ihrer Fantasie und ihrem Einfühlungsvermögen perfekt für die Kinokritik geeignet sind«.[203] Ein gefundenes Fressen für die junge Reporterin, die »das Kino als ihre Auster betrachtet, bei der Chicago die Sauce dazugibt«.[204]

Das Leben kann auch glückliche Fügungen bereithalten, dank derer sich das Blatt wendet, und Louella lernt George Spoor von den Essanay Studios kennen.

Begeistert gibt sie ihre langweilige Stelle bei der *Chicago Tribune* auf und unterschreibt einen Vertrag als Drehbuchlektorin für zwanzig Dollar die Woche, ein Gehalt, das es ihr erlaubt, mit Harriet und ihrer Mutter ein kleines Apartment in der Stadtmitte zu beziehen. Diese Anstellung macht sie noch unermüdlicher, sie redigiert und korrigiert zig Drehbücher, die ihr von der Produktionsfirma nach Hause geschickt werden, nebenher schreibt sie und bekommt jedes Mal fünfundzwanzig Dollar dafür. Ein Buch, wie man fürs Kino schreibt, entsteht – und das im Jahr 1912! Es hat durchaus Erfolg in der Branche und gibt ihr die Möglichkeit, sich auch als Moderatorin zu bewähren. Bis sie dann zwei Jahre später eine Teilzeitstelle beim *Chicago Record-Herald* ergattert. Auf dem Foto unter ihren Artikeln macht sie einen überzeugenden Eindruck – ihre Prosa voller Klischees und Gemeinplätze allerdings weniger. Was sie jedoch nicht daran hindert, ein Jahr später die Essanay Studios endgültig zu verlassen und Vollzeitjournalistin für die tägliche Rubrik »Seen on the Screen« zu werden, die erste Klatschkolumne Amerikas beziehungsweise ein süchtig machender Vorgeschmack auf das, was zu ihrer Marke werden soll: raffinierter Tratsch.

Da sie mit Filmstudios zu tun hatte, besitzt sie Zugang zu den Schauspielerinnen. Gefällige Homestorys bei einer gemeinsamen Tasse Tee machen Louella zu einer privilegierten Vertrauten. Im Sommer 1915 ist Mary Pickford eine der Ersten, die ihr das Herz ausschütten – zum Dank dafür, dass sie sie am Bahnhof von Chicago (ein erzwungener Halt für alle Passagiere, die von New York nach Los Angeles wollen) vor heranstürmenden Fans gerettet hat. Diese vier Stunden Wartezeit, die gefüllt werden wollen, genügen, um Louellas Karriere die entscheidende Wende zu geben. Nach ihrem Tête-à-Tête mit Pickford macht sie ihrem Verleger einen Vorschlag, der für die damalige Zeit revolutionär ist: Sie möchte eine Artikelreihe über Filme schreiben, über Neuigkeiten aus der Welt des Kinos und seiner Leinwandhelden – und zwar indem sie direkt aus dem Wartesaal des Bahnhofs berichtet. Der Chefredakteur des *Herald* ist etwas perplex, geht aber auf den Vorschlag ein. Seitdem marschiert Louella täglich in Begleitung eines Fotografen zum Bahnhof, um die durchreisenden Stars zu interviewen, sie damit von ihrer Langeweile zu erlösen und selbst an das Material für exklusive Artikel zu gelangen.

Zur selben Zeit wird auch eine neue Rubrik ins Leben gerufen, »How to Become a Movie Actress«, in der Louella »den ›new women‹ mit Ratschlägen, Ermahnungen und Ermutigungen zur

Seite steht. Die haben inzwischen als Konsumentinnen die Macht, die Branche zu beeinflussen, und betrachten das Kino als Weg zur Selbstverwirklichung«.[205] Nach Jahrzehnten, in denen die Frau durch die viktorianische Kultur auf ihren »natürlichen Wirkungskreis« Haushalt und Familie beschränkt war, nährt Louella mit Sätzen wie »Die aufregendsten Träume junger amerikanischer Frauen werden Tag für Tag Realität; du träumst davon, Schauspielerin zu werden, und überlegst, wie du das anstellen sollst?« neue Berufungen, indem sie den Leserinnen das Kino als neuen Wirkungskreis darstellt. Tonfall und Text sind freundschaftlich, ja fast schon vertraulich gehalten. Eher so, als stammten sie von einer Mutter und nicht von einer Reporterin. Parsons macht jede Frau glauben, sie könnte sich vollkommen verwandeln und die ihrem Geschlecht auferlegten Grenzen sprengen. Sie behandelt die Ambitionen von Möchtegernschauspielerinnen so, als wären sie tatsächlich umsetzbar, ja als wäre der Weg zum Erfolg nur eine Frage der Ausbildung. Als könnte die Heldin dank einer kreativen Arbeit, die sie finanziell unabhängig macht, ihr persönliches Glück finden.

Louella spinnt ihre Geschichten, indem sie Fakten mit ihrer überbordenden Fantasie vermengt. Aber als der Spross einer Millionärsfamilie und Magnat der amerikanischen Zeitungslandschaft den *Herald* kauft, will die neue, von William Randolph Hearst vorgegebene Linie nichts mehr vom Kino und seinen Leinwandhelden wissen: Louella gilt als überflüssig.

Am 30. April 1918 verfasst sie die letzte »Seen on the Screen«-Kolumne. Sie ist arbeitslos und nimmt wenig begeistert den Job als Werbetexterin beim Studio Pathé in New York an.

Noch ahnt sie nicht, dass ausgerechnet Hearst sie vom Hinterzimmer des Journalismus ganz an die Spitze bringen wird.

Die schönsten Beine des Broadway

Elda Furry, Tochter von Margaret und David Miller, einem schüchternen Metzger, kommt am 2. Mai 1885 in Hollidaysburg, einem Vorort der Industriestadt Altoona, Pennsylvania, zur Welt. Die Kindheit ist unglücklich und chaotisch: Nach der Geburt von neun Kindern wird die Mutter immer schwächer, und Elda muss sich um den Haushalt kümmern, bei Tisch bedienen, das Geschirr spülen und die Brüder und Schwestern beaufsichtigen. Doch im Alter von elf Jahren findet sie ihre Berufung im Mishler Theatre von Altoona, wohin die Familie inzwischen gezogen ist. Sie sieht Jack Beesons *Captain Jinks of the Horse Marines* mit Ethel Barrymore, »die ihren Ehrgeiz entfacht«.[206]

Nach dieser Aufführung hat sie nur noch den Wunsch, Schauspielerin zu werden. Sie lässt sich nicht davon abbringen und bearbeitet den wenig begeisterten Paterfamilias so lange, bis sie ihn überzeugen kann, sie am Carter Conservatory in Pittsburgh anzumelden. Wann immer es geht, entflieht sie dem Gefängnis ihres Viertels, ihrer sozialen Klasse, dem vorgezeichneten Schicksal einer jungen Frau aus der Provinz und geht ins Theater, »wo sie ihren letzten Cent für einen Sitzplatz oben in der Galerie ausgibt«.[207] Logisch, dass sie ihre Familie mit Mühsal und Langeweile verbindet, sodass sie 1908 mit mühsam zusammengesparten zweihundertfünfzig Dollar der Metzgerei und ihren Geschwistern den Rücken kehrt und nach New York zieht, in die Uncle Sam Mission im Armenviertel Bowery.

Bald schon wird ein ganz anderer Onkel namens John zu ihrem wahren Verbündeten, »der Verrückte in der Familie und Zwillingsbruder der Mutter, eher ein Heiliger als ein Mann«,[208] der sie verteidigt und all ihre Flausen und Wünsche erfüllt. Doch auch in New York scheint das Glück eine Fata Morgana zu sein.

Nichts kann Elda wirklich zufriedenstellen, bis sie dauerhaft Bühnenluft schnuppern darf. Dank ihrer Freundin Hattie Carter wird sie endlich für fünfundzwanzig Dollar die Woche in die Balletttruppe der Aborn Light Opera Company aufgenommen. Sie hat lange Beine, ist eins siebzig groß, betört mit ihren sanften und gleichzeitig provozierenden grauen Katzenaugen. Schon bald wird sie »die schönsten Beine des Broadway« genannt, hat aber laut Eigenaussage »keinerlei Talent«.[209] Für den berühmten Impresario Ziegfeld ist sie sogar »eine plumpe Kuh«.

Blonde Locken, aber nichts im Kopf?

Von wegen! Auch in der zynischen Unterhaltungsbranche bleibt die junge Frau hartnäckig und hält an ihrem Ziel fest, indem sie mehr oder weniger gut kleine Nebenrollen übernimmt. Die erlauben es ihr, langsam unabhängig zu werden und sich mit der Freundin Hattie ein winziges Apartment zu mieten.

Das Licht am Ende des Tunnels aus mittelmäßigen, kaum nennenswerten Rollen hat das Gesicht und die Gestalt des Schauspielers William DeWolf Hopper, siebenundzwanzig Jahre älter als sie, ein New Yorker Dandy, der schon so oft verheiratet war, dass er den Spitznamen »Ehemann der Nation« weghat. Er verführt sie »mit einer Stimme wie eine mächtige Kirchenorgel«.[210] Für Elda ist »William etwas ganz Neues unter der Sonne. Seine Statur, die Art, wie er erzählt … Seit ich ihn das erste Mal sah, war ich fasziniert von ihm. Ich hing an seinen Lippen, als würde er Gottes Wort verkünden«. Sie hingegen ist für ihn »ein neues Publikum, ein frisches, noch unaufgeschlagenes Ei«.[211]

Nach einer Reihe von Broadway-Auftritten in *The country boy*, bei denen sie sich einen verzweifelten Krieg mit den Produzenten liefert, die sie wegen ihrer Körpergröße ablehnen (»Na gut, ich ziehe meine Schuhe aus. Sehen Sie? Es sind die Absätze, die mich so groß machen«[212]), und nach einer vierunddreißigwöchigen Tour durch die Vereinigten Staaten ist die achtundzwanzigjährige Elda immer noch unzufrieden: Sie »möchte spielen«. Muss sich aber mit etwas anderem zufriedengeben. Am 8. Mai 1913, bei einer hastigen Standesamtzeremonie, bevor er zur Abendvorstellung ins Theater eilt, wird sie zu DeWolf Hoppers Ehefrau.

Das Wichtigste ist jetzt, ihren Namen zu ändern, da dieser denen der vier Ex-Frauen Williams zu ähnlich ist: »Beim Frühstück nannte er mich Ida, beim Mittagessen Edna, abends war ich Ella oder Nella, nicht ein einziges Mal hat er mich Elda genannt. Das mit dem Namen machte mich fertig, höchste Zeit, ihn zu ändern.« Sie heißt jetzt Hedda, der Vorschlag einer Wahrsagerin, die ihr für zehn Dollar neben einem brandneuen Namen auch noch eine fantastische Zukunft vorhersagte … fernab der Bühne. Damals undenkbar für die ehrgeizige Mrs Hopper.

Wenn sie nicht gerade auf Tournee sind, leben die Eheleute in der 59 West 44th Street zwischen der Fifth und Sixth Avenue im Theaterviertel. Sie logieren im Hotel Algonquin in Manhattan, ein beliebter Treffpunkt für Journalisten, Schriftsteller und Personen aus der Welt des Kinos und Theaters wie John Barrymore, Douglas Fairbanks und die blutjunge Tallulah Brockman Bankhead. Doch »Wolfie« ist ein Aufreißer und notorischer Lügner. Obwohl er sie betrügt oder noch öfter ignoriert, wird Hedda schwanger und bringt am 6. Mai 1915 William jr. zur Welt.

Trotz der alles andere als perfekten Menage macht sich Hedda sehr gut als Ehefrau, Mutter und erfolgshungrige Schauspielerin.

Sie übernimmt Nebenrollen in dem ein oder anderen Stummfilm, und als DeWolf von der Triangle Film Corporation unter Vertrag genommen wird, landet die Familie in Hollywood. Er, zu Unrecht eifersüchtig und besitzergreifend, möchte, dass seine

Frau die Welt des Kinos verlässt. Doch Hedda überredet ihn,
sie in *Battle of Hearts* mitspielen zu lassen, für immerhin hundert
Dollar die Woche. Dank ihrer Größe und ihres durchtrainierten
Körpers, was sie neben den winzigen Schauspielerinnen Mary
Pickford und Lilian Gish wie eine Riesin wirken lässt, erhält sie
kleine Nebenrollen (die Tochter des Fischers, eine Matrone der
High Society) und die ein oder andere Komparsenrolle als blonde
Aristokratin aus Europa: alles Rollen, die sie hervorragend meistert. Insgesamt dauert ihr Aufenthalt im sonnigen Kalifornien
jedoch nur kurz: Die Firma Triangle geht pleite, und die drei sind
gezwungen, wie nach einem Urlaub überstürzt nach New York
zurückzukehren. Dort beginnt Hedda, für die Studios Fort Lee
in New Jersey zu arbeiten. Sie verdient gut, ist aber dermaßen
besessen von Kleidern und Hüten des superteuren Salons Lucile
in Manhattan, dass sie es schafft, ihr Gehalt in wenigen Stunden
auszugeben.

1918 bekommt Hedda eine Riesenchance, sie wird ausgewählt,
um in George Loane Tuckers Film *Virtuous Wives* mitzuspielen –
der erste, der von Louis B. Mayer, dem zukünftigen Gründer von
MGM, produziert wird. Die Rolle der Braut eines Milliardärs
erlöst Hedda nicht von ihrem Los als Nebendarstellerin, das ihr
den Spitznamen »Königin der Quickies« (Copyright Louella
Parsons) einbringt ... aber auch ein Gehalt von tausend Dollar
pro Woche. Aus Neid rächt sich ihr Mann mit einer Reihe von
Affären, die eine ohnehin schon von seiner Untreue ins Wanken
gebrachte Ehe endgültig scheitern lassen.

Pünktlich am 17. Oktober 1922 informiert Louella Parsons die
Leser in ihrer Zeitungskolumne über Hedda Hoppers Scheidung.

New Yorker Geschichten

Nach dem Ersten Weltkrieg ist New York *die* Journalismus-Metropole, angefangen beim beliebten *Telegraph* bis hin zur vornehmen *New York Times* sind die Morgenzeitungen die wichtigsten Informationsquellen. Louella, die sich auf ihre Mutter Helen als liebevolle Betreuerin ihrer Harriet verlassen kann, zögert nicht, sich zu bewerben. Obwohl das Vorstellungsgespräch mit dem Chefredakteur des *Morning Telegraph* alles andere als ermutigend ist – »Wer soll sich schon für diesen ganzen Kinotratsch interessieren?« –, bekommt sie einen Anstellungsvertrag. Sie sehnt sich nach Anerkennung, möchte sich unbedingt einen Namen machen, und paradoxerweise ist sie mit ihrer ungeschickten, sichtlich zerstreuten Art perfekt dafür geeignet, »Material« zu finden, ohne dass sich größere Hürden zwischen sie und ihre Helden schieben: Auf der Jagd nach Nachrichten besucht Louella Pressekonferenzen und eilt hektisch zu Empfängen, Premieren und Galaabenden, »wodurch sie ihren Lesern die Möglichkeit gibt, am Leben ihrer Leinwandhelden teilzuhaben und unbezahlbare, einzigartige Blicke hinter die Kulissen werfen zu dürfen«.[213]

Am 9. Juni 1918 erscheint im *Telegraph* erstmals die neue Kolumne »In and Out of Focus« mit pikanten Exklusiv-Storys und Interviews der Filmstars, aber auch mit deutlichem Engagement für die Frauenrechte. Sobald sie Gelegenheit dazu hat, betont Louella die Erfolge von Regisseurinnen und Drehbuchautorinnen, denen, weil sie nicht in die Kategorie »Diva« fallen, vom Mainstream-Journalismus sonst nur wenig Platz eingeräumt wird: »Die Ankündigung (sic!), zwei Regisseurinnen zu verpflichten, sorgt für einen neuen, vitalen und interessanten Feminismus: Mary Pickford hat sich Frances Marion für die Regie ihres neuen Films dazugeholt«, schreibt sie mit großer Begeis-

terung im August 1920; sie wird Mitglied bei mehreren Organi-
sationen, unter anderem beim New York Newspaper Woman's
Club, der 1922 von Reporterinnen gegründet wird, die sich für
den Kampf um das Frauenwahlrecht interessieren. Dazu gehört
auch Teddy Bean, eine angesehene Reporterin der Suffragetten-
märsche, die 1923 dessen Vorsitzende wird. Parsons ist nicht direkt eine Aktivistin, »doch die Filmindustrie gibt ihr die Möglichkeit, jene persönliche Verwandlung zu erleben, auf die sie sich
später spezialisieren wird und die sie ihren Lesern als ›etwas fast
schon Magisches verkauft‹«.[214]

Bei den Kollegen gehasst, die es nicht ertragen, dass sie ins
Rampenlicht drängt, interviewt sie Douglas Fairbanks, Harold
Lloyd, Mary Pickford und Gloria Swanson. Sie tanzt mit Ro-
dolfo Valentino und diniert mit Charlie Chaplin, sie luncht im
Algonquin mit Schriftstellern und Journalisten, und in ihrer
wenigen Freizeit liest sie wie schon als junge Frau wie verrückt.
Doch Louella braucht ständig Geld: Harriet geht auf die teure
Privatschule Horace Mann, der Diabetes ihrer Mutter Helen (die
erste Inspirationsquelle »für das Lesen und Schreiben ihrer Geschichten«) verschlechtert sich (1922 wird sie sterben), ihre Leidenschaft für Kleider, Schönheitssalons und die Suite im Algonquin führen dazu, dass ihr Gehalt vom *Telegraph* nicht reicht.

Doch das Schicksal ist gnädig, und das genau zur rechten Zeit.

Die Begegnung mit Marion Davies, einer wenig talentierten,
sechzehn Jahre jüngeren, hübschen und witzigen Schauspielerin,
wird ihr Leben von Grund auf ändern … und zwar durch eine
ganz beiläufige Einladung. Auch wenn Marion nur zwei Ge-
sichtsausdrücke nachgesagt werden – Freude und Verdauungs-
probleme –, gibt es keinen Artikel, in dem Parsons, sobald sie die
Möglichkeit dazu hat (und wenn nicht, schafft sie sie), die Aktrice nicht mit Komplimenten nur so überschüttet und ihre Ko-

lumne als liebevolle Umarmung nutzt. Über beide wacht nachsichtig und großzügig der Schatten desjenigen, der in den nächsten dreißig Jahren unverzichtbar für ihre jeweiligen Karrieren sein wird: der Multimilliardär William Randolph Hearst. Derselbe Mann, der Parsons damals beim *Herald* entlassen hat.

Marion öffnet der befreundeten Journalistin die Tür zu einer der exklusivsten Partys von ganz Manhattan. Sie findet in der Wohnung des Milliardärs am Riverside Drive statt. Hearst ist weniger von Louellas Äußerem als von ihrer Spitzzüngigkeit fasziniert … und von der schützenden Fürsorge, die sie seiner jungen Geliebten angedeihen lässt. Eine Woche später, am 9. Dezember 1923, führt diese Begegnung zur Unterzeichnung eines Vertrags über zweihundertfünfzig Dollar die Woche für eine Kinokolumne im *New York American*. Das bedeutet Millionen von Lesern und eine noch nie da gewesene Sichtbarkeit in den Zeitungen der Verlagsgruppe, zu der allein neun Morgenzeitungen, elf Nachmittags- und fünfzehn Abendzeitungen gehören, Zeitschriften wie *Cosmopolitan* und *Good Housekeeping* sowie ein aufstrebendes Filmstudio. Hearst ist kein Wohltäter, für ihn sind Louella und ihre Texte »von Frau zu Frau« ein wichtiges Geschäftsmodell: Seine Leserschaft ist zu 75 Prozent weiblich, und die Frauen, die inzwischen über mehr finanzielle Mittel verfügen als früher, kaufen Schönheitsprodukte, Wohnaccessoires und gehen vor allem ins Kino.

Monster zum Verlieben

Hedda Hopper, inzwischen geschieden, ist 1923 erneut in Holly-
wood. Sie hat einen guten Vertrag mit Louis B. Mayer von MGM
unterschrieben, und zwar dank ihrer Freundschaft zu Marion
Davies, die sie am Set von *Zander the Great* unter der Regie von
George W. Hill kennengelernt hat. Darin spielt Marion die
Hauptrolle und Hedda eine Nebenrolle. Sie besucht die Partys
in William Randolph Hearsts bizarrem Schloss in San Simeon,
freut sich über die Komplizenschaft mit Louella Parsons, der sie
Nachrichten und Klatsch vom Set zusteckt. Das bringt ihr den
Titel ein: »die Frau, die alles weiß und die sich dank ihres angeborenen guten Geschmacks als ›dressy dame‹ die schicksten Kleider von ganz Hollywood leisten kann«.

Aber Bescheidenheit ist nicht ihr Ding. Die finanzielle Situation spitzt sich immer mehr zu, Hedda wirft das Geld mit beiden
Händen zum Fenster hinaus, der Börsencrash von 1929 vernichtet
ihre gesamten Ersparnisse, und noch dazu verlängert MGM ihren
Vertrag nicht mehr. In ihrem Luxusleben gehen die Lichter aus.

Hedda ist zu einem schmerzhaften Rückschritt gezwungen:
»Wenn man nach sieben Jahren Gehalt plötzlich keines mehr
bekommt, muss man sich eine neue Arbeit suchen. Ich habe etwas erleben müssen, das die Hollywoodmentalität perfekt zusam-
menfasst: Statt in den Studios willkommen geheißen zu werden,
für die ich mal gespielt habe, meidet man mich jetzt!«[215]

Sie erfindet sich neu und beginnt ganz von vorn.

Mit ihrem Sohn lebt sie in einer Dreizimmerwohnung außerhalb von Los Angeles und geht den verschiedensten Tätigkeiten
nach: Sie makelt Grundstücke, steht dem Modeschöpfer Adrian
Modell und führt Prominente durch die Filmstudios, während
ihr Sohn versucht, im Familienberuf Fuß zu fassen, indem er an

einigen Filmen mitwirkt und mit Gebrauchtwagen handelt. Ermutigt von der mächtigen Sekretärin Mayers, Ida Koverman, versucht sie es auch in der Politik und kandidiert bei den Bezirkswahlen erfolglos für einen Sitz der Republikaner.

Es ist der 15. Mai 1925, als in der Grand Central Station in New York um zehn Uhr morgens plötzlich alles stillzustehen scheint: Züge, Passagiere, Besitzer und Kunden von Verkaufsständen und Läden, zig »Filmstars, Freunde und eine Gruppe Kriegsveteranen, die Spenden von Marion Davies bekommen haben, versammeln sich am Gleis, um ihre nach Los Angeles reisende Wohltäterin zu verabschieden«.[216]

Hearst weiß, dass er nicht der einzige Mann ist, mit dem Marion Umgang pflegt, ja mit dem sie mehr oder weniger flüchtige Affären hat. Er benötigt eine »Privatspionin«, die ihn regelmäßig informiert, was seine junge Geliebte so treibt.

Wer wäre da besser geeignet als Louella?

Seit sie in Hollywood ist, versäumt sie es nie, ihrem Auftraggeber detaillierte – und häufig entschärfte – Informationen über seine Freundin zukommen zu lassen. Louella findet sich im idealen Jagdrevier für neue, stets aufregendere Geschichten wieder. Der aufstrebenden Reporterin scheint das Glück hold zu sein: Die Produzenten öffnen ihr die Türen zu den Studios, Schauspielerinnen und Schauspieler, Regisseure und Drehbuchautoren überschütten sie mit Einladungen, während sie ihre Tage mit organisierten Führungen unter der Sonne Kaliforniens und die Nächte mit ausschweifenden Partys verbringt.

Louella lernt so viele Leute wie möglich kennen, denn sie ist fest davon überzeugt, dass man ohne die richtigen Leute zu kennen, vor allem aber ohne deren Tugenden und Schwächen zu enthüllen, keine gute Journalistin sein kann.

Nachdem sie ihre Aufgabe als Spionin erfüllt hat, kehrt Louella nach einem halben Jahr nach New York zurück, wo sie ihr Leben zwischen Kinopremieren und heimlichen Nächten in den Armen von Peter J. Brady, einem charismatischen Gewerkschaftsführer, wieder aufnimmt. Louella wird eine blinde Verliebtheit und regelrechte Obsession für ihn entwickeln. »Die wahre Liebe meines Lebens«,[217] wie sie noch Jahre später gesteht. Mit dem einzigen Nachteil, dass Peter katholisch und außerdem verheiratet ist. Er hat nicht die geringste Absicht, sich von seiner Frau Rose scheiden zu lassen.

Schon die dritte Niederlage im desaströsen Liebesleben Louellas, die nach der ersten Scheidung 1914 am 9. Januar 1915 Captain Jack Murray McCaffrey heiratete, einen derben, am Kino völlig desinteressierten Kerl, der allergisch auf den Arbeitseifer seiner Frau reagierte. Darüber hinaus war er schwer verärgert über ihr Einkommen, welches das seine bei Weitem überstieg. Sie ist die Berühmtere von ihnen beiden, und ständig gibt es Streit. Sexuelle Anziehungskraft? Fehlanzeige. Nach drei Jahren Ehe verschwindet Captain Murray, ohne je wieder etwas von sich hören zu lassen.

Doch Louella kennt eine narrensichere Methode, um sich von Liebeskummer abzulenken: arbeiten. Sie lässt nicht locker und ertrinkt erst recht nicht in Selbstmitleid. Doch nach einer Reihe von Symptomen, die sie fröhlich ignoriert, erkrankt sie. Am 7. November 1925, nachdem sie sich zum x-ten Fest bei Hearst geschleppt hat, bricht sie vor aller Augen zusammen. Als sie die Diagnose der Ärzte erfährt – Tuberkulose –, bietet der Tycoon seiner Lieblingsreporterin ein Jahresgehalt im Voraus an und schickt sie fort, damit sie sich im milden und trockenen Klima des kalifornischen Örtchens Colton auskurieren kann, danach im Desert Inn von Palm Springs, umgeben von Orangenhainen und

Künstlern. Als sich Louella im März 1926 wieder vollständig erholt hat, zeigt sie sich aller Welt lebhaft und strotzend vor Gesundheit. Sie verkündet, dass sie bereit ist, nach New York zurückzukehren. Hearst ist anderer Meinung, und um sie zum Bleiben zu überreden, »dort, wo wirklich Filme gemacht werden«, bietet er ihr einen Vertrag über drei Jahre an und ernennt sie zur Leiterin der Filmredaktion seines International News Service. Dessen Artikel werden an Hunderte Zeitungen in aller Welt verkauft.

Manche Orte sind einfach wie für einen gemacht, ohne dass man das vorher gewusst, ja ohne dass man sie je in Erwägung gezogen hätte. Und in Kalifornien, der Verkörperung des amerikanischen Traums, findet Louella ihre Bestimmung. Außerdem kann sie eine so angesehene Position mit einem Wochenlohn von dreihundertfünfzig Dollar unmöglich ablehnen.

Deshalb reist Parsons wieder nach Hollywood und schreibt einen Artikel nach dem anderen. Ihre Kolumnen im *Los Angeles Examiner* werden von mehr als zwanzig Tageszeitungen des Hearst-Imperiums übernommen und sind eine wahre Goldgrube für Klatsch. Das, was sie zu einem Film zu sagen hat, kann mehr bewirken als jede Rezension. Dadurch gewinnt sie immer mehr Macht über die Karrieren von Schauspielern, Schauspielerinnen und Regisseuren. Durch sie triumphiert der unschuldige Klatsch der Rubrik »Vermischtes«, und die Sticheleien gegen Politiker, Filmstars und Sternchen werden zum verlängerten Arm des traditionellen Journalismus. Wer Louella auf seiner Seite hat, bekommt Aufmerksamkeit und gewinnt die Herzen des Publikums. Inzwischen sagt niemand mehr Nein zu ihr, und die Hollywood-Tycoons Samuel Goldwyn, Louis B. Mayer sowie Jack Warner sichern ihr achtundvierzig Stunden Exklusivität für jede Nachricht zu, befolgen das ungeschriebene Gesetz »*You had to tell it Louella first*«, sprich, Louella muss es als Erste erfahren.

Aus der Vogelperspektive sehen die Hollywoodstudios aus wie die Überreste eines ausgeblichenen Skeletts. Weil dunkle Kinos im New York des Jahres 1932 billige Zufluchtsorte sind, in denen man sich aufwärmt, sodass die auch nachts geöffneten Säle voller Obdachloser sind, gerät Hollywood, wo die Lichter und Farben niemals zu verblassen scheinen, in Panik. Und »um das Publikum die Auswirkungen der Großen Depression vergessen zu lassen, wird ein Happy End zur Pflicht«.[218]

Hedda, die nervöse Vagabundin, nimmt einen Job nach dem anderen an und scheitert auch als Schauspiel- und Drehbuchagentin: »Hedda, ich mag dich wirklich sehr, aber du bist nicht wichtig genug, um meine Geschäfte zu regeln«,[219] bekommt sie zu hören. In Hollywood hat sie schon alles versucht, sie hat nichts mehr zu verlieren. Deshalb kehrt sie mit dem siebzehnjährigen Bill an die Ostküste zurück. Doch schon vierundzwanzig Stunden nach ihrer Ankunft in New York hat sie eine neue, unerwartete Tätigkeit.

Über die eigenen Probleme zu sprechen kommt für sie nicht infrage, das ist so, als würde sie sie mitnehmen. Deshalb akzeptiert sie perfekt gekleidet, mit dem richtigen Hut und mit einem Lächeln auf den Lippen eine Einladung.

»Am Tag nach meiner Ankunft war ich mit Elizabeth Arden beim Mittagessen. Und noch ehe die Nachspeise kam, hatte sie mir bereits angeboten, für sie zu arbeiten.« Neugierig auf das Ambiente und fasziniert von dem »vielen Geld, das man in der Schönheitsbranche machen kann«,[220] übernimmt Hopper die Aufgabe, »Make-up und Kleidung aufeinander abzustimmen und den Kundinnen zu zeigen, wie sich ein Filmstar schminkt und in Form hält«.

Der neue Job dauert nur wenige Monate. Sobald sie eine kleine Rolle am Broadway ergattern kann, lässt sie Cremes und Lippenstifte links liegen, was die Arden durchaus verstimmt. Sie ist es so gar nicht gewohnt, ein Nein zu hören, erst recht nicht, einfach so von einer Schauspielerin fallen gelassen zu werden! Das Stück *Divided by Three* von Beatrice Kaufman und Peggy Pulitzer ist mehr oder weniger ein Flop und bringt Heddas Filmkarriere nicht wieder in Schwung. Es ist jedoch ein Sprungbrett für den jungen Schauspieler, der mit ihr auf der Bühne steht, Jimmy Stewart. Hedda empfiehlt ihn schleunigst MGM, die auch das Drehbuch kaufen.

Und sie? Abgelehnt, der Produzent findet sie einfach »nicht gut genug«.

Die Absage droht sie in Verzweiflung zu stürzen, also streut sie Asche auf ihr Haupt und meldet sich erneut bei Elizabeth Arden. Sie heuchelt Engagement: »Der Salon ist fantastisch, zehnmal am Tag versprüht eine junge Frau das Parfüm Blue Grass, und man ist in Blumenduft gehüllt, während es draußen schneit!« Doch obwohl Arden sie anhimmelt, ist Hedda unglücklich und kündigt erneut mit einem eleganten rosa Billett. Die beiden bleiben befreundet, und die Erfahrungen mit der Königin der Schönheit werden ihr – wie im vorigen Kapitel bereits erwähnt – ein paar Jahre später am Set von Cukors Film *Die Frauen* noch einmal nützlich sein, der in einem Schönheitssalon wie dem Ardens spielt, während sie die kleine, aber pfiffige Rolle der Reporterin Dolly Dupuyster hat.

Am 23. September 1935 stirbt DeWolf in Kansas City. Hedda ist jetzt Witwe und muss für einen faulen Sohn mit aufkommen. In dem Wissen, dass ihre Zukunft nicht im Schönheitsbusiness liegt, möchte sie dem Gegenwind, der ihr ständig entgegenschlägt, endlich die Stirn bieten. Als zöge es sie magnetisch an, kehrt sie »nach Hause«, nach Los Angeles, zurück, beseelt von dem Wunsch, es noch mal zu probieren. »Tagtäglich werden eine

Million Träume wahr, und eine Million Hoffnungen lösen sich in Rauch auf. Aber wenn man hartnäckig genug dranbleibt und ein Minimum an Talent hat, kann man die Hürden Hollywoods überwinden.« Sie lebt von der ausgezahlten Lebensversicherung DeWolfs und arrangiert sich mit den unmöglichsten Jobs: Managerin einer Escort-Agentur für Männer, Englischlehrerin für den polnischen Tenor Jan Kiepura bei Paramount. Sie versucht sich auch als Radiomoderatorin, hat eine fünfzehnminütige Sendung mit Hollywoodklatsch – ohne auch nur zu ahnen, dass der noch mal zu ihrer Spezialität werden wird.

Es ist ihr letzter anständiger Job, bevor das schlüpfrige Parkett des Lästerns zu ihrem Beruf werden wird.

Die lustigen Weiber von Hollywood

»Das gesellschaftliche Leben Hollywoods dreht sich um Feste.«[221]

Und am 4. Oktober 1935 ist es tatsächlich eine Party auf dem bizarren Anwesen von William Randolph Hearst, die alles ändert.

Die Stimmung ist bestens. Hedda unterhält einige Gäste mit Anekdoten und pikanten Geheimnissen von Hollywoodstars. Alle geben sich ungerührt, sind aber in Wahrheit ganz Ohr. Zu denen, die ihr zuhören, gehört auch Eleanor »Cissy« Patterson vom *Washington Herald.*

»Warum schreibst du diese Geschichten nicht auf?«

»Schreiben? Aber ich kann doch kaum buchstabieren!«

»Du musst nicht korrekt buchstabieren. Wenn du so gut schreibst, wie du sprichst, bekommst du eine eigene Kolumne.«[222]

Patterson spürt, dass die spitzzüngige Hopper Talent hat, und ist fest entschlossen, sie als persönliche Trophäe mit heimzunehmen. Um ihre Abwehrhaltung zu überwinden, schlägt sie ihr vor, sie solle ihre Gedanken doch ins Telefon diktieren, für ein Entgelt von fünfzig Dollar die Woche. Ein unvorhergesehener Glücksfall für Hedda, die verzweifelt auf der Suche nach einem Job ist, der ihr Spaß macht und der es ihr gleichzeitig ermöglicht, ihren Lebensunterhalt zu bestreiten. Teils ungläubig, teils freudig erkennen die Gäste in dieser Aufforderung das bevorstehende Desaster. Doch Louella, die fest im Sessel des gefürchteten *Gossip Girl* sitzt, zuckt nicht mit der Wimper. Um zu beweisen, wie wenig sie sich für das Eindringen der Rivalin in ihr Revier interessiert, bringt sie die Nachricht in ihrer Kolumne vom 5. Oktober 1935: »Hedda Hopper bekommt eine wöchentliche Rubrik von Eleanor Patterson.«

Hedda, die immer wiederaufersteht wie ein Phönix aus der Asche, freut sich, so etwas wie eine Reporterin geworden zu sein. Und innerhalb weniger Monate, in denen sich ihr Türen öffnen, die für immer versperrt zu sein schienen, wechselt sie die Seiten und verwandelt sich in eine Gegnerin: »Für Zeitungen zu schreiben ist der einzige Beruf, der mir auf dem Silbertablett serviert wurde. Ich habe so hart um Filmrollen gekämpft, dass mich das Glück verlassen hat. Ich brauchte sie dermaßen dringend, dass ich mich nie entspannen konnte. Ich habe die schlimmste aller Methoden gewählt: Angst. Doch leider habe ich das erst mit fünfzig gemerkt.«[223]

Der harmlose Spott des Neulings ist nur ein Vorgeschmack auf die Zukunft, auch wenn der *Washington Herald* Probleme bekommt und ihr Vertrag schon nach vier Monaten beendet wird, als sich die frischgebackene Reporterin weigert, eine Gehaltskürzung von fünfzehn Dollar hinzunehmen. Inzwischen hat Hedda in der Welt des Journalismus Fuß gefasst und landet, fast wie in einem Film, einen Coup nach dem anderen.

Der Plot ist folgender:

Die Verlagsgruppe Esquire sucht nach einer Journalistin, und als sie Andy Hervey aus der Werbeabteilung von MGM um Rat fragt, weiß er die Lösung: Hedda Hopper muss her. Er erklärt: »Wenn wir die neuesten Nachrichten über unsere Stars wissen wollen, dann fragen wir sie.«[224] In Wahrheit sind die Studiobosse von MGM Louellas übertriebene Macht leid und wünschen sich deshalb Konkurrenz. Mal ganz abgesehen davon, »dass Klatsch die Neugier befriedigt: nach dem Körpergewicht der Leinwandgöttin, nach ihrem Lieblingsessen, nach der Marke ihrer Unterwäsche, nach ihrem Brustumfang«.[225] Hedda packt aus, gewandet in raschelnde Röcke und mit lustigen Hüten auf dem Kopf.

Als am 14. Februar 1938 die erste Kolumne namens »Hedda Hopper's Hollywood« in der *Los Angeles Times* (und weiteren dreizehn Blättern) erscheint, ist das für Louella ein vergifteter Valentinstag ... aber nur teilweise. Bei *dieser* Art Journalismus darf man sich keine Sentimentalitäten erlauben, und Heddas erste Artikel sind viel zu süßlich, eine Anhäufung von Gemeinplätzen ohne den Charme, den sie versprüht, wenn sie redet. Sie sind in einer gestelzten Sprache geschrieben, die fast nur aus Klischees besteht. Von diesen Anfangsschwierigkeiten und ihrem Gestammel bei Radioproben ist in Heddas Memoiren jedoch nicht die Rede. Nichts bremst ihre Energie, und die Kritik, die auf sie einprasselt, versetzt ihrem Selbstbewusstsein höchstens einen kleinen Knacks. Acht Monate nach ihrem Debüt wird sie von ihrer alten Verbündeten bei MGM, Ida Koverman, endgültig in Hollywood etabliert. Die organisiert ein Fest zu ihren Ehren, zu dem sie Werbeleute, Journalisten und »alle Frauen der Stadt« einlädt, angefangen bei Joan Crawford über Claudette Colbert und Norma Shearer bis hin zu Rosa Ponselle. Alle bis auf eine: Louella Parsons. Das sind Hoppers offizielle Weihen, die auch von Louis B. Mayer gefördert wird. Er ist sich sicher, endlich jemanden gefunden zu haben, der der Löwin von Hollywood die Krallen zieht. Doch wenn er glaubt, Hopper sei ein folgsames Hündchen, dann täuscht er sich. So äußert sich auch die berühmteste Nachfolgerin der beiden, Liz Smith: »Die Studios haben sie beide überhaupt erst erschaffen und bilden sich ein, sie kontrollieren zu können. Doch sie werden zu zwei Frankensteins, die aus dem Labor entkommen sind.«[226]

Die Nachricht von ihrer Krönung spricht sich herum und führt zu extremen Reaktionen: begeisterte und dankbare vonseiten einiger Schauspieler, die so vom Publikum wahrgenommen werden, ablehnende und kritische von denen, die sich bedroht fühlen. Heddas Provokationen treffen mitten ins Schwarze, sie erzürnt einige Produzenten, die drohen, keine Anzeigen mehr in der *Los Angeles Times* zu schalten. Doch ihr ist das egal, weil sie ihr Talent entdeckt hat, Leser und Leserinnen zu fesseln, und das genügt ihr. Ihre Artikel werden immer bissiger und zeichnen sich durch ihren spitzen Ton aus. Dank ihr wird unbedeutender Klatsch zu einer echten Nachricht. Sie schreibt fast romanhaft, an der Grenze zur Beleidigung. Louella ist süßlicher, ihre Prosa langweilig und einschläfernd. Doch das Tempo, in dem sie ihre Kolumne verfassen muss, lässt ihr nicht die Zeit, an ihren Artikeln zu feilen. Ihr Stil »à la Maupassant« nimmt es mit Daten und Orten nicht so genau. Um ihre Minderwertigkeitskomplexe Intellektuellen gegenüber zu überspielen, verharrt Parsons im schützenden Kokon ihres Mikrokosmos, von dem sie sich, so reich und berühmt sie auch sein mag, nie zu emanzipieren scheint. Für die Werbeleute der Filmstudios werden Louella und Hedda zu anonymen »gut informierten Quellen«, die Produzenten, die angesichts ihrer Enthüllungen zittern, tun alles, um sie zufriedenzustellen, und die Agenten der Künstler benutzen sie zunehmend als Waffe, wenn es darum geht, Verträge zu verhandeln. Perfide spielt Hedda ihre Rolle herunter, wenn sie behauptet: »Die Macht der Presse wird eindeutig überschätzt. Keine Reporterin, die sich aus eigener Kraft hochgearbeitet hat, kann einen Star machen oder zerstören.«[227]

Die Schauspieler sehen das anders, gehen von der Entrüstung rasch zum Angriff über:

»Wie kannst du nur so was über mich schreiben?«

»Aber es war doch die Wahrheit, oder?«

»Ja, natürlich, aber du bist doch meine Freundin!«

»Setz das ruhig in die Vergangenheitsform: Ich ›war‹ deine Freundin.«

Ob sie nun neue Liebschaften enthüllen, Ambitionen fördern oder von Intrigen und Verrat berichten: »Das Privatleben einer Leinwandgöttin muss öffentlich sein: Die Zeitschriften, die Interviews, die Geständnisse zwingen sie, sich selbst, die eigenen Gesten, den eigenen Geschmack zu verkaufen.«[228] Hedda und Louella beschränken sich nicht nur darauf, darüber zu schreiben. Sie unterstellen, tuscheln, verbreiten ihre Verleumdungen und Pseudoenthüllungen sogar übers Radio. Das gesprochene Wort tritt in Konkurrenz zum geschriebenen, verstärkt es. Und auch wenn ihr gluckenhafter Ton nicht wirklich hilfreich ist, moderiert Louella erfolgreich eine Radiosendung, in der Filmstars bei ihr zu Gast sind. Sie unterschreibt einen Vertrag mit dem Suppenhersteller Campbell für die Sendung »Hollywood Hotel«, in der Prominente von bevorstehenden Filmen erzählen und im Gegenzug eine Suppendose erhalten.

Hedda macht es ihr nach, am 6. November 1939 hat sie ihre erste Radiosendung bei CBS, »The Hedda Hopper Show«. Sie ist jetzt reich, inzwischen kann sie nicht mehr von zu Hause aus sieben Tage die Woche schreiben und noch ihre Sendung machen. Deshalb beschließt sie, dass der Moment gekommen ist, sich ein Büro im siebten Stock eines Gebäudes am Hollywood Boulevard zu gönnen und eine Sekretärin einzustellen.

Louella tut weiterhin so, als gäbe es sie gar nicht.

Ihr Hochmut bleibt bis 1939 unangefochten.

Liebe und andere Katastrophen

Vielleicht hätte Louella sie ja geduldet, ihre Eifersucht auf den Beruf beschränkt. Aber ein unwesentliches Detail bringt sie auch aus privaten Gründen gegen ihre Konkurrentin auf – als Hedda es wagt, Henry Watson Martin als »diesen verfluchten Arzt« zu bezeichnen. Wie kommt diese frustrierte alleinstehende Frau nur dazu, ihn so zu beleidigen? Es ist nämlich so, dass Louella sich nach Jahren vergeblicher Verknalltheit in Peter J. Brady in jemand Neues verliebt hat. Mit Martin kommt sie endlich zur Ruhe und erhält den Status, den sie seit Jahren anstrebt. Ihre unglückliche Verbindung zum verschwundenen McCaffrey endete 1929 mit einer Scheidung, woraufhin sich Louella begeistert mit einem Urologen, der im Ruf eines Trinkers steht, zusammentat: Sie wurde zur Ehefrau von Dr. Henry Watson Martin. Es ist der *Los Angeles Examiner*, der am 5. Januar 1930 berichtet, dass sie nach einer gerade mal zweiwöchigen Verlobungszeit Dr. Henry Watson Martin geehelicht hat (»Der schönste Tag meines Lebens«, flötet die Braut). Gleich darauf wird dieser zum Betriebsarzt von Twentieth Century Fox ernannt – ein Vorschlag der Produzenten, um sich bei der mit ihm verheirateten Journalistin für Gefälligkeiten zu bedanken.

Hedda hingegen hat auf diesem Gebiet weiterhin Pech. Bevor

sie ihre gesamten Ersparnisse im Börsencrash verlor, hatte sie
die Drehbuchautorin Frances Marion 1928 nach Europa begleitet
und sich auf der Überfahrt in einen faszinierenden amerikanischen Maler verliebt. Die Freundin Marion Davies, die so einige
Erfahrung mit *unverbindlichen Liebschaften* hat, drängte sie, sich
gehen zu lassen und »die Höschen aus dem Fenster zu hängen«.[229]
Doch Pustekuchen: Anders als Louella stand Hedda stets mit
beiden Beinen fest auf der Erde. Sie gab dem Werben des Malers
nicht einmal nach, als der ihr, in der Hoffnung, sie zu erobern, bis
nach Hollywood folgte, wo er sich aus lauter Verzweiflung das
Leben nahm.

Beruflich war und ist die Liebe mit ihren unvermeidlichen
Geheimnissen und Lügen für beide das Thema Nummer eins,
denn »die Liebe ist das, was den Star am stärksten mit seiner
Filmrolle verbindet. Es ist kein Zufall, dass der männliche Filmstar vorzugsweise die Leinwandgöttin lieben muss«.[230]

Verlobungen, Hochzeiten, Scheidungen sind die beliebtesten
Sujets. Und sowohl Louella als auch Hedda wühlen mit schmal-
zigen Sätzen im Privatleben von Paaren oder vernichten sie mit
ihren beißenden Bemerkungen, nur um alle mit ihren Enthüllungen in Atem zu halten.

Louella bekommt zwei Spitznamen: »Königin von Hollywood«, aber auch »Totengräberin der Liebe«, weil sie es schafft,
sogar die gefährdeten Ehen aufzustöbern, die nach außen hin
bombenfest wirken.

Louella beginnt rasch damit, die Neugier der Amerikaner auf
das Liebesleben ihrer Stars zu befriedigen. Ihre erste große Enthüllungsgeschichte ist 1936 die Scheidung der »Pickfairs«, also
der Stummfilmdarsteller Douglas Fairbanks und Mary Pickford – und das nach sechzehn Jahren Ehe, weil er sie mit der englischen Schauspielerin beziehungsweise dem Model Lady Sylvia

Ashley betrogen hat. Die Zeitungen schreiben monatelang darüber, auch wegen Pickfords Ahnungslosigkeit, die sich auf die Freundschaft verlässt, die sie seit Jahren mit der Parsons verbindet. Sie begeht den unverzeihlichen Fehler, sich ihr anzuvertrauen, und liefert ihr so Material für eine unendliche Klatschsaga.

Louella hat überall versteckte Spione und ist auch selbst allerorten anzutreffen: in den Fluren der Studios, in den Friseursalons von halb Los Angeles, in den schallisolierten Anwaltsbüros, ja sogar in den Arztpraxen. Erfährt sie es nicht von den Betroffenen selbst, wird sie so aus erster Hand über deren Schwangerschaften informiert. Die »Königin von Hollywood« schafft es sogar, bis in den Algonquin Round Table vorzudringen, einen literarischen Zirkel im gleichnamigen Hotel, den sie trotzdem hasst, weil er ihr zu snobistisch (»Es ist schwieriger, einen Platz an deren Tisch zu bekommen, als in den Buckingham Palace eingeladen zu werden.«[231]). Als Dorothy Parker 1935 von ihrem zweiten Mann, dem Schauspieler und Schriftsteller Alan Campbell, schwanger wird, ist Louella die Erste, die von ihr informiert wird und pünktlich einen Artikel darüber bringt, versehen mit einem Foto der Parker, die gerade Babyschühchen strickt.

Als sie von Clark Gables bevorstehender Scheidung von seiner zweiten Frau Ria erfährt, schreckt Louella nicht einmal davor zurück, Mrs Gable »zu entführen« und sie bei sich zu Hause so lange in Geiselhaft zu nehmen, bis sie sich sicher sein kann, die Nachricht als Erste zu bringen. Gable wird ihr das heimzahlen. Nachdem er geschieden wurde und kurz davorsteht, seine neue Verlobte, die wunderschöne Schauspielerin Carole Lombard, zu heiraten, geht Louella fest davon aus, die Exklusivrechte an der Hochzeit zu bekommen, »weil er es ihr versprochen hat«. Doch er lässt sie einfach im Regen stehen, indem er am 29. März 1939 in aller Heimlichkeit heiratet und eine schlichte Pressemitteilung herausgibt.

»Das kann doch nicht wahr sein, das hätte er mir doch gesagt!«, beschwert sie sich. Im Hintergrund tauchen klar erkennbar Heddas Umrisse auf, eine enge Freundin von Gable, die, nur weil sie die Rivalin weinen sehen will, darauf verzichtet, auf das Ereignis hinzuweisen.

Die Konkurrenz hält an, und die Verteufelung der Feindin wird zur Gewohnheit. Es wird allerdings Hedda sein, die die »Totengräberin der Liebe« mit einer Weltnachricht endgültig in Grund und Boden stampft.

Scoop – Der Knüller!!!

Es ist der 21. Oktober 1939 um elf Uhr abends. Dank eines gehaltenen Versprechens »entdeckt« Hedda eine »verbotene Liebe«, ein Paar, das seine heimliche Affäre in einer luxuriösen Beverly-Hills-Villa auslebt. Da sie zwanzig Kilometer von ihrer Redaktion entfernt ist, hält sie an der nächsten Telefonzelle und wählt die Nummer des diensthabenden Chefredakteurs der *Los Angeles Times*.

»Stoppen Sie die Druckerpressen.«

»Warum?«

»Ich habe da eine Geschichte, die Ihnen gefallen dürfte.«

»Worum geht es denn?«

»Die Sache ist zu groß, als dass ich sie am Telefon besprechen könnte.«

»Geben Sie mir wenigstens einen kleinen Hinweis.«

»Stoppen Sie die Druckerpressen, hab ich gesagt.«

Klick, aufgelegt.

*Bei der Zeitung erwartet sie die versammelte Redaktion: »Okay,
Hedda, raus mit der Sprache! Shirley Temple hat sich mal wieder die
Locken abgeschnitten?«*

»Was sagt ihr zur Scheidung von Jimmy Roosevelt?«

Das ist wirklich kein Thema für eine Kinokolumne. Aber als er
vom Verleger der *LAT* ans Telefon geholt wird, bestätigt der
Protagonist der Geschichte, sie Hedda angeboten zu haben: unter der Bedingung, dass Name und Foto seiner Geliebten (und
zukünftigen Frau), sprich der vierundzwanzigjährigen Mayo-
Clinic-Krankenschwester Romelle Schneider, geheim bleiben.

Die Rotationsmaschinen werden angehalten und die Titelseite völlig neu gestaltet.

Heddas Artikel lässt den Namen der jungen Frau weg und beschränkt sich darauf, die inzwischen unvermeidliche Scheidung
von »James Roosevelt, zweiunddreißigjähriger ältester Sohn un-
seres verehrten Präsidenten und seiner fantastischen First Lady
Eleanor, Verwaltungsmitarbeiter bei Samuel Goldwyn Motion
Pictures Production, seit neun Jahren mit der Philanthropin Met-
sey Maria, dreißig, verheiratet und Vater zweier entzückender
Mädchen, Sara und Kate, sieben respektive drei Jahre« anzukün-
digen.

Die sensationellste Nachricht des Jahres spricht sich blitzschnell herum, und an einem einzigen Vormittag wird die gescheiterte Schauspielerin zur gefürchtetsten Journalistin Amerikas.

»Ich bin so lange ums Zeitungsgebäude herumgeschlichen,
bis ich die erste Ausgabe in Händen hielt! Darin stand MEINE
große Enthüllungsgeschichte über den Sohn des Präsidenten der
Vereinigten Staaten! MEINE Kolumne!«[232]

Am Montag darauf greift Louella nach dem letzten Strohhalm und schreibt einen giftigen Artikel über Jimmy Roosevelt, über die Krankenschwester, über seine Schwester, seinen Bruder und seine Mutter: »eine andere Perspektive«,[233] rechtfertigt sie sich.

Ein Sturm der Entrüstung bricht los.

Damit ist der Krieg offiziell erklärt, wie der *Hollywood Reporter* wenige Tage später in einem langen Artikel mit dem Vorspann »Der Krieg zwischen Louella Parsons und Hedda Hopper ist nun allseits bekannt. Von nun an werden sie versuchen, sich gegenseitig reinzulegen«[234] schreibt.

Inzwischen hat Hedda, die endgültig im Journalismus Fuß gefasst hat, »den Status jener Journalistinnen erreicht, die selbst schon Berühmtheiten sind«.[235] Sie, die seit jeher alles liebt, was gewagt ist, sammelt Hüte wie Briefmarken und kann einfach nicht genug davon bekommen. Sie lebt wie die Stars, über die sie berichtet, ja vielleicht sogar noch besser – »es ist einfacher, mit Marilyn Monroe zu Abend zu essen, als bei Miss Hopper eingeladen zu werden: so bewacht, wie sie ist, von bissigen Hunden, livrierten Bediensteten und unfreundlichen Sekretärinnen«[236] –, und provoziert Louella mit einem luxuriösen Anwesen an der Tropical Avenue, Beverly Hills, wo Sternenbanner lebhaft im Wind flattern. Sie hat keine Minderwertigkeitskomplexe mehr gegenüber der Rivalin und deren prunkvoller Villa mit aus den Studios geklautem Kunstrasen am North Maple Drive 619, Beverly Hills. Traumhäuser, die in der Adventszeit zum surrealen Schlachtfeld eines Krieges um Glückwunschkarten und Geschenke werden. Hedda, die in Armut aufgewachsen ist, ist eine besessene Sammlerin, sie hortet Kleider, Pelze, Schuhe und vor allem eben Hüte, »ihr Markenzeichen, geschmückt mit falschen Hörnern, einem Eiffelturm aus Stoff und Pappeiern – ein stilistisches Feuerwerk, das sie zu einer Pionierin macht, zur ersten Person des öffentlichen Lebens, die sich mithilfe von Garderobe und Accessoires in eine Marke verwandelt«.[237]

Neben Scheidungen und Hochzeiten ist eines der von beiden Klatschbasen begehrtesten Themen eine ungewollte Schwangerschaft oder eine, die verheimlicht werden soll. Als Hedda 1948 auf einer Party entdeckt, dass Gene Tierney ein Kind erwartet, bestätigt ihr das die Schauspielerin ganz aufgekratzt vor Glück selbst. Hedda ruft sofort bei der Zeitung an, um die Nachricht als Erste weiterzugeben, doch die Schauspielerin soll das noch mal persönlich bestätigen. Hedda sucht sie überall vergeblich. Am nächsten Tag erfährt sie, dass Twentieth Century Fox, die Tierney unter Vertrag haben, das Exklusivrecht bereits Louella zugesichert hatten. Als diese erfuhr, dass Hedda Bescheid weiß, beschimpfte sie Tierney so sehr, dass die Schauspielerin das Fest unter Tränen verließ. Hopper beschuldigt Louella, unsensibel zu sein. Es sei falsch gewesen, auf Gene loszugehen. Die habe sich ihr nur anvertraut, weil sie nach der Geburt einer Tochter mit neurologischen Problemen im siebten Himmel sei.

Aber der vernichtendste journalistische Angriff durch bigotte Verleumdungen und mentale Engstirnigkeit der Urheberin auf eine der leidenschaftlichsten Liebesgeschichten der Nachkriegszeit geht allein auf Louella Parsons Konto. Sie entfacht so lange Funken, bis sie zu einem lodernden Feuer werden, zu einer »Nachricht«, die in einem weltweiten Skandal endet.

Passiert ist Folgendes:

1949, nach Ende der Dreharbeiten zum Film *Stromboli*, der auf den Äolischen Inseln gefilmt wurde, überredet der geniale Roberto Rossellini Ingrid Bergman, Louella ein Telegramm zu schicken, in dem sie ihr mitteilt, sie beabsichtige, sich von ihrem

Mann, dem Neurochirurgen Petter Lindström, scheiden zu lassen, um mit Rossellini zusammenzuleben.

Ein intellektueller italienischer Regisseur und eine der berühmtesten Frauen Amerikas?

Nach dem privaten Telegramm gibt die Bergman eine Pressemitteilung heraus. Darin verkündet sie, sie habe ihren Anwalt damit beauftragt, die Scheidung einzureichen, und werde sich nach Ende der Dreharbeiten ins Privatleben zurückziehen.

Die fantastische Ingrid, die als Nonne in *Die Glocken von St. Marien* und in *Johanna von Orleans* von Victor Fleming eigentlich höchste Verehrung genießt, wird von der amerikanischen Presse an den Pranger gestellt. Die »Heilige« wird zur ehebrecherischen Sünderin, die Mann und Tochter verlassen hat. Das Publikum boykottiert den Film, es folgt das typische Klischee: »Die Leinwandgöttin leidet, lässt sich scheiden, triumphiert und lebt aus Liebe nur von der Liebe. Ihre Bewunderer, sei es, dass sie sich an der Nase herumgeführt oder *betrogen* fühlen, verwünschen die Bergman, weil sie sie im Stich gelassen hat.«[238]

Es ist von einer Schwangerschaft die Rede. Und »dass eine Leinwandgöttin ein Kind erwartet, ist für die Zeitungen genauso wichtig wie ein Krieg, wie der Tod eines Papstes, wie die Hochzeit eines Königs«.[239] Hedda Hopper, die Ingrid Bergmans Karriere und ihr Leben mit dem reizenden schwedischen Ehemann, seit die beiden 1939 nach Hollywood kamen, aus nächster Nähe begleitet hat, verliert keine Zeit. Rein zufällig ist sie gerade in Rom, und zwar wegen einer Reportage über Joan Fontaine, die zu dieser Zeit *Liebesrausch auf Capri* mit William Dieterle dreht. Hopper hat nicht die geringste Absicht, sich diese exklusive Geschichte entgehen zu lassen. Ingrid empfängt sie äußerst liebenswürdig, doch ihre Frage nach einer eventuellen Schwangerschaft wird lachend verneint: »Aber schau mich doch an, Hedda! Wirke ich etwa schwanger auf dich?«

Wenige Wochen später bringt der *Los Angeles Examiner* einen Artikel von Louella Parsons auf der Titelseite, die Überschrift lautet: *Ingrid Bergmans Sohn wird in drei Monaten in Rom zur Welt kommen.* Als Louella abends von der Zeitung nach Hause kommt, findet sie ihren Mann mit dem Rosenkranz in der Hand vor, der betet, »dass die Geschichte stimmt«: Die Nachricht schlägt ein wie eine Bombe, und die gesamte Presse, einschließlich Hedda, stürzt sich auf Louella und ihren Verleger Hearst, weil sie so eine anstößige Nachricht gebracht haben.

Hedda wird sich das nie verzeihen: Sie war bloß einen Meter von der Leinwandgöttin entfernt und hat sich den Scoop entgehen lassen!

Die Geburt von Robertino Rossellini beweist, dass die Information korrekt war, und die Quelle, »ein superwichtiger Mann, nicht nur in Hollywood, sondern in den gesamten Vereinigten Staaten«,[240] erweist sich als unantastbar. Seinen Namen wird Dorothy Manners, Parsons Assistentin, erst viele Jahre später enthüllen: »Howard Hughes hatte die Rechte eines Buches gekauft und wollte es unbedingt mit Ingrid verfilmen, die damals sehr gefragt war. Ingrid war dermaßen in Rossellini verliebt, dass sie den Vertrag nur unter der Bedingung unterschrieb, dass Hughes auch den Film *Stromboli* produziert … der sich später als Kassengift entpuppen sollte. Hughes bat Ingrid anschließend, sofort nach Amerika zurückzukehren, um bei seinem neuen Film mitzumachen, doch sie erwiderte, sie erwarte ein Kind von Rossellini; er rief Marion Davies an, flehte sie an, Louella zu informieren, die anfangs noch zögerte, die Information publik zu machen. Als Hughes Marion nach dem Grund dafür fragte, erwiderte sie: ›Meine Güte, Howard! Ingrid ist noch mit einem anderen verheiratet. Das kann die schlimmste Klage werden, der Hearst sich stellen muss.‹«

Doch dazu kommt es erst gar nicht. Und Louella triumphiert.

Es gibt jedoch auch Menschen, die es schaffen, sich an den gnadenlosen Harpyien im Journalismus zu rächen.

Einer der meistkommentierten Vorfälle betrifft Hedda und den Schauspieler Joseph Cotten. Sie selbst kann sich noch gut an den Skandal erinnern: »Ich schrieb, dass er, der mit der Pianistin Lenore Kipp verheiratet war, bei den Dreharbeiten zu *Hers to Hold* einen Flirt mit Deanna Durbin hatte. Cotten rief mich an und drohte, mir in den Hintern zu treten, wenn er noch einmal seinen Namen in meiner Kolumne lesen müsse. Aber er hat es natürlich nicht geschafft, mich einzuschüchtern! Ich brachte die Nachricht, doch einige Zeit später sah ich ihn im Ballsaal des Beverly Hotel wieder, und genau in dem Moment, als ich mich setzen wollte, kam er auf mich zu und flüsterte: ›Ich hab da was für dich.‹ Vor allen Leuten riss er mir abrupt den Stuhl unterm Hintern weg, wodurch ich unglücklich stürzte.«[241] Am nächsten Tag wurde das Haus Cotten von Blumensträußen und Telegrammen all derer überschwemmt, die sich auch gerne mal an Hopper gerächt hätten, ohne je den Mut aufgebracht zu haben. Angeblich soll Cotten sein Bad mit den Dankschreiben tapeziert haben.

Und er ist nicht der Einzige. Vor Zeugen gelingt es auch Spencer Tracey, Hedda im Restaurant *Ciro's* buchstäblich in den Hintern zu treten. Er tobt wegen eines ausführlichen Artikels, der zwar die Identität der Beteiligten verschweigt, aber auf eine heimliche Beziehung zu Katharine Hepburn anspielt. Wegen ihres unstillbaren Drangs, im Dreck anderer Leute zu wühlen, wird Hedda von vielen aus der Branche mit einem Stinktier verglichen. Genervt von ihren Unterstellungen schickt ihr die

Schauspielerin Joan Bennett eines aus Fleisch und Blut, begleitet von der Nachricht: »Ich stinke und du auch.« Doch Hedda zuckt nicht mit der Wimper, sondern befindet, es handle sich um ein sehr wohlerzogenes Tier, und tauft es auf den Namen Joan. Nachdem die Geschichte publik wurde, melden sich verschiedene Interessenten bei ihr, und sie lässt Joan schließlich in einer eleganten Schachtel dem Schauspieler James Mason zustellen, der mit seiner Frau das erste Gebot abgegeben hatte.

Mithilfe indiskreter Recherchen nach tatsächlichen und vermeintlichen Liebesaffären tragen die beiden Klatschreporterinnen einen unerbittlichen Krieg aus, auch wenn Hedda das eher als PR-Gag sieht, während die andere, die Hedda sogar in Kleiderfragen als Erzfeindin betrachtet, dadurch tief getroffen ist. Hedda pflegt ihre Niedertracht und lebt sie schamlos aus. Als die Schauspielerin Merle Oberon es wagt, sie zu fragen, was sie bloß dazu veranlasse, so schreckliche Dinge zu schreiben, erwidert sie nur lapidar: »Gehässigkeit, meine Liebe, einfach nur reine Gehässigkeit.«

Bei einem hypothetischen Ranking dürfte Louella vermutlich den Kürzeren ziehen: »Am gehässigsten ist Hedda, die ständig mit einem Hut auf dem Kopf rumläuft: Neben ihrer Niedertracht sind Hüte ihr einziger Daseinszweck. Ihr Credo lautet, dass niemand verschont wird, dass sie über alle schlecht redet. Sie mag es, als Giftnatter bezeichnet zu werden. An dem Tag, an dem es heißt, dass sie lieb und nett ist, wird sie vor Gram sterben.«[242]

Her Master's Voice

Die beiden Harpyien verletzen durch das, was sie schreiben, aber auch durch das, was sie nicht schreiben. Ein Beispiel: Als MGM 1934 Norma Shearer statt Marion Davies die Hauptrolle in *The Barrots of Whimpole Street* anbietet, unterlässt es Louella, ohne erst die Anweisungen ihres »Masters« William Randolph Hearst abzuwarten, der absolute Loyalität von ihr erwartet, ein Jahr lang, Film und Schauspielerin auch nur zu erwähnen. Aber sie hat schon Schlimmeres getan. Glaubt man der Gerüchteküche, soll einer der Gründe für Hearsts Wohlwollen und ihre unaufhaltsame Karriere die Vertuschung eines verdächtigen Todesfalls sein.

Es ist eines der großen ungelösten Geheimnisse Hollywoods. Hauptfigur und *cadavre exquis* ist am 15. November 1924 der Regisseur und Filmproduzent Thomas Ince. Die offizielle Todesursache lautet »Herzinfarkt aufgrund akuter Verdauungsbeschwerden«, er soll gegen Ende einer von Hearst auf seiner Jacht *Oneida* organisierten Party aufgetreten sein, als man den zweiundvierzigsten Geburtstag des Freundes und ihre neueste Zusammenarbeit bei Filmproduktionen feierte. Mit auf der *Oneida*: Marion Davies, Hearsts Sekretär Joe Willicombe, die Schriftstellerin Elinor Glyn, die Schauspielerinnen Seena Owen und Vera Burnett, Marions Schwestern Ethel und Reine, Charlie Chaplin und Louella Parsons (ganz zu Anfang ihrer Zeit in Hollywood, als sie noch eine einfache, bei Hearst angestellte Journalistin ist).

Es handelt sich bei ihm um einen sehr mächtigen Mann, und die Aussagen über das, was vorgefallen ist, gehen weit auseinander. Am meisten verbreitet ist die Darstellung der Journalistin Grace Kingsley von der *New York Daily News*, dass Chaplin eine

Affäre mit Marion Davies gehabt haben soll. Hearst, der Spione in ganz Hollywood hat, scheint dem Gerücht keine allzu große Bedeutung beizumessen, doch als er glaubt, Chaplin und Marion bei einer Umarmung auf seiner Jacht ertappt zu haben, dreht er durch vor Eifersucht und schießt. Doch der Mann neben Marion ist nicht Chaplin, sondern sein Freund Ince. In Panik vertraut er sich der einzigen Person an Bord an, die ihm helfen kann, die Sache zu vertuschen: Louella. Es ist Sonntag, Hearst ankert in einer Bucht, seine Komplizen sind die Gerichtsmediziner von San Diego und Los Angeles. Er lässt die Leiche einäschern, um eine Autopsie zu vermeiden: Während der Prohibition hätte der hohe Promillewert von Ince als illegal gegolten; Ermittlungen und entsprechende Gerüchte wären garantiert gewesen. Die Zeitungen halten sich zurück.

Die erste Ausgabe der *Los Angeles Times* titelt: *Filmproduzent auf Hearsts Jacht ermordet,* doch die folgenden Artikel schlagen leisere Töne an. Auch Louella tut das Ihre, um die Unterstellungen zu dämpfen, indem sie alles abstreitet: »Ich war an besagtem Tag in New York, es gibt zahlreiche Artikel, die das beweisen.«

Doch einer Journalistin der Hearst-Gruppe dürfte es nicht weiter schwergefallen sein, ein Datum zu fälschen. Die Loyalität der fleißigen Reporterin wird sich auszahlen, eine große Zukunft ist ihr sicher.

Auch 1941 wird sich Louella hinter Hearst – und damit gegen Hedda – stellen: RKO Pictures hat *Citizen Kane,* den Film des sechsundzwanzigjährigen Wunderkindes Orson Welles, produziert. Er erzählt die Geschichte des Medientycoons Charles Foster Kane, ein Magnat, der die Zeitung, die er besitzt, nutzt, um an die Macht zu gelangen. Der Film ist eindeutig von Hearst inspiriert, der das Vorbild für Kane lieferte. Zu ersten Recherchen lädt Louella »das junge Genie« zum Mittagessen ein. Welles streitet natürlich alles ab, doch Hedda schafft es, einer ersten privaten Aufführung des Films beizuwohnen, und erkennt im Helden sofort den Geliebten ihrer Freundin Marion Davies. Noch während der Abspann läuft und die Lichter angehen, ist ihr klar: Sie muss dringend Hearst kontaktieren und ihm von der Gefahr berichten. Und wo sie schon mal dabei ist, dreht sie das Messer in der Wunde, indem sie hinzufügt, sie könne so gar nicht verstehen, warum Louella ihn nicht längst schon darüber informiert habe. Tobend vor Wut ruft Hearst seine Reporterin an und befiehlt ihr, in Begleitung zweier Anwälte an einer Vorführung teilzunehmen.

Die beiden Frauen beschuldigen sich in aller Öffentlichkeit gegenseitig: Die eine sagt, sie sei herbeigeeilt, um Hearsts Image zu schützen, die andere, sie habe seine Interessen stets gewahrt. Schockiert über das, was sie da auf der Leinwand sieht, hastet Louella aus dem Vorführsaal und telegrafiert Hearst eindringlich: STOP CITIZEN KANE.

Dieser Grünschnabel von Regisseur! Und dieser Verräter Herman J. Mankiewicz, der zwar offiziell nicht für das Drehbuch verantwortlich zeichnet, aber ganz Hollywood weiß, dass er es geschrieben hat! Wo Hearst ihn doch so bewundert und protegiert! Louella wird aktiv. Sie denkt sich alles Mögliche aus, um das Erscheinen des Films zu verhindern: Sie droht der RKO, die Vergewaltigungen von jungen, unschuldigen Schauspielerinnen durch die Chefs öffentlich zu machen, ebenso den Umstand, dass die Angestellten der Studios oft betrunken sind, und andere Schändlichkeiten mehr, die bisher vertuscht wurden. Auch schwört sie, das amerikanische Publikum darüber aufzuklären, dass »der Judenanteil bei der RKO viel zu hoch ist«.

Der Präsident George Schaefer gibt dem Druck nicht nach, er lässt sich nicht einschüchtern und kündigt die Premiere von

Citizen Kane in der Radio City Music Hall an. Louella gibt nicht auf, sie ruft den Manager des Veranstaltungsorts, George Van Schmus, an und verkündet, der Film werde in keiner einzigen Zeitung besprochen werden. Danach wird die Premiere abgesagt, und Louis B. Mayer, der Hearst unterstützt (seine MGM unterhält Geschäftsverbindungen zu den Cosmopolitan Pictures des Tycoons), bietet Schaefer 800 000 Dollar, wenn er alle vorhandenen Kopien verbrennt, »zum Wohle der Kunst und der Filmindustrie«. Schaefer bleibt unbeirrbar, und damit nicht genug: Nach den heftigen Angriffen der Hearst-Presse auf Welles zieht der geniale, etwas zerzaust wirkende Regisseur viele Sympathien auf sich, vor allem vonseiten der Konkurrenz. Zu der zählt auch Henry Luce, Gründer der Zeitschriften *Time* und *Life*. Dank des unerwarteten Interesses, das sich bald als glücklicher Werbe-Coup entpuppt, bringt RKO den Film im Mai 1941 ganz groß raus. Man würdigt ihn als Meisterwerk, doch trotz positiver Kritiken wird der arme Welles, der als unangenehme Nervensäge gilt, seinen Status bei RKO und in ganz Hollywood nie mehr zurückerlangen – auch weil er für immer auf Louellas Schwarzer Liste steht.

Hedda nutzt die Gelegenheit zum Angriff. Als leidenschaftliche Anhängerin von Welles schildert sie sein Leben in ihrer Radiosendung in sechs langen Folgen. Darin beharrt der Regisseur auf seiner Position und beschreibt Hollywood als »Kaserne seelenloser Sklaven, in der eine gnadenlose Zensur herrscht«. Er gibt aber auch zu, dass er »nur in Hollywood einen Film wie *Citizen Kane* machen konnte«.[243]

Moralapostelinnen

Hinter ihren riesigen Mauern haben die Bosse der »Big Five« Twentieth Century Fox, RKO, Paramount, Warner Bros. und MGM sowie die kleineren Studios Universal, Columbia und United Artists ein unangefochtenes Monopol auf Verträge, Vertrieb, Presse und das Image der Schauspielerinnen, Schauspieler und Regisseure. Jedes Studio hat eine Abteilung, die »unerwünschte« Schauspieler, Regisseure und Mitarbeiter fernhält und sich im Falle unmoralischen Verhaltens oder auch nur einer unzureichenden Präsentierbarkeit der Künstler auf die Klausel »moralischer Verwerflichkeit« beruft. Das bedeutet die sofortige Entlassung. Manchmal reicht es schon, dass ein Name auf eine bestimmte Weise geflüstert wird, und eine Schauspielerin, ein Regisseur oder ein Drehbuchautor bekommen keine Arbeit mehr.

Louella und Hedda, die beiden Moralapostelinnen mit dem erhobenen Zeigefinger, sind die ideale Einschüchterungswaffe, um die Schauspieler vor Exzessen zu bewahren und sie unter Kontrolle zu halten, »sie richten über den Ruf der Leinwandgöttinnen«,[244] die sie häufig hassen, obwohl sie dennoch gezwungen sind, sie mit Respekt zu behandeln, um Erpressungen oder Bestrafungen zu vermeiden.

In den Fünfzigerjahren tut Hedda noch weitaus mehr, als nur Kolumnen schreiben. Sie wird zur scharfen Waffe des republikanischen Senators Joseph McCarthy. Sie hilft ihm bei seiner unermüdlichen Hexenjagd auf Kommunisten und Homosexuelle (für sie monströse Perverse, die dringend behandelt werden müssen). Stets bereit, einen Krieg zu entfesseln, denunziert sie alle, die in Hollywood verdächtigt werden, mit der Kommunistischen Partei zu sympathisieren oder ganz banal ein Leben leben, das laut ihrem Wertekanon lasterhaft ist. Als die dunkle Wolke des Kalten

Krieges mit der Sowjetunion über Amerika hängt, unterstellt Hedda, dass der bekannte und hoch bezahlte Drehbuchautor Dalton Trumbo und seine Freunde Kommunisten seien. McCarthy fackelt nicht lange, die Subversiven fallen sofort bei ihm in Ungnade und verschwinden zu Hunderten von den Besetzungslisten. Der unermüdliche Senator benennt ein Untersuchungskomitee und macht den Verdächtigen den Prozess. Hopper benutzt ihre Artikel als Waffe, mit der sie jeden denunziert und zerstört, den sie für den politischen Feind hält und »unamerikanischer Umtriebe« verdächtigt.

Aufgrund ihrer Wahnideen – eine zynische Ausprägung ihres gesteigerten Rachebedürfnisses – beschimpft sie auch die Oscar-Academy. Wegen einer Artikelflut, die Monster heraufbeschwört beziehungsweise erst erschafft, müssen die Drehbuchautoren Carl Foreman *(Zwölf Uhr mittags)* und Michael Wilson (der 1951 den Oscar für *Ein Platz an der Sonne* bekam) Federn lassen. Sie droht, aus der Academy auszutreten, wenn José Ferrer den Oscar gewinnen sollte, und versteigt sich 1959 dazu, die für den Oscar nominierte Simone Signoret, die in den Vereinigten Staaten wegen ihrer politischen Ansichten unerwünscht ist, scharf zu kritisieren. Nach der Verleihung im Jahr darauf wird sie sagen: »Man hat dieser Linken, die sich Picassos Taube auf die Kleider näht, den Oscar gegeben? Ich trete aus der Academy aus.«[245]

Dazu wird es dann doch nicht kommen, Hedda bleibt auf ihrem Posten.

Am 6. April 1959 geht der Oscar für das beste Drehbuch an Nedrick Young und Harold Jacob Smith für den antirassistischen Film *Flucht in Ketten.* Hedda verkündet lapidar: »Seit die Academy die Auszeichnung kommunistischer Drehbuchautoren zulässt, haben mir einige ehemalige Gewinner, die wie ich verbittert darüber sind, gesagt, dass sie ihre Preise zurückgeben werden.«[246]

Auch dazu kommt es nicht, niemand denkt im Traum daran, seine Oscar-Statue zurückzugeben.

Als sich Hedda am 17. April 1961 über den möglichen Gewinner Dalton Trumbo aufregt, wütet sie: »Sollte Trumbo den Oscar für *Spartacus* bekommen« – den Film von Stanley Kubrick, der ihn nach Jahren der Zensur wieder zu einem begehrten Vertragspartner macht –, »wird das Dach des Santa Monica Auditorium von lauter Buhrufen aus den Angeln gehoben werden.«

Während ihrer gesamten Laufbahn sind die bösartigen und oft nicht wahrheitsgemäßen Artikel Heddas gegen Charlie Chaplin, den sie nur »das Männlein« nennt und der seit jeher ihr liebstes Opfer ist, nicht mehr zu zählen.

Louella hingegen verehrt ihn.

Der Krieg gegen Chaplin beginnt eines Nachmittags im Jahr 1943, als die zweiundzwanzigjährige Joan Barry weinend bei Hedda im Büro am Hollywood Boulevard vorbeischaut. Sie behauptet, von Charlie Chaplin schwanger zu sein, der sie daraufhin fallen gelassen habe. Die selbst ernannte Tugendwächterin wühlt und gräbt, stellt Fragen und beginnt, den Schauspieler unter Beschuss zu nehmen. Er wird in einen Gerichtsprozess zur Feststellung der Vaterschaft verwickelt und zahlt sein Leben lang Unterhalt für das besagte Kind, obwohl ihn das Gericht freispricht. Hedda ist immer noch nicht zufrieden und verfolgt ihn mit erfundenen Anschuldigungen in Bezug auf sein Privatleben und auf seine Bewertung des amerikanischen Sozialsystems. Bis sie ihn sogar vor Gericht zerrt und 1952 zwingt, die Vereinigten Staaten zu verlassen. In diesem Amerika voller Vorurteile ist Hedda die Freundin des zynischen Sheriffs an der Spitze des FBI, J. Edgar Hoover, der ihren Patriotismus weckt: »Bring mir das Material, Hedda, dann lass ich es explodieren.«

Chaplin findet einen Weg, sich zu rächen, indem er Louella das Exklusivrecht für seine vierte Hochzeit mit der achtzehnjährigen Oona O'Neill, Tochter des Dramaturgen Eugene O'Neill, anbietet. So kommt es, dass der *Los Angeles Examiner* Fotos von der Hochzeit auf der Titelseite hat, die arme *Los Angeles Times* aber kein einziges.[247]

Hedda hasst die Europäer. Sie schwafelt von nationaler Identität, für sie gibt es nur *America First,* ja, sie geht sogar so weit, den französischstämmigen Modeschöpfer Oleg Cassini, der mit Grace Kelly verlobt ist, mit unverhohlener Dummheit zu kritisieren: »Bei so viel faszinierenden Männern in Hollywood – warum ausgerechnet Cassini? Es dürfte am Schnurrbart liegen …« Er reagiert mit einer sarkastischen Erwiderung: »Ich gebe mich geschlagen, Hedda, ich rasiere mir den Schnurrbart ab, vorausgesetzt, du tust es auch.«

Auch beim »Film aller Filme« ist sie nicht um gehässige Worte verlegen. Die Nachricht, dass eine englische Schauspielerin ausgesucht wurde, um eine so amerikanische Figur wie Scarlett O'Hara in *Vom Winde verweht* zu verkörpern, lässt Hedda toben. Sie findet diese Entscheidung lächerlich und absurd, schreibt zitternd vor Empörung einen Brief: »Schwer zu glauben, dass ein Produzent, der Millionen in das Projekt stecken will, so einen Riesenfehler begeht … Miss Leigh hat ihr ganzes Schauspielerinnenleben englische Luft geatmet und in England gelebt. Darauf zu bauen, dass sie die Rolle einer Amerikanerin während des Bürgerkriegs spielen kann, ist einfach nur idiotisch und eine Beleidigung für Schauspielerinnen und Publikum.«[248] Der Oscar für Vivien Leigh ist der Tropfen, der das Fass zum Überlaufen bringt. Hedda zetert: »Ob die Briten auch so großzügig gewesen wären? Ich glaube nicht.«[249]

Kein Wunder, dass Vivien Leigh Louella verehrt, die wiederum *Vom Winde verweht* verehrt. Am 29. Februar 1940 interviewt sie Hattie McDaniel und gesteht der am selben Abend als erste Afroamerikanerin mit dem Oscar ausgezeichneten Schauspielerin in einer Mischung aus Anbiederung und Übergriffigkeit, dass sie »Mamie sehr geliebt und sie verstanden hat, da ihre Großmutter auf einer Plantage gearbeitet habe, die der von Tara sehr ähnlich sei«.[250]

1964 ist die Oscarverleihung aus Heddas Sicht ein Affront – wie schon 1949, als die englischen Filme mit *Hamlet* und *Die roten Schuhe* auf ganzer Linie siegten. Drei der Nominierten für den besten Hauptdarsteller, Richard Harris, Rex Harrison und Albert Finney, sind Engländer – für Hedda eine Provokation. Lapidar bemerkt sie: »Ich will ja nicht böse sein, diese Engländer mögen durchaus was können, das will ich auch gar nicht bestreiten. Sie haben auch viel Erfahrung: Auf dieser kleinen Insel ist das Klima so schrecklich, dass sie gar nicht anders können, als sich in ihren Theatern einzuschließen und miteinander zu wetteifern, wer von ihnen den Hamlet am besten spielen kann.«[251]

Als Moralapostelin steht ihr Louella allerdings in nichts nach: Bei ihr heißt es nicht *America First* oder Kommunistenhatz – sie ist allem komplett ergeben, was mit Religion zu tun hat. Nach ihrer letzten Ehe ist sie eine noch leidenschaftlichere, noch strengere Katholikin geworden. Sie ist die Taufpatin zahlreicher Kinder von Schauspielern und beginnt jeden Sonntag damit, vor dem Altar der Church of the Good Shepherd von Beverly Hills zu knien, häufig noch etwas beschwipst vom Vorabend. Insofern ist es nicht weiter verwunderlich, dass sie Grace Kelly heftig kritisiert, als diese 1953 bei den Dreharbeiten zu *Bei Anruf Mord* von Alfred Hitchcock einen Flirt mit dem verheirateten Ray Milland hat. Voller Empörung, dass die Kelly, die doch zur Katholikin erzogen wurde, ihre Ehre so beschmutzen kann, tut – und schreibt – sie alles, damit diese Affäre ein Ende hat.

Gefallen und Gunstbeweise

Schwerreich und stets mehr mit ihren journalistischen Ränke-
spielen beschäftigt, wechseln die beiden Klatschkolumnistinnen
Anschuldigungen mit großzügigen Gesten ab, lassen Raum für
den Schmerz und die Tränen derer, deren Fälle sie noch für
»menschlich« halten, beziehungsweise für diejenigen, die ihre
Hilfe brauchen. Und selbst wenn Schmerz öffentlich wird, sind
Hedda und Louella durchaus in der Lage, hinter den Kulissen zu
agieren. Auch wenn sie alles über alle wissen, entscheiden sie sich
manchmal dafür, nicht auch noch draufzuhauen. So auch bei der
Liebesaffäre zwischen Norma Shearer und Mickey Rooney, die
sie bewusst ignorieren und ihrer Leserschaft vorenthalten.

Zu denjenigen, die sich auf Heddas Unterstützung und Nach-
sicht verlassen können, gehört auch Joan Crawford.

Anfang der Vierzigerjahre hat die Schauspielerin eine Reihe
von Flops bei MGM hinter sich, weshalb ihr Vertrag nicht verlängert wird. Crawford spricht bei Warner vor, aber auch da kann
sie nichts erreichen. Sie bekommt einfach keine Angebote für
»einen großen« Film, wie der PR-Mann Warren Cowan Hedda
berichtet. Doch 1945 bietet sich die Gelegenheit: Der Produzent
Jerry Wald möchte Crawford für *Solange ein Herz schlägt* und
stellt den besten PR-Mann an, den mächtigen Henry Rogers, um
den Star zu promoten. Für das Tüpfelchen auf dem i sorgt jedoch
hauptsächlich Hedda, die einen Artikel nach dem anderen über
Crawford schreibt, sie über den grünen Klee lobt und ihr einen
Oscar prophezeit. Es funktioniert, und noch ehe der Film in die
Kinos kommt, zitiert MGM aus Heddas lobenden Artikeln. Die
anderen Zeitungen sind mehr oder weniger gezwungen nachzu-
ziehen, bis Crawfords Oscar-Siegeszug zum Spaziergang wird.
1946 wird *Solange ein Herz schlägt* für sechs Oscars vorgeschlagen,

darunter die für den besten Film und das beste Drehbuch, und natürlich darf Joan Crawford den für die beste Hauptdarstellerin mit nach Hause nehmen.

Warum tut Hedda das? Ist sie tatsächlich so sehr von ihrem Talent überzeugt? Obwohl sie sich stets über die Unantastbarkeit der Stars lustig gemacht hat, respektiert sie deren Ruhm auch, weil er ihr Brot und Arbeit gibt. Doch bei Joan steckt mehr dahinter, in gewisser Weise identifiziert sie sich mit ihr, wie sie selbst gesteht: »Ich kenne das schreckliche Gefühl, beruflich ausgebremst zu werden, vor allem wenn man eine ehrgeizige junge Frau ist.«[252]

Louella sucht sich unter all den Leinwandgöttinnen Marilyn Monroe aus, um sich bei ihr einzuschmeicheln. Obwohl sie so eine Moralapostelin ist, verteidigt sie die Schauspielerin, als diese wegen eines angeblich zu provozierenden Kleides auf einer Party von der Presse stark angegriffen wird. Und Marilyns Dank? Sie wird ihr ein Leben lang Exklusivinterviews geben.

Manchmal kommt es sogar vor, dass sich die beiden Klatschreporterinnen einig sind. Über James Dean zum Beispiel: »Im März 1955 bekam der Film *Jenseits von Eden* von Elia Kazan viel Applaus. Zu den leidenschaftlichsten Fans des talentierten jungen Schauspielers zählen auch Hedda Hopper und Louella Parsons, die normalerweise gegensätzliche Positionen einnehmen. Hedda ist mit der Rivalin einer Meinung, in den Kolumnen der *Los Angeles Times* lässt sie es sich nicht nehmen, Dean ihrer begeisterten Zustimmung zu versichern, während Louella schreibt: ›James Dean ist der zweite Brando und wird mehr als nur eine rasch verglühende Sternschnuppe am Himmel von Hollywood sein.‹«[253] Doch so kommt es leider nicht, und am 30. September 1955 beweint mit ihnen die ganze Welt den Tod dieses atemberaubend gut aussehenden jungen Mannes auf der Route 99.

Neben den Zeitungen bietet ihnen auch das Fernsehen ein Forum, um ihre quotentreibende Fehde fortzuführen: Seit 1950 schalten sonntagabends Millionen von Amerikanern NBC ein und holen sich Hedda und ihr Programm ins heimische Wohnzimmer. Währenddessen fesselt Louellas »Sunday-Night East and West Coast Gossip Show« die Zuschauer an die Mattscheibe.

Ganz so, als wären ihnen ihre Zeitungskolumnen nicht genug, wird der Krieg auch mit Autobiografien ausgetragen: 1944 brachte Louella *The Gay Illiterate* heraus, einen Bestseller, dessen Rechte von Twentieth Century Fox für 75 000 Dollar erworben wurden. 1961 legt sie mit *Tell it to Louella* nach, ein Buch, in dem sie behauptet, am 6. August geboren zu sein, wobei sie das Geburtsjahr geflissentlich übergeht. Hedda entzückt ihre Leser 1952 mit *From Under My Hat,* einer Art Mischung aus Memoiren und sentimentalem Essay. Darin erzählt sie ihr Leben anhand von Erinnerungen und wohlfeilen Auslassungen. Das Buch erscheint in Fortsetzungen in der Zeitschrift *Woman's Home Companion,* 1962 gefolgt von einem zweiten Buch: *The Whole Truth and Nothing But.*

Boulevard der Dämmerung

Times-Redaktion? Hedda Hopper spricht.

Ich bin im Schlafzimmer von Norma Desmond.

Ach bitte, stellen Sie nicht so blödsinnige Fragen.

Schreiben Sie endlich! Fertig?

Letzter Bericht aus dem Mordhaus.

Norma Desmond, der berühmte Star von gestern, ist in einem Zustand völliger geistiger Umnachtung. Ein Vorhang des Schweigens scheint über sie gefallen zu sein …

Wir befinden uns am Set jenes Meisterwerks, mit dem sich Hollywood über Hollywood lustig macht und ebenso hellsichtig wie traurig schildert, wie das Leben jenseits der Leinwand verlaufen kann: *Boulevard der Dämmerung* von Billy Wilder. Auf der Bettkante Normas, und ohne die zum Tatort geeilten Polizisten, Journalisten und Aasgeier überhaupt zu beachten, diktiert Hedda der *Los Angeles Times* einen rührseligen Artikel à la *sob sister.*

Wir schreiben das Jahr 1950, und nachdem er Cecil B. De-Mille davon überzeugen konnte, sich selbst zu spielen, wollte der geniale Wilder eigentlich, dass auch Hedda und Louella als sie selbst auftreten, während sie von Normas Haus aus ihre jeweiligen Zeitungen anrufen. Er malte sich einen wilden Streit zwischen beiden aus, während sie versuchen durchzukommen: Hedda im oberen Stockwerk, Louella im Erdgeschoss.

Aber daraus wurde leider nichts. Louella lehnte das verführerische Angebot dankend ab, das sie zur Co-Darstellerin in einem aufregenden Cameo-Auftritt gemacht hätte. Angst schnürte ihr die Kehle zu: Sie war sich sicher, dass Hedda die Szene als echte Schauspielerin dominieren würde. Viel zu riskant für die sonst so dreiste Reporterin, die daraufhin natürlich »nicht einmal den Titel des Films in ihrer Kolumne erwähnt«.[254] Louella bleibt durch Cameo-Auftritte in den Filmen *Without Reservations* und *Starlift* von Roy Del Ruth aus dem Jahr 1951 in Erinnerung, die ihr ein Honorar von fünftausend Dollar einbrachten – und das für eine Szene von wenigen Minuten! Vor allem aber durch die Schauspielerin Madge Blake, die sie in *Singin' in the Rain* von 1952 als Journalistin Dora Bailey sensationell parodiert.

Doch die Zeiten ändern sich. 1951 stirbt William Randolph Hearst, und obwohl Louella einen Vertrag mit dem Verlag hat, fällt es ihr schwer, ohne dessen schützende Fittiche zu schreiben. Sie bekommt Angst, sich zu kompromittieren.

Es ist schmerzhaft für Hedda und Louella, dem Glamour, dem Ruhm und dem Schrecken, den sie jahrzehntelang verbreitet haben, zu entsagen. Aber als sich das Fernsehen immer mehr durchsetzt, stehen die Studios kurz vor dem Zusammenbruch. Die berühmten Produktionsfirmen – Bühnen für beide – verkaufen ihre Filme nun an die großen Kinoketten und beginnen, direkt für die Mattscheibe zu produzieren. Hedda und Louella verlieren an Macht und Einfluss. Die Traumfabrik Hollywood setzt auf neue Stars, die, unterstützt von jungen Agenten, die Unabhängigkeit von Studios fordern, um ihre Karrieren besser kontrollieren zu können. Das ist nicht mehr ihre Welt.

Auch Henry Watson Martin stirbt 1951, und die trauernde, aber dennoch nicht unterzukriegende Witwe tröstet sich rasch mit der Zuneigung des Komponisten Jimmy McHugh. Sie ist fast achtzig und schreibt immer noch. 1958 verlängert der International News Service ihren Vertrag um drei Jahre: »Ich hoffe, noch lange genug zu leben, um ihn erfüllen zu können«, bemerkt sie in ihrem unermüdlichen Bestreben, ein Hollywood zu erkunden, das sie nicht mehr wiedererkennt. Die unberechenbare, immer schwächer werdende Louella lässt nicht locker, besucht weiterhin Partys und plaudert am nächsten Morgen alkoholselig darüber. Abend für Abend geht sie auf wackligen Beinen und aufgedonnert wie eine entthronte Kaiserin aus, wobei sie, weil sie an Harninkontinenz leidet, einen schrecklichen Uringestank hinterlässt. »Sie, die auf ein Gebiss angewiesen ist, stellt ein furchterregendes Grinsen zur Schau, bei dem man nie weiß, ob sie einen anlächelt oder eine böse Grimasse schneidet. Von frühmorgens bis spätnachts irrt sie unbekümmert in einer Art Nebel umher, der ihren Durst noch verstärkt und sie irgendwann hindert, den Gesprächen noch folgen zu können.«[255]

In ihren letzten Lebensjahren verstummt die redselige Reporterin immer mehr.

Am 9. April 1960 fehlt Louella bei der Oscarverleihung im Santa Monica Auditorium, weil sie im Cedars of Lebanon Hospital liegt. Obwohl die Feindschaft zwischen ihnen offiziell nach wie vor besteht, geht Hedda sie gleich besuchen. Das Alter scheint sie milder gemacht, den Streit geschlichtet und eine Art Solidarität geschaffen zu haben. Aus Besorgnis um die Gesundheit der Rivalin und im Wunsch nach einem Happy End drängt Hedda den Werbechef der Twentieth Century Fox, der mit beiden befreundet ist: »Wenn sie leben soll, dann hol sie aus diesem Krankenhaus!« Man schenkt ihr Gehör, und kaum wird Louella am nächsten Tag ins Beverly Hills Hotel gebracht, erholt sie sich. Sie denkt gar nicht daran, in Rente zu gehen, aber 1962 meldet der *Los Angeles Examiner* Insolvenz an. Mit Unterstützung von Dorothy Manners und anderer Assistentinnen schreibt Louella ihre Kolumne in Zukunft für die Nachmittagszeitung *Los Angeles Herald-Express:* ein Blatt, das längst nicht so renommiert ist wie das ihrer Rivalin.

Jetzt erschient ihr Name in siebzig Zeitungen, Heddas in hundertdreißig.

1965 wird die Zeitschrift *Variety* dreisterweise den unaufhaltsamen Niedergang ihrer Karriere verkünden, und zwar mit der Schlagzeile *Now there is only Hedda* – nur Hedda ist übrig geblieben.

Hat die Blondine also gewonnen? Nicht wirklich, auch wenn sich das noch lebende Fossil aus dem Goldenen Zeitalter Hollywoods mit vierundachtzig Jahren ins Brentwood Convalescent Home, Santa Monica, zurückzieht, assistiert von einer privaten Krankenschwester, die von der Hearst Corporation großzügig entlohnt wird.

Im März 1966 werden Louellas Welt und alle Gespenster der Vergangenheit – eine Sammlung aus über fünfzehntausend Objekten, darunter Bilder, Fotos, Kerzenständer, Nippes und Antiquitäten – von ihrer Tochter Harriet in Los Angeles versteigert.

»Zwei der grausamsten und primitivsten Strafen, die unsere Stadt denen vorbehält, die die Gunst des Publikums verloren haben, sind ein leerer Briefkasten und ein Telefon, das nicht mehr klingelt.«[256] O-Ton Hedda Hopper, die, obwohl sie sich bis Mitte der Sechzigerjahre bester Gesundheit erfreut, allein in Beverly Hills lebt, »in dem Haus, das ihr die Angst zu bauen half«.[257] Ein lebender Beweis dafür, dass öffentlicher Erfolg häufig mit dem Verzicht auf privates Glück einhergeht? Ihr Sohn Bill, der dank der Rolle des Paul Drake in der TV-Serie *Perry Mason* endlich unabhängig von seiner Mutter ist, sowie ihre Enkelin Joan halten sie auf Distanz. Hedda tröstet sich, indem sie sich in das Leben ihrer Nachbarn einmischt, in das des Regisseurs Bob Enders und seiner Frau Estelle. Sie helfen ihr an Weihnachten, die unzähligen Geschenke auszupacken, die sie nach wie vor erhält. Einmal kommt ein Geschenk von Kirk Douglas, mit dem sie schon seit Jahren nicht mehr spricht. Hedda ruft ihn an, um sich zu bedanken, doch bevor sie die Nummer wählt, wendet sie sich an Bob und Estelle und gesteht: »Ihm gegenüber habe ich mich wirklich wie ein Arschloch verhalten.«

Ansonsten ist da nicht mehr viel, bloß Einsamkeit.

Hollywoods Grausamkeit beschränkt sich nicht nur auf die Branche, ihre Magnaten und deren unermüdliche Werbemaschinerie. Grausam ist auch das Publikum, der wichtigste Richter über die Leinwandidole und auch über Hedda, die mit achtzig weiterhin ihre Kolumne für die *Los Angeles Times* schreibt. Die gefürchtetste, bewundertste, umstrittenste Frau ist kurz in dem

Film ... *denn keiner ist ohne Schuld* zu sehen: hochelegant, in einem bestickten Kleid, extrem schmuckbehangen und ohne Hut.

Die Szene ist perfekt. Die letzte Pointe, die sie in dem Film von sich gibt, lautet »Bye«.

Getreu ihrem Motto »Tritt ab, bevor das Scheinwerferlicht erlischt« stirbt Hedda im Februar 1966 im Cedars of Lebanon Hospital in West Hollywood an den Komplikationen einer Lungenentzündung, genau zwei Monate nach Louellas Rückzug ins Private.

Harriet, die seit dem besagten Essen bei Romanoff mehrfach vergeblich versucht hat, die beiden zu versöhnen, fühlt sich verpflichtet, Louella über den Tod ihrer besten Feindin zu informieren: »Mama, ich muss dir etwas Schreckliches mitteilen: Hedda ist heute gestorben.« Lange bleibt es still. Verwirrt schaut Louella ihre Tochter an. Um schließlich »GOOD!« zu rufen.

Und das, so der Schauspieler Roddy McDowall, »war ihr letztes Wort«.

Bis auf die Tochter, die stets an ihrer Seite blieb, scheint sich niemand mehr für die alte Dame zu interessieren, die langsam vor sich hin siecht. Louella Parsons schließt am 9. Dezember 1972 mit einundneunzig Jahren für immer die Augen, und an ihrer Beerdigung nehmen tatsächlich nur wenige Freunde und Persönlichkeiten aus der Welt des Films teil. Sie begleiten die »Totengräberin der Liebe« zum Friedhof Holy Cross in Culver City, wo sie neben ihrem Arzt bestattet wird.

Die beiden Frauen haben weder den literarischen Kanon revolutioniert noch die Sprache. Aber sie haben ein eigenes Genre erfunden und waren auf ihre Art Pionierinnen. Mit ihrem Tod landet das Goldene Zeitalter Hollywoods endgültig in der Versenkung, zusammen mit den Anekdoten und dem Klatsch. Nicht aber ihre Rivalität: Auf dem Hollywood Walk of Fame hat Hedda

Hopper am Hollywood Boulevard 6313 ihren Stern, doch ihre Erzfeindin schafft es, sie noch post mortem zu übertrumpfen: Wenige Meter weiter besitzt Louella Parsons zwei Sterne: einen fürs Kino und einen fürs Radio.

Joan Fontaine | Olivia de Havilland

Mit ihrer Entscheidung, Schauspielerin zu werden,
hat Joan die tröstende Intimität der Familie zerstört.

OLIVIA DE HAVILLAND

Ich habe als Erste geheiratet, als Erste den Oscar gewonnen
und bin als Erste Mutter geworden. Sollte ich auch als Erste
sterben, werde ich sie auch auf diesem Gebiet besiegt haben.

JOAN FONTAINE

Lady Oscar

Los Angeles, 26. Februar 1942
Beim Bankett der Oscarverleihung ist die Luft zum Schneiden.
Seit vierzehn Jahren ist das der am meisten herbeigesehnte Abend
des Jahres, doch diesmal könnte es zu einer heftigen Konfronta-
tion kommen: Joan Fontaine und Olivia de Havilland buhlen um
den Oscar für die beste Hauptdarstellerin – die Blondine mit der
zierlichen Figur und die Brünette mit dem verträumten Blick,
die häufig um Rollen, manchmal sogar um denselben Partner
und immer um die Liebe ihrer Mutter kämpfen.

Und jetzt um den Oscar.

Zwei Frauen, die einander bekriegen.

Ambitionen und Ängste, hinterhältige Grabenkämpfe und
Unterstellungen, uneingestandene Eifersucht, von Neid durchsetzt: Dieser Wettstreit zweier Schwestern, etwas noch nie Dagewesenes in der Geschichte des Kinos, ist ein gefundenes Fressen für die Klatschkolumnistinnen Louella Parsons und Hedda
Hopper, die die Rivalität zwischen den Blutsverwandten schon
seit Wochen immer mehr anheizen. Umfragen des New York
Film Critics Circle prophezeien ein Kopf-an-Kopf-Rennen;
Spekulationen und Gerüchte machen die Runde. Der Sieg steht
auf Messers Schneide.

Joan, die fest davon überzeugt ist, ihre Interpretation der *Rebecca* vor einem Jahr sei besser als die Rolle der naiven Braut, die
dem ebenso charmanten wie beunruhigenden Johnnie Aysgarth,
gespielt von Cary Grant, in *Verdacht* verfällt, ist sich umso mehr
sicher, dass sie keine großen Chancen auf den Sieg hat. Blockiert

durch die Angst, der Anspannung des Abends nicht gewachsen zu sein, hat sie eine Ausrede nach der anderen gebracht, um nicht erscheinen zu müssen. Sie sei so mit den Dreharbeiten zum Film *Liebesleid* beschäftigt, schaffe es sonst nicht, am nächsten Tag um fünf aufzustehen. Doch Olivia ließ das nicht gelten, wohl wissend, dass das auffällige Fehlen der Schwester nur weitere Gerüchte nähren würde. Aufgrund von Joans vorhersehbarem »Aber ich hab nichts anzuziehen!«[258] ist sie noch am Nachmittag mit Maskenbildnerin, Friseurin und einer Botin der Boutique Mary Ann Magnin zu ihr geeilt, beladen mit Schachteln, in denen sich die elegantesten Kleider der Kollektion befinden.

Die ältere Schwester hat zum x-ten Mal ihren Willen durchgesetzt.

Arm in Arm betreten Joan und Olivia das Foyer des Biltmore Hotel.

Die spürbare Anspannung zwischen Smokings und Abendgarderobe können auch die anderen Oscar-Nominierten, die Filmproduzenten mit Zigarre im Mund und die aufdringlichen Reporter nicht lindern. Niemand erwähnt die auffällige Abwesenheit der sonst allgegenwärtigen Mutter Lilian de Havilland, die tödlich beleidigt ist, weil sie nicht eingeladen wurde und sich im kalifornischen Arkadien in ihrer Beverly-Hills-Villa verkrochen hat.

Unfehlbar in der Rolle der Komplizinnen, ja sogar der einander zärtlich zugewandten Schwestern nehmen Joan und Olivia am Tisch des Produzenten David O. Selznick Platz und lassen sich lächelnd in mehreren bezaubernden Posen von Bob Beerman, dem Fotografen der *Modern Screen,* ablichten.

Alles nur gelogen?

Wir sind hier in Hollywood!

»Die Spannung steigt, und die Gäste warten gebannt, dass die

Verliererin von den beiden Schwestern in Tränen ausbricht oder beim Verkünden der Gewinnerin mit ihrem zierlichen Fuß aufstampft.«[259]

Niemand rührt sein Essen an.

Nach dem besten Film *(Schlagende Wetter)*, dem besten Regisseur (John Ford), dem besten Hauptdarsteller (Gary Cooper) ... hat Ginger Rogers, die Gewinnerin des Vorjahrs – ausgerechnet gegen Joan in *Rebecca* –, die Ehre, den Oscar für die beste Hauptdarstellerin zu verkünden. Ganz so, als wollte sie die Spannung noch weiter anheizen, verliest sie die Namen der fünf Nominierten fast schon sadistisch langsam:

»Bette Davis für *Die kleinen Füchse,*

Greer Garson für *Blüten im Staub,*

Barbara Stanwyck für *Die merkwürdige Zähmung der Gangsterbraut Sugarpuss,*

Olivia de Havilland für *Das goldene Tor,*

Joan Fontaine für *Verdacht* ...«

An den Tischen erstirbt das Raunen. Alle Blicke sind auf die Runde um David O. Selznick gerichtet. Auf der Bühne des Saals, vielleicht um die Szene so richtig auszukosten, scheint niemand ungeduldig zu werden. Die Gäste halten den Atem an und warten darauf, der letzten Seite eines Drehbuchs zu applaudieren, das sie bereits gelesen zu haben glauben, sich zumindest mit Sicherheit vorgestellt haben.

Ginger Rogers' Stimme wird einschmeichelnd. Anmutig formen ihre Lippen nach dem ritualisierten *»and the winner is ...«* die zwölf Buchstaben des Namens Joan Fontaine.

Große Gefühle, Rührung, Euphorie?

Der Sieg scheint nicht süß zu schmecken. Schmerzliche Melancholie stiehlt sich auf das Gesicht der blonden Hauptdarstellerin von Alfred Hitchcocks Film.

Die Kindheit legt sich wie eine unsichtbare schwere Last auf ihre schmalen Schultern.

Sie ist keine Erinnerung, die man verständlich machen oder mitteilen kann.

Joan ist wie gelähmt, »sie starrt zu Olivia hinüber«,[260] die professionell bleibt und ihre Enttäuschung mit einem rätselhaften Lächeln überspielt. Die Schwester ist ihr zuvorgekommen, aber als wahre Diva fügt sie sich in die Rolle, gibt Joan die Hand und flüstert ihr so maliziös, wie sie nur kann, zu, dass sie sich in Bewegung setzen soll.

»Steh auf! Steh auf! Wir haben gewonnen!«

Doch die Narben lassen sich nicht so leicht vergessen und melden sich zu den unpassendsten Gelegenheiten auf unpassendste Weise – eine Erinnerung, ein Lebensabschnitt, ein Gefühl … Am wichtigsten Tag ihrer Karriere erlebt Joan aufs Neue, wie Olivia ihr vermittelt, nicht zu genügen, lächerlich, fehlerhaft zu sein: »Alles stand mir wieder vor Augen wie bei einem Kaleidoskop: die Streitigkeiten, als wir noch Kinder waren, die Raufereien und das gebrochene Schlüsselbein … Ich habe mir vorgestellt, dass sie auf den Tisch springt und mich an den Haaren zieht.«[261] Als Gefangene ihrer chaotischen Kindheit schafft sie es auf das gebieterische »Steh auf!« gerade mal, mit einem quietschenden »Ja« zu reagieren. Mit vorsichtigen Schritten durchquert sie den Saal, als müsste sie sich Mut machen. Im Lichtkegel eines Scheinwerfers, der sie zu verfolgen scheint, geht sie unter den Blicken von ganz Hollywood ihrem Triumph entgegen. Aufgewühlt nimmt sie den Oscar von der blonden Kollegin entgegen.

Die Anspannung im Saal lässt sich nicht beruhigen. »Die Rede! Die Rede!«

Doch Joan »fühlt sich schuldig, weil sie gewonnen hat, sie weiß nicht, was sie sagen soll, sie hat nichts vorbereitet«.[262]

Was sie jedoch beherrscht, ist anmutige Grausamkeit, und als Olivia die Bühne stürmt, um sie mit einer ersehnten, skandalösen Umarmung zu feiern, mustert Joan sie nur kühl und kehrt ihr den Rücken zu.

Weil sie die Kunst des So-tun-als-obs beherrscht, bewahrt Olivia nach außen hin die Fassung, findet aber bald einen Grund für diese »Fehleinschätzung«: »Die Jury neigt dazu, die Filme, die sich zuletzt beworben haben, zu bevorzugen. Als sie Hitchcocks Film sahen, hatten sie *Das goldene Tor* von Mitchell Leisen schon vergessen, und wäre *Verdacht* nur ein bisschen verschoben worden, hätte sie erst gar nicht zu den Konkurrentinnen gezählt, und ich hätte gewonnen.«[263]

Als die Scheinwerfer erloschen sind, wird der unvergessliche Abend zu pikantem Stoff für die Klatschblätter. *Life* beschreibt ihn detailliert in einer Reportage mit der gehässigen Überschrift *Sister Act:* ein Doppelporträt von Bob Landry, der die Feindschaft offiziell macht, indem er ihre Entstehungsgeschichte und die blutigsten Konsequenzen schildert.

Das ist der Tropfen, der das Fass zum Überlaufen bringt, aber für Olivia ist die goldene Statue nichts weiter als die x-te Etappe eines Leidenswegs, der vierundzwanzig Monate zuvor begonnen hat.

Süße Rache, kalt serviert

Im Leben einer Schauspielerin gibt es nur wenige Momente, die aufregender und beängstigender sind als die Oscarverleihung. Aber die vom Donnerstag, dem 29. Februar 1940, im Coconut Grove des Hotel Ambassador in Los Angeles, die Bob Hope »eine Wohltätigkeitsveranstaltung für David O. Selznick« genannt hat, ist nicht dazu angetan, für Überraschungen zu sorgen. Man weiß schon seit Monaten, dass das Epos *Vom Winde verweht* alle Preise abräumen wird. Dass der Produzent Selznick den Oscar genauso bekommen wird wie die lebenshungrige Scarlett Vivien Leigh als beste Hauptdarstellerin, zu denen sich noch Victor Fleming sowie Sidney Howard für das beste adaptierte Drehbuch gesellen, Ernest Haller und Ray Rennahan für die beste Kamera (Farbe) und Hal C. Kern und James E. Newcom für den besten Schnitt.

Dass der Abend doch noch spannend wird, obwohl alles bereits festzustehen scheint, ist der Kategorie Beste Nebendarstellerin zu verdanken.

Gewinnt die blasse und zierliche Melanie Wilkes, gespielt von Olivia de Havilland, oder die fantastische Mamie, gespielt von Hattie McDaniel?

Im Saal herrscht eine unerträgliche Spannung. Die war bereits Monate vor den Nominierungen spürbar, als die nominierten Schauspielerinnen gefragt wurden, ob es ihnen etwas ausmache, den Oscar eventuell einer Schwarzen Kollegin zu überreichen. Als Bob Hope dann verkündet, dass die dreiundvierzigjährige McDaniel die Trophäe erhält, sitzt die Schauspielerin erst seit wenigen Minuten am Produktionstisch (Selznick hat sie in weiser Voraussicht dazugebeten, denn vorher stand sie irgendwo weit hinten im Saal im Schatten, in einem eleganten knallblauen Kleid). McDaniel wusste, dass sie die Favoritin ist, der Produzent hat ihr sogar die Rede geschrieben … die sie dann auf der Bühne stolz ignoriert. Den Oscar umklammernd, ein weißes Taschentuch in der Hand, mit dem sie sich die Tränen aufrichtiger Rührung trocknet, beschränkt sich die erste Schwarze Schauspielerin, die einen Oscar erhält, darauf zu sagen, dass die Auszeichnung ihr Leben erhellen, sie aber niemals vergessen lassen wird, woher sie kommt.[264]

Doch sie ist nicht die Einzige mit einem Kloß im Hals.

Während Hattie noch ihre kurzen, aber intensiven Dankesworte spricht, zittert Olivia vor Wut und Enttäuschung: »Niemand hat mir auch nur ein Wort des Beileids gesagt. Ich habe darauf verzichtet, mir eine Blöße zu geben, und gute Miene zum bösen Spiel gemacht. Aber als Irene [Selznick, die Frau des Produzenten] sah, wie mir die erste Träne übers Gesicht kullerte, hat sie mich am Arm in die Küche des Hotels gezogen. Neben einem Topf, in dem Suppe kochte, habe ich angefangen zu weinen und mir gedacht, dass es keinen Gott gibt und dass diese Suppe bestimmt salziger wird, als der Küchenchef das geplant hat.«

Erst am nächsten Tag schafft es Olivia zu behaupten, sie freue sich aufrichtig für die Kollegin, »die diesen Preis verdient hat wie keine andere«, und findet einen Weg, sich zu trösten: »Nicht immer ist die Hauptdarstellerin eines Films die Hauptdarstellerin, und wenn ich nicht gewonnen habe, dann nur, weil Melanie in Wahrheit eine Hauptrolle ist, genau wie die Scarlett von Vivien.«

Olivia scheitert, versucht es erneut und triumphiert: »Nachdem ich das Prinzip erst mal verstanden hatte, ging es mir besser. Es gibt doch einen Gott.«[265]

Alles wieder auf Anfang.

Rache kann sehr süß sein, und fünf Jahre nach der Brüskierung durch Joan, als die Anspannung von Tag zu Tag, ja von Film zu Film stieg und schwindelerregende Höhen erreichte, verspritzt Olivia am 13. März 1947 im Shrine Civic Auditorium am 13. März 1947 Freudentränen – und Galle. Sie wurde als beste Hauptdarstellerin für *Mutterherz* von Mitchell Leisen in der Rolle einer jungen Mutter ausgezeichnet, die gezwungen ist, aus der Ferne mitzuverfolgen, wie ihr unehelicher Sohn, den sie von einem im Krieg ums Leben gekommenen Piloten hat, aufwächst. Ein Melodram, das ihr den ersten Oscar einbringt.

Joan wartet hinter den Kulissen. Sie ersetzt Joan Crawford, die in letzter Minute beschlossen hat, nicht zu erscheinen. Sie hat gerade erst Fredric March als besten Hauptdarsteller ausgezeichnet. Als Olivia als Siegerin auf die Bühne gerufen wird, geht sie gerührt auf sie zu, doch die Schwester kehrt ihr genau richtig dosiert abrupt den Rücken zu und schaut Richtung Kulissen.

Das ist ihr Moment, und den nimmt ihr niemand weg – schon gar nicht Joan!

Die wird einen Weg finden, sich zu beschweren: »Ich wollte ihr gratulieren, wie ich das bei jeder anderen auch gemacht hätte. Sie hat mir einen verächtlichen Blick zugeworfen, meine ausgestreckte Hand ignoriert, den Oscar an sich gedrückt und ist verschwunden.«[266]

Sind das nicht Bosheiten pur, die man sich nur für diejenigen aufhebt, die man eigentlich liebt?

Dieses Sichabwenden, das vermutlich fünf Jahre lang geplant war, hat der Fotograf Hymie Fink in der Zeitschrift *Photoplay* verewigt. Die Zeitungen verwenden Tonnen von Druckerschwärze dafür, und die Auseinandersetzungen zwischen de Havilland und Fontaine werden erneut zum Segen für die Presse, die gar nicht genug von öffentlichen Auftritten bekommen kann, die die Familienfehde beleuchten. Olivia, die sich ihre Schwächen nur selten anmerken lässt, tobt: »Diese Aufnahmen dürfen nicht länger veröffentlicht werden, bis Joan sich bei mir entschuldigt! Das war der wichtigste Moment in meinem Leben, und sie hat es geschafft, ihn zu zerstören.« Die Klatschblätter flippen aus, im *Daily Variety* gießt Olivias Agent Henry Rogers zusätzlich Öl ins Feuer, der bestätigt, »dass die beiden Schwestern schon seit Monaten nicht mehr miteinander reden und Mrs de Havilland sich nicht mehr mit Mrs Fontaine fotografieren lassen will«.

Alle stürzen sich darauf. Der Cinderella-Komplex macht sich

auch bei Joan bemerkbar, bei der unzählige schlimme Erinnerungen wieder hochkommen: »In unserer Familie hat stets Olivia das Geld nach Hause gebracht, ich war nur die kleine Schwester ohne jedes Talent und ohne jede Zukunft, nie gut genug, außer um die Miete zu zahlen. Und daran hat sich bis heute nichts geändert«, macht sie ihrem Herzen gegenüber Hedda Hopper, der befreundeten Journalistin von der *Los Angeles Times,* schwer beleidigt Luft.

Ganz so, als rezitierte sie aus einem dramatischen Skript, gibt Joan in einem Anflug von Aufrichtigkeit Einblick in die Feindseligkeiten: »Als ich zur Welt kam, war meine Schwester noch zu klein, um die Geburt eines Menschen zu akzeptieren, mit dem sie die elterliche Liebe teilen muss.«[267]

Dieser nie geheilte Bruch und die stets wieder aufflammende Abneigung liegen in der Vergangenheit begründet. Seit sie in der Wiege lag, ist Joan der Eindringling. Wollte man sich in Küchenpsychologie versuchen, müsste man sich »auf die Suche nach dem Vater machen«, aber das wäre ein Fehler. Hauptschuldige ist die Mutter Lilian, die, schwankend zwischen Zynismus und frustriertem Ehrgeiz, stets eine der beiden vorgezogen hat.

Und zwar jeden Tag eine andere.

Im Namen der Mutter

Lilian Augusta Ruse ist eine englische Schauspielerin aus Reading, Berkshire, die an der Royal Academy of Dramatic Arts studiert hat – dieselbe Schauspielschule, die Jahre später auch Vivien Leigh, Albert Finney und Peter O'Toole hervorgebracht hat. 1913 lernt sie bei einem Empfang der britischen Botschaft in Tokio Walter Augustus de Havilland kennen, einen englischen

Anwalt, der sich auf Patentrecht spezialisiert hat, eine Kanzlei in der japanischen Hauptstadt leitet und Jura an der Waseda-Universität lehrt. Er macht ihr sofort den Hof, doch Lilian kehrt nach England zurück, um ihre Schauspielausbildung fortzusetzen. Erst ein Jahr später, als sie ihn in London wiedersieht, willigt sie ein, ihn zu heiraten und zu ihm nach Tokio zu ziehen, wo am 1. Juli 1916 Olivia Mary und am 22. Oktober 1917 Joan de Beauvoir zur Welt kommen. Die Ehe funktioniert nicht, und die zarte Gesundheit der Mädchen macht die Sache auch nicht besser. Als der Arzt dazu rät, Olivia von einem Spezialisten in den Vereinigten Staaten untersuchen zu lassen, sucht Lilian auf der *Siberia-Maru* das Weite vor einem Ehemann, den sie längst nicht mehr liebt.

Am 1. März 1919 gehen die Mutter und ihre Töchter in San Francisco von Bord. Das sollte eigentlich nur eine Übergangsphase sein, die jedoch dauerhaft wird. Olivia entwickelt eine schlimme Mandelentzündung, Joan eine Lungenentzündung – das milde Klima Kaliforniens ist die beste Möglichkeit, sie zu heilen und Walter aus dem Weg zu gehen, der zwar einwilligte, sie nach Kalifornien zu begleiten, aber gleich wieder nach Tokio zurückkehrte. Wenige Monate später, als die Töchter gesund sind, wird das unbekümmerte Leben im Hotel Vendome im Tausend-Einwohner-Örtchen Santa Clara, nur wenige Kilometer von San Francisco entfernt, von einem Telegramm auf den Kopf gestellt. Es sind nur wenige Zeilen, danach ist die Familie Geschichte: De Havilland reicht die Scheidung ein, um Yoki-san, eine Art Hausmädchen/Geisha im Dienst der Familie, heiraten zu können. Besonders überraschend kommt das nicht, die Liaison wurde schon seit einiger Zeit vermutet, und Lilian beschließt, ohne zu zögern einzuwilligen.

Mutter und Töchter lassen sich in einer kleinen rosa Villa in den Hügeln von Saratoga nieder. Das Geld, das aus Japan kommt, reicht nicht aus, um Olivia, drei Jahre, und Joan, noch keine zwei, zu ernähren. Doch Lilian kommt zurecht, indem sie als Modistin arbeitet und in einem Frauenclub Schauspielunterricht erteilt. 1924 gibt sie die Mädchen in die Obhut der Gouvernante Miss Hatfield und reist nach Tokio, wo sie vier Monate bleiben wird, um die Scheidung mit Walter auszuhandeln, der als nunmehr freier Mann seine Geisha heiratet. Lilian tut es ihm gleich: Im April 1925 lernt sie George Milan Fontaine kennen und heiratet den wohlhabenden Eigentümer des Kaufhauses Hale Brothers in San José, geschieden, ein Sohn. Amerika adoptiert die Schwestern de Havilland, denen es trotzdem erst Jahre später gelingen wird, die amerikanische Staatsbürgerschaft zu erhalten: am 28. November 1941, neun Tage vor dem Angriff auf Pearl Harbor, gerade noch rechtzeitig, um wegen ihrer japanischen Geburtsurkunden nicht als Feinde zu gelten.

Begleitet von den unterwürfigen Blicken seiner Frau entpuppt sich George Milan Fontaine als strenger Stiefvater. Er besitzt den Hochmut eines Generals, der ein feindliches Dorf erobert, und verwandelt die kleine Villa in der Paloma Avenue, Saratoga, in eine Strafkolonie. Er unterzieht Olivia und Joan einem fast schon militärischen Drill, die den Mädchen auferlegten Strafen reichen unter anderem von Lebertran-Trinken bis zu Schlägen mit Holzbügeln gegen die Schienbeine. Olivia wehrt sich, so gut sie kann. Sie diskutiert, gibt Widerworte, verteidigt sich schreiend und um sich tretend. Joan, ein nervöses und hochsensibles Mädchen, harrt geduldig aus. Der Kasernenhofton, die Strafen und ständigen Kritteleien des Stiefvaters treffen sie tief, und sie flüchtet sich in tatsächliche und eingebildete Krankheiten. »Ihr größtes Problem bestand darin, sich ein Zimmer teilen zu müssen«,[268] doch selbst, was ein Zufluchtsort sein könnte, ist einfach nur traurig. Der Raum ist kahl, ohne Puppen, Stofftiere oder andere Spielsachen, dafür »mit zwei kakifarbenen Schreibtischen, beigen Leinenvorhängen, zwei Stühlen, einer Kommode und einer Lampe, die zwei Einzelbetten mit harten Matratzen voneinander trennt«.[269]

Joans und Olivias Alltag ist durch einen straffen Stundenplan gekennzeichnet, der Tag ist in fünfzehnminütige »Schichten« für alle möglichen Aktivitäten unterteilt, und sonntags wird inspiziert: »G.M. kontrollierte die Schränke und Schubladen, in denen alles an Ort und Stelle sein musste. Sonst hagelte es Strafen.«[270]

Sport? Eine Aktivität, die nur während des Turnunterrichts in der Schule gestattet ist.

Eine Familie nach spätviktorianischem Zuschnitt, mit einem tyrannischen Stiefvater, einer unterwürfigen Mutter, einer unterdrückten Tochter und einer, die ihn provozieren möchte: In dieser Kindheit, die gruseliger ist als eine Kurzgeschichte von Edgar Allan Poe, träumen die De-Havilland-Schwestern ausschließlich davon, geliebt zu werden, an einem Ort, der Familie ist und das eigentlich garantieren sollte. Doch statt sich gegen den gemeinsamen Feind zu verbünden, entwickeln sie eine Beziehung, die von gegenseitigen Boshaftigkeiten und Gehässigkeiten geprägt ist.

Das Wichtigste ist, die Aufmerksamkeit der Mutter zu bekommen, die wegen aller möglicher Malaisen häufig im Krankenhaus von San Francisco liegt und die Mädchen schutzlos zurücklässt.

Olivia mit der hellen Haut und dem verträumten Blick reagiert höchst kreativ auf ihre Ängste: Soll sie nähen lernen, sticht sie sich absichtlich mit der Nadel und macht angesichts des hervorquellenden Bluts eine Riesenszene. Soll sie den Abwasch machen, kann es passieren, dass sie Geschirr fallen lässt und behauptet, »das war Absicht« (vom Teller).

Die zierliche Joan mit dem sanft-melancholischen Blick lebt im Schatten der großen Schwester. Wegen ihrer angeschlagenen, anämischen Konstitution verbringt sie die meisten Tage im Bett. Ihre Bewegungen sind so unkoordiniert, dass sie es nicht mal schafft, *patty cake,* ein Klatschspiel, zu spielen. Sie reibt sich an Olivia, die unbedingt perfekt sein will, ein Mädchen, das nur so strotzt vor Gesundheit. Sie ist total genervt von den Versagensängsten der jüngeren Schwester und redet ihr ein, »nie zu genügen«.

Sie sind in derselben Situation, aber ohne im selben Boot zu sitzen. Das könnte man zumindest meinen, wenn Olivia immer wieder behauptet: »Ich kann das, aber Joan nicht.«

In der Familie atmet man Theaterluft. Das Theater wird das emotionale Auseinanderdriften nur noch weiter befördern.

Olivia ist fünf, als sie eine Schachtel mit Bühnenschminke der Mutter findet. Für die Kleine ist das so, »wie einen vergrabenen Schatz zu heben. Ich habe das Rouge ausprobiert, den Lidschatten, konnte mir aber nicht mehr rechtzeitig den Lippenstift abwischen. Mama hat mich geschimpft und mir vor allem verboten, diesen Schatz meiner Schwester zu zeigen«.[271]

Mit sechs lernt Olivia lesen, und die Worte werden zu einer weiteren Waffe, mit der sie Joan, ohne jemals selbst Schwäche zu zeigen, terrorisiert. Laut liest sie ihr die Kreuzigungsszene aus der Bibel vor: »Seit damals rufen Darstellungen des gekreuzigten Jesus dieselben Ängste in mir wach«,[272] wird Joan später erzählen. Aber die beiden bekriegen sich auch stumm: Joan, die längst einen Groll gegen die Schwester hegt, überlegt mit neun, sie umzubringen. Für diesen kindlichen Mordversuch schmiedet sie einen Plan, der vor Gericht Bestand hat: Während einer ihrer üblichen Streitereien wird sie zulassen, dass Olivia sie schlägt. Erst wird sie noch nicht darauf reagieren – erst später, um sie zu überrumpeln. Sie wird ihr die Augen auskratzen und im Gerichtsprozess aussagen, aus Notwehr gehandelt zu haben.

Doch es passiert das genaue Gegenteil.

Ein kompromissloses Übergangsritual.

Olivias Version: Sie ist sechs, Joan fünf. Beide nehmen Kunstunterricht bei einer Lehrerin, die ihnen erlaubt, in ihren Pool zu springen. Eines Tages spielt Joan dort in einer der Pausen. Sie zerrt Olivia an den Beckenrand, packt sie an den Knöcheln und versucht, sie ins Wasser zu stoßen – »noch nie zuvor war sie so aggressiv und brutal, sie erwischte mich völlig unvorbereitet«.[273] Doch der passive Widerstand ist stärker als von Joan vermutet. Es gelingt Olivia, den Fuß so gegen die Schulter der Schwester zu stemmen, dass deren Schlüsselbein bricht. Olivia wird für den »Vorfall« bestraft und darf den fantastischen Garten der Lehrerin nicht mehr betreten. In ihrer Biografie verlegt Joan den Vorfall um ein paar Jahre, als wollte sie unterstreichen, dass Olivia als Erwachsene kein bisschen an Boshaftigkeit eingebüßt hat.

Die Versionen widersprechen sich, und mit zunehmendem Alter wachsen Wut und Aggression bei Joan, die gezwungen ist, die abgelegten Kleider und Schuhe ihrer Schwester aufzutragen. Schlägt Joan sie ins Gesicht, zerrt Olivia an ihren Haaren. Als Erstgeborene kommandiert sie die Jüngere herum und fordert Gehorsam, zwingt sie, hinter ihr die Treppe hochzugehen, als wäre sie die Untertanin ihres unangefochtenen Reiches. Ihr Hass aufeinander scheint beiden ein Ziel zu geben: Jede will immer besser sein als die andere, sich hervortun, um die unnahbare Mutter zu erobern.

Im Hause Fontaine/de Havilland wird neben der Bibel auch

noch Shakespeare gelesen. Olivia erhält die typische Erziehung einer Engländerin aus guter Familie: Klavierunterricht, Ballett-unterricht, Schauspielunterricht und Sprechunterricht, alles un-ter der Anleitung und den liebevollen Blicken Lilians, die »an-fängt, perfekte Voraussetzungen für sie zu schaffen«.[274]

Auf dem Gymnasium Notre Dame gewinnt Olivia einen Auf-satzwettbewerb, der Text ist mit »Mein Testament« überschrie-ben. Darin verkündet sie, dass sie es der Schwester überlässt, »junge Männer und deren Herzen zu erobern, etwas, das sie noch nicht beherrscht«. Bei der ehrgeizigen Mutter und dem lieblosen Stiefvater wird die Lage auch nicht besser, als die beiden in die Pubertät kommen. Das Motto »Olivia First« wird weiter perfek-tioniert. Während sie ihre Tage mit Schule, Theatergruppe und ersten Flirts verbringt, hält sich die zerbrechliche, introvertierte Joan mit dem langen blonden Haar überwiegend im Haus auf, wo sie langweilige Nachmittage verbringt. Sie erzählt den Nach-barn von ihren Therapien, und erst als sich ihr Gesundheitszu-stand verbessert, tut sie es Olivia nach und nimmt ebenfalls Sprech- und Schauspielunterricht. Die Konkurrenzsituation ver-lagert sich aufs Berufliche.

Der Druck, den sie empfindet wie eine Folter, lässt sie schuldig werden. Die Lösung ist eine geplante Flucht: Joan will nicht län-ger für alle nur »Livvies Schwester«[275] sein, sie schreibt dem Vater einen langen Brief.

August 1933. Walter Augustus de Havilland verlässt Japan und besucht seine Töchter, die er seit Jahren nicht mehr gesehen hat, in Kalifornien. Ein Hauch von Unbeschwertheit liegt in der Luft, ein riesiger Kontrast zu der dumpfen, übertriebenen Disziplin von G. M., beim dem sie aufgewachsen sind (der Stiefvater ist es nicht mal wert, beim vollen Namen genannt zu werden).

»Als Papa uns besucht hat, war er ein Fremder für mich, er

hatte mir nie auch nur zum Geburtstag geschrieben oder mir ein Weihnachtsgeschenk geschickt. Aber wir sind zu dritt voller Hoffnung zu einem Kurzurlaub im Playa Hotel von Carmel aufgebrochen. Dort fanden wir die Zeit und Muße, um Zukunftspläne zu schmieden: Papa würde Olivia mit fünfzig Dollar im Monat unterstützen, während ich ihn nach Tokio begleite.«[276]

Verspricht das eine glückliche Wende?

Nicht wirklich. Im feuchten fernöstlichen Klima findet Joan weder Glück noch Trost, nur die unangenehme Situation einer Ménage-à-trois, ohne jede Freundlichkeit. Es geht schief, von Anfang an. Das Leben in Tokio hat ihr nichts zu bieten, und die Begeisterung, endlich eine Familie für sich zu haben, entpuppt sich als Illusion. Joan geht auf die Tokyo School for Foreign Children, wird dort aber kaum länger als ein gutes Jahr bleiben. Die Beziehung zum Vater und zur Stiefmutter bekommt erste Risse, und auch wenn es nie ausgesprochen wird, herrscht in der winzigen Wohnung eine Atmosphäre, die einen beunruhigenden Verdacht weckt, der Joan zeit ihres Lebens begleiten wird: Missbrauch. »Papa sah mit an, wie seine seltsame Tochter immer älter und attraktiv wurde, vor allem im Badeanzug. Ich nahm mich in Acht.«[277] Aus dem Verdacht wird ein Skandal, als Walter de Havilland Jahre später die Dreistigkeit besitzt, den Studios, für die die inzwischen berühmte Tochter arbeitet, ein Drehbuch zuzuschicken, das einen Inzest nahelegt.

September 1934. Joan entflieht ihrem gescheiterten Emanzipationsversuch an Bord des Überseedampfers *SS President Hoover* – mit fünfzig Dollar in der Tasche und in der Gewissheit, weder weiteres Geld noch Zuneigung zu bekommen von einem Vater, den sie die nächsten sechzehn Jahre nicht wiedersehen wird.

Die Trennung von Olivia hat das angespannte Verhältnis der

Schwestern kein bisschen verbessert. Für Joan ist und bleibt die Villa in Saratoga vermintes Gelände: Bewunderung für und Eifersucht auf die Schwester flackern wieder auf, und dass Joan Lilians Liebe einfach nicht auf sich ziehen kann, geht mit Traurigkeit über eine kaputte, von Feindseligkeiten geprägte Kindheit einher. Das beste Gegenmittel gegen die triste Eintönigkeit ihres Alltags besteht in einem Entschluss, der wie eine Provokation klingt: Joan verkündet, dass sie Schauspielerin werden möchte. Zu ihrer großen Überraschung bietet sich bald die erste, ersehnte Gelegenheit, Olivia zuvorzukommen: Strahlend teilt sie Mutter und Schwester mit, dass sie von der Theatertruppe Saratogas als Hauptdarstellerin für *Alice im Wunderland* ausgewählt wurde. Das Glück scheint zum Greifen nah, doch das Schicksal zeigt sich von seiner schlechtesten Seite, als Joan, die wegen einer Bronchitis ans Bett gefesselt ist, absagen muss.

Und was macht die siebzehnjährige Olivia? Sie nutzt die Gelegenheit, nimmt ihr die Rolle weg und beginnt, für die Theatertruppe Saratogas zu arbeiten.

Für sie ist genau das eingetreten, was sie Joan, während diese in Japan war, ohnehin prophezeit hat: »Als ich sie nach einem Jahr wiedersah, habe ich sie kaum wiedererkannt mit dem gebleichten Haar und der Zigarette zwischen den Lippen. Sie war nicht mehr meine kleine Schwester, sondern eine junge, elegante … und erwachsene Frau. Ich habe ihr geraten, an der Los Gatos High School ihren Abschluss zu machen, weil ich meine Zukunft in Hollywood sah, während ich ihr die High Society von San Francisco überlassen wollte, eine avantgardistische Stadt mit Kunst, Theater, Oper, Clubs und Bällen. Ich war fest davon überzeugt, dass sie wegen ihrer Eleganz perfekt für die High Society geeignet ist. Aber ihr ist ja nichts Besseres eingefallen, als mich nachzuahmen.«[278]

»Ich will machen, was du machst«, lautete die überraschende Reaktion der kleinen Schwester, die durchaus stolz war, dass ihr neuer Look mitten ins Schwarze getroffen hatte.

Wir waren uns so verhasst

Und das ist weder eine vorübergehende Flaute noch naive Eitelkeit.

Olivia ist bereits eine kleine Berühmtheit im Ort: Anmutig wie eine junge viktorianische Engländerin aus guter Familie (der Onkel der Mädchen ist Baronet, ein Luftfahrtpionier und Gründer von De Havilland Aircraft & Co.) bekommt sie ein Stipendium am Mills College und soll eigentlich mal Lehrerin werden. Doch als sie in einer Laienspielgruppe die Rolle der Hermia im *Sommernachtstraum* von Shakespeare spielt, wird sie von Talentscouts des österreichischen Regisseurs Max Reinhardt entdeckt, der gerade in Kalifornien ist. Sie sind fasziniert von ihrem engelsgleichen Aussehen und ihrem leicht englischen Akzent, wie Winston Burdett vom *Brooklyn Daily Eagle* hervorhebt, der findet, dass Olivia »der Sprache Shakespeares besser gerecht wird als alle anderen Schauspieler«.

Wozu sich mühsam einen Weg suchen, wenn bestimmte Wege längst gebahnt wurden?

Ganz genau! Denn nachdem Reinhardt sie auf der Bühne bewundert hat, holt er Olivia nach Hollywood: als Drittbesetzung für die Rolle der Hermia, die eigentlich die berühmte Gloria Stuart hätte spielen sollen. An diesem Punkt der Geschichte ist man eher geneigt zu sagen, die Ältere der Havilland-Schwestern sei »vorherbestimmt« gewesen. Und die schlaflose Nacht, die sie vor ihrer Abreise verbringt, eine glückliche Vorahnung.

Wie in den schönsten Märchen mit Happy End geschieht tatsächlich etwas, das fast an ein Wunder grenzt: Sowohl die Stuart als auch ihre Zweitbesetzung werden wenige Tage vor dem Debüt von den Studios abberufen. Reinhardt bleibt nur die (glückliche) Wahl, die Rolle der jungen Frau anzuvertrauen, die, mal wieder engelsgleich, seufzend auf der Bank sitzt … und auf ihren Einsatz wartet.

Die Produktion des *Sommernachtstraum* von Reinhardt auf der Freilichtbühne Hollywood Bowl, die zu diesem Anlass vor zwanzigtausend Zuschauern mit Eichen und riesigen Bäumen in einen Zauberwald verwandelt wurde, ist offen gestanden wirklich ein Ereignis. Olivia erinnert sich an ihr Debüt als »einen der glücklichsten Tage ihres Lebens«, während die arme Stuart, die Schauspielerin, für die Olivia so geschwärmt hat, sechzig Jahre warten muss, um ein wenig internationalen Ruhm zu genießen, und zwar in der Rolle der betagten Rose in *Titanic* von James Cameron.

Der letzte Rest schwesterlicher Gefühle zwischen Joan und Olivia wird von Shakespeare zu Grabe getragen. Doch der Umzug der drei nach Hollywood, in ein hübsches Apartment im Château des Fleurs in der Franklin Avenue, scheint der ins Paradies zu sein.

Olivia gefällt dem Produzenten Jack Leonard Warner, Gründer und Präsident der Filmgesellschaft Warner Bros., er bietet Max Reinhardt an, eine Kinoversion des *Sommernachtstraums* zu drehen, für die er Dick Powell, James Cagney, Mickey Rooney und am Schluss Olivia de Havilland für die Rolle der Hermia aussucht. Der Film hat nur bescheidenen Erfolg, aber angesichts der anmutigen, zarten Schönheit mit dem verhangenen Blick, die noch keine zwanzig ist, öffnen die Studios ihre Tore.

Olivia wird von Warner angestellt und unterschreibt einen Vertrag für sieben Jahre.

Ich möchte machen, was du machst, bleibt Joans Mantra. Und sie möchte es aus eigener Kraft schaffen.

Was sie gelernt hat, reicht, um für die »schöne Naive« in *Kind Lady* von Edward Chodorov vorzusprechen, mit »aufregenden Proben« im Biltmore Theatre von Los Angeles und einigen Auftritten im Lobero Theatre von Santa Barbara. Joans Debüt erntet gute Kritiken, und das damit verdiente Geld genügt, um Schauspielunterricht an der von Max Reinhardt geleiteten Schule zu nehmen. In der festen Überzeugung, ihr Ziel – *Ich möchte machen, was du machst* – zu erreichen. Die Wohnung, in der sie mit Mutter und Schwester lebt, ist eng: Joan hat tatsächlich viele Verehrer, doch trotz der Unabhängigkeit, die ihr der kurze Flirt mit Edward Anderson, dem kanadischen Mitarbeiter der amerikanischen Botschaft, verschafft, »bleibt Olivia das Familienoberhaupt, sie muss ernährt, gepflegt und gehört werden. Ich spiele die Chauffeurin, die Köchin, die Zofe und muss mich dankbar zeigen, weil sie die Miete zahlt«.[279]

Joan fügt sich Olivias Stundenplan, steht aber hellwach an der Schwelle eines neuen Lebens und wartet geduldig auf ihre Chance. Die kommt ebenso pünktlich wie unvorhersehbar genau in dem Moment, als sie im Auto sitzt und vor der Maske von Warner Bros. auf ihre Schwester wartet, um ihr das Mittagessen zu bringen: »Der Produzent/Regisseur Mervyn LeRoy steckte den Kopf durchs Fenster meines Fords, stellte sich vor und bot mir einen Vertrag an.«[280]

Die Zufälle sind schon erstaunlich, die zum schönsten und romantischsten Sieg überhaupt führen: Die Liebe zum Kino beruht endlich auf Gegenseitigkeit. Doch was für Joan eine glückliche Fügung ist, reißt einen weiteren Graben auf. Lilian plant schon seit Jahren die Karriere ihrer Erstgeborenen. Und behindert die der anderen.

Aus Olivias Sicht »zerstört Joan mit ihrer Entscheidung, Schauspielerin zu werden, die tröstende Intimität der Familie«.[281] Lilian schlägt sich auf die Seite der Älteren. Sie verbietet Joan, »Olivias Studio« zu betreten, ein Teil davon zu werden. Ja, sie verbietet ihr sogar, den Namen der Familie zu verwenden. Diesbezüglich heuchelt die vorgezogene de Havilland Verständnis und zählt als Beispiel andere jüngere Schwestern wie Loretta Young und Sally Blane auf, die nach Änderung ihres Nachnamens Karriere gemacht haben.

»Zwei de Havillands in derselben Branche wären einfach zu viel«,[282] akzeptiert das eine untröstliche Joan, die gezwungen ist, sich einen Künstlernamen zu suchen. Woher nehmen? Ganz niedergeschlagen wegen der schwierigen Startbedingungen ihrer neuen Karriere steigt sie ins Auto und fährt ziellos durch die Straßen Hollywoods, bis sie ihn in der Burfield Street findet. Unter dem Namen Joan Burfield spielt sie ihre erste Kinorolle für Metro Goldwyn Mayer. In *No More Ladies* von Edward H. Griffith ist sie neben der fantastischen Joan Crawford zu sehen. Aber da sie doch nicht recht überzeugt ist, dass das der richtige Name ist, ändert sie ihn in Joan St. John.

Keiner in der Familie ist von dieser Entscheidung überzeugt. Man erwartet einen sprechenderen Namen, etwas Glamouröseres. Man überschüttet sie mit Vorschlägen, die von Joan ausnahmslos freundlich abgelehnt werden. Das, was Olivia und Lilian nicht gelingt, schafft eine Wahrsagerin: »Eines Abends kam im *Trocadero,* einem Nachtclub, in den mich Olivia mitgeschleppt hatte, eine Handleserin an unseren Tisch und fragte: ›Was ist dein größter Wunsch?‹

›Ein Künstlername, der mir Glück bringt.‹

›Na gut, dann denk dir einen Namen aus, der auf E endet.‹«

Joan hat es eilig, sie will alles auf einmal: einen Namen, einen

Status, ans Filmset. Sie vergisst die Disziplin und Strenge, die Schulhefte und Stundenpläne. Fontaine ist der erste und einzige Name, der ihr in den Sinn kommt.

Damit ist Joan Fontaine geboren, und zumindest für den Rest des Abends ertränkt sie ihre Angst in Champagner.

Mit zweiundzwanzig Jahren ist Olivia bereits ein Star. Dünn, ja fast magersüchtig (was Lilian als notwendige »Hollywood-Diät« bezeichnet) macht sie gehorsam, was Warner von ihr verlangt. Der Film *Unter Piratenflagge* von Michael Curtiz von 1935 ist der lebhafte Auftakt zu einer Reihe von Abenteuerfilmen, die durch das einnehmende Lächeln des Australiers Errol Flynn gekennzeichnet sind – fast alles Filme unter der Regie von Curtiz: *Robin Hood, König der Vagabunden,* in dem Olivia eine bezaubernde Lady Marian ist, *Der Verrat des Surat Khan, Herr des Wilden Westens, Günstling einer Königin* und *Sein letztes Kommando* unter der Regie von Raoul Walsh. Flynn ist ein faszinierender Verführer, sie eine naive, wehrlose junge Frau, gemeinsam werden sie zum berühmtesten Liebespaar auf der großen Leinwand, zu Ginger und Fred des Actionkinos, und machen die Abenteuerfilme groß.

Olivia ist nicht mehr darauf angewiesen, von Joan herumchauffiert zu werden. Sie hat den Führerschein gemacht und braust glücklich über den Boulevard zu den Warner-Studios. Joan hingegen fährt mit ihrem gebrauchten Mercury zu RKO Pictures, zu der Produktionsfirma, mit der sie 1937 einen neuen Vertrag schließen wird.

Ich möchte machen, was du machst.

Mission erfüllt?

Nicht wirklich, auch wenn Joan die Rolle der Lady Alyce Marshmorton in der Musical-Komödie *Ein Fräulein in Nöten* von George Stevens bekommt: »Fred Astaire, der nicht länger an Ginger Rogers gebunden sein wollte, suchte nach einer neuen Partnerin, und nachdem er mich in einer Choreografie von Hermes Pan gesehen hatte, gab er seine Zustimmung.«[283] Stunden um Stunden mühsamer Stepptanz-Lektionen erweisen sich als vergeblich: Im ganzen Film wird kein einziges Mal getanzt. Aber auch der erhoffte Erfolg bleibt aus. Als Joan bei der Premiere im Saal sitzt, hört sie mit eigenen Ohren den Kommentar einer Dame, die sie wortwörtlich als »schrecklich« beschreibt. Sie versinkt im Boden und »ist wieder mal fest davon überzeugt, für immer auf zweitklassige Filme festgelegt zu sein«.[284]

In der neuen Villa im Norden Hollywoods, in die sie inzwischen umgezogen sind, bleiben die Regeln und Prioritäten dieselben: Bei den Essen, die Lilian für Olivia organisiert, muss Joan in ihrem Zimmer bleiben und von einem Tablett auf den Knien essen: »Olivia war die Erstgeborene und ich nur ein zahlender Gast«,[285] erzählt sie ohne jede Ironie.

Joan bringen die Filme mit Co-Stars, vor allem romantische Komödien wie *Quality Street* von George Stevens oder *You Can't Beat Love* von Christy Cabanne keinen großen Erfolg. Ihr Vertrag wird nicht verlängert, und die Rivalität mit Olivia wird fast schon krankhaft.

Absagen, Proben und Triumphe

1938 ist der Produzent David O. Selznick von einem Projekt wie besessen: Er möchte die Rechte des Bestsellers von Margaret Mitchell, *Vom Winde verweht,* kaufen (was ihm gelingt, indem er 50 000 Dollar hinblättert) und daraus mit seiner Selznick International Pictures in Culver City einen Film machen. Er investiert Geld, Zeit und Psychologie, zwingt sich, die Angst, pleitezugehen, zu verdrängen, die ihn begleitet, seit sein Vater, einer der Gründer des Studiosystems, insolvent wurde. Doch er überwindet alle Hindernisse.

Die Zeitungen berichten monatelang mehr oder weniger korrekt, was hinter den Kulissen passiert, wie die Besetzung aussehen wird, die zumindest in Hollywood zur echten Staatsaffäre wird. Hedda Hopper verkündet in ihrer Kolumne, dass für die Rolle der Scarlett O'Hara Joan Crawford ausgewählt wurde, der auch eine Affäre mit Selznick nachgesagt wird. Hoppers Antagonistin Louella Parsons hingegen verkündet, die Rolle gehe eindeutig an Tallulah Bankhead, eine Freundin des Regisseurs George Cukor. Eine Nachricht, die Crawford natürlich fuchsteufelswild macht, was eine Reihe weiterer Ankündigungen, Enthüllungen und entsprechender Dementis nach sich zieht.

Um niemanden gegen sich aufzubringen, vermittelt Selznick geschickt und dementiert alle Spekulationen.

Tatsächlich geht er bei seiner Suche nach Scarlett O'Hara fast wissenschaftlich-methodisch vor. Er unterteilt die Vereinigten Staaten in Zonen, in Süden, Nordwesten und Westen. Mit Kay Brown, seinem bewährten Assistenten, und dem Regisseur George Cukor nimmt er eine anstrengende Tour auf sich. Er besucht täglich zig Städte und lässt Hunderte Unbekannte für die Rolle vorsprechen. Ein Marathon, der jedoch nicht den erhofften Erfolg bringt: Von den vierzehnhundert Bewerberinnen schaffen es nur vierhundert, ein paar Szenen vorzuspielen, und nur zweihundertvierzig davon dringen bis zu den Kostümproben vor. Natürlich versucht es auch Joan, aber als Cukor sie für die Rolle der Melanie engagiert, lehnt sie ab: »Ich habe den unverzeihlichen Fehler begangen, mich in einem grauen Kostüm, mit weinrotem Samthut und Fuchspelzstola vorzustellen. Als Cukor meinte, dass er für die Rolle einer einfachen Frau aus dem Süden eine weniger aristokratische Schauspielerin suche, begriff ich, dass ich alles falsch gemacht hatte. Das werde ich mir nie wirklich verzeihen.«[286]

Doch sie bereut es nicht nur, sie tut noch mehr: »Wenn du eine Melanie suchst, dann ruf meine Schwester an!«[287]

Im Grunde war Joan die erste Wahl, doch sie hat sich falsch angezogen, und dank der leichtsinnigen Großzügigkeit ihrer Schwester bekommt Olivia die Rolle, für die sie für immer in Erinnerung bleiben wird.

The show must go on.

Doch vor Olivia tut sich ein unüberwindbares Hindernis auf.

Ein dringendes Problem muss gelöst werden.

Jack Warner – zu dessen Stall Bette Davis (Olivia ist die einzige Frau, die Davis in ihrer Nähe duldet, und auch die einzige, auf die sie wegen »ihrer ungewöhnlichen Schönheit und vermeintlichen Coolness« eifersüchtig ist), Humphrey Bogart, Ronald Reagan und Ann Sheridan zählen – ist nicht bereit, seine Leinwandstars an andere Studios auszuleihen. Aber Olivia, die fast immer bekommt, was sie will, ohne die Contenance zu verlieren, ist überzeugt, dass »Jack sich nicht für Schauspieler interessiert, ihnen nicht traut und nur Autoren und Regisseure liebt, während Selznick vor allem seine Schauspieler anbetet«.[288]

Es kommt der Moment des Vorsprechens, aber das muss in aller Heimlichkeit geschehen. Sie steigt in ihren riesigen grünen Buick und parkt in einer Straße hinter MGM. Dann folgt sie den genauen Anweisungen Cukors und geht auf eine Glastür zu. Dort nimmt sie ein Mann in Empfang, um sie ins Büro des Regisseurs zu bringen, wo sie ihm einige Seiten vorlesen soll. Nach dem Vorsprechen ist Cukor überzeugt, die richtige Schauspielerin gefunden zu haben. Ganz aufgeregt ruft er Selznick triumphierend an: »Wenn du eben Miss de Havilland in der Rolle von Melanie gehört hättest!«

Die selbstbewusste Olivia weiß, dass sie für diese Rolle praktisch perfekt ist: »Damals waren freche Frauen modern. Ich habe jedoch immer Glück mit Rollen anständiger junger Frauen gehabt, die mehr schauspielerische Fähigkeiten erfordern.«[289]

Das Treffen mit dem Produzenten ist für den darauffolgenden Sonntag um 15 Uhr geplant.

Olivia kommt nervös zu Selznicks Kolonialstil-Villa am Summit Drive, Beverly Hills, sie trägt ein keusches schwarzes Samtkostüm mit Manschetten und Kragen aus weißer Spitze. Die beiden setzen sich mit Cukor »in ein riesiges Zimmer vor einen Erker. Mit seinem krausen Haar, seiner molligen Figur und seiner dicken Brille ist Cukor die lächerlichste Scarlett, die man sich nur vorstellen kann. Er deklamiert ihren Text in dramatischem Ton und klammert sich an die Vorhänge. Ich musste mich wirklich anstrengen, ernst zu bleiben. Aber als er danach verkündete: ›Ich glaube, wir sind so weit, wir können mit Jack Warner reden‹, wusste ich, dass ich ihn überzeugt hatte«.[290]

Warner will natürlich nichts davon wissen, er weigert sich, Selznicks Bitte zu entsprechen, und als Olivia ihn anfleht, sie freizugeben, erwidert er ebenso energisch wie sadistisch: »Kommt gar nicht infrage.«

Doch Olivia ist weiß Gott nicht der Typ, der so eine Absage akzeptiert.

Sie umgeht Warner und sucht Hilfe bei seiner Frau Ann – der Einzigen aus der Branche, die ihn überreden kann. Bei einer Tasse Tee im *Brown Derby* bittet Olivia sie mit aller Energie, die sie aufbringen kann – und das ist viel, manchmal sogar zu viel –, bei ihrem Mann zu intervenieren. Ann begreift, wie wichtig dieses Projekt ist, und ist sich sicher, dass Olivias Auftritt in einem sehnsüchtig erwarteten Film bestimmt auch ihren Marktwert für Warner erhöht. Es gelingt ihr, ihren mächtigen Mann zu überreden, Olivia an Selznick auszuleihen, der ihm im Gegenzug eine Option auf James Stewart geben muss.

Vom Winde verweht Richtung Triumph. Zumindest beinahe.

Vivien Leigh ist die Rebellin Scarlett, Olivia gibt mit der sanften, sich aufopfernden Melanie Hamilton Wilkes ihren Gegenpart: »Als ich den Roman gelesen habe, habe ich mich nicht mit ihr identifiziert. Aber als ich mich in das fantastische Drehbuch von Sidney Howard vertiefte, erschien mir Melanie in einem ganz neuen Licht, und da lernte ich sie zu schätzen, habe sie bewundert, ja geliebt! Im Buch wird sie aus Scarletts Perspektive beschrieben, aber im Film wird sie das Publikum ganz anders wahrnehmen.«[291]

Doch wie sagt Scarlett so schön? »Morgen ist ein neuer Tag.« Nach drei Wochen wird Cukor wegen Meinungsverschiedenheiten mit Selznick entlassen und durch den formbareren Victor Fleming ersetzt. Cukor nimmt sich die Sache nicht weiter zu Herzen und lenkt sich mit einem Filmprojekt ab, das ihn schon seit Monaten beschäftigt, *Die Frauen*, nach der gleichnamigen Komödie von Clare Boothes Luce, mit einem ausschließlich weiblichen Cast, zu dem viele Schauspielerinnen zählen, die bei *Vom Winde verweht* abgelehnt wurden: Norma Shearer, Joan Crawford, Rosalind Russell, Paulette Goddard, Mary Boland, Ilka Chase und Joan Fontaine »in einer kleinen Rolle, die ihr die ersten guten Kritiken einbringt«.[292]

1939 ist ein Glücksjahr für das glitzernde und giftspritzende Hollywood. Diese zwölf Monate sind mit so vielen Verlusten verbunden, Europa tritt in den Krieg ein, die vor zwei Jahren über dem Pazifik verschollene Fliegerin Amelia Earhart wird nun für tot erklärt, Douglas Fairbanks erleidet einen Herzinfarkt ... aber in Hollywood entstehen Meisterwerke wie *Der Zauberer von Oz, Ringo – Höllenfahrt nach Santa Fé, Mr Smith geht nach Washington,*

Sturmhöhe und *Ninotschka.* Bis zu diesem Jahr sieht es ganz danach aus, dass Olivia die besten Chancen vorbehalten bleiben, während Joan Pech hat.

Aber nach so vielen unglücklichen Starts kommt auch für sie der magische Moment.

Gleich nach den Aufnahmen des Riesenfilms denkt Selznick an das neue Projekt *Rebecca,* nach dem Roman von Daphne du Maurier unter der Regie von Alfred Hitchcock – der erste Kinofilm des englischen Regisseurs in den Vereinigten Staaten. Für die Rolle der Heldin hatte Selznick auf Olivia gehofft (die 1952 in du Mauriers *Meine Cousine Rachel* von Henry Koster spielen und dafür einen Golden Globe gewinnen wird). Doch diesmal hat Warner nicht die Absicht, sie herzugeben, schon gar nicht nach dem unglaublichen Erfolg von *Vom Winde verweht.* Selznick begreift, dass es einfacher ist, die Schauspielerin auszutauschen, als zu kämpfen, er sucht also nach der »zweiten Frau Winter«, die an der Seite von Laurence Olivier in der Rolle von Maxim de Winter spielen soll.

Olivias Version: »Macht es dir was aus, wenn ich deine Schwester nehme?«, fragt Selznick.

»Die wäre perfekt«, erwidert sie.

Bewaffneter Friede? Waffenstillstand?

Joans Version: »Eines Abends fand ich mich bei einem Empfang neben einem respektablen Gentleman wieder, der mir auf Anhieb sehr entgegenkommend und galant vorkam. Wir haben uns unterhalten, und das Gespräch kam auf den Roman von Daphne du Maurier, den ich gerade las – darauf, dass das ein fantastischer Film wäre. Dieser Mann war David O. Selznick, der mir gestand, soeben die Rechte gekauft zu haben, und fragte, ob ich nicht für die weibliche Hauptrolle vorsprechen wolle.«

Die offizielle Einladung kommt auf Briefpapier von der Produktionsfirma. Sie ist an Joan adressiert, das schon, aber auch an zig andere Schauspielerinnen wie Loretta Young oder die sechzehnjährige Anne Baxter (die aussortiert wird, weil sie noch zu jung ist) sowie an die göttliche Margaret Sullavan.

Auf ihrer Hochzeitsreise mit dem ersten Ehemann bekommt Joan einen Anruf. Es ist dringend.

Joan ist gerade in einem Kanu auf dem Benbow Lake beim Angeln, hundertfünfzig Kilometer nördlich von San Francisco, als ein Hotelangestellter atemlos ans Ufer eilt und ihr das dringende Telefonat ankündigt. Genervt, dass sie in so einem Moment gestört wird, meldet sich die frisch Verheiratete gerade noch rechtzeitig am Apparat, um den Jubelschrei ihres Agenten am anderen Ende der Leitung mitzubekommen: »Du hast es geschafft! Du hast es geschafft! Ich flehe dich an, komm sofort zurück nach Hollywood und unterschreib den Vertrag für *Rebecca* und weitere Filme mit Selznick.«

Unterbrochene Flitterwochen, dafür die Gewissheit, das erreicht zu haben, was sie schon immer wollte: finanzielle Unabhängigkeit. Vom Vater, von Lilian, vor allem aber von Olivia, die, noblesse oblige, auf die Nachricht vom Vertrag bloß sagt: »Joan ist wirklich die Beste für diese Rolle. Sie ist blond, und jeder weiß, dass Hitchcock Blondinen bevorzugt.«

Doch diese Unabhängigkeit ist teuer bezahlt, die Dreharbeiten sind seit dem ersten Tag etwas, das man nur als höllisch bezeichnen kann.

Am Set behandelt sie der begabte Schönling Laurence Olivier, ein ruppiger, unverschämter Kerl, einfach bloß schrecklich. Warum, ist nicht schwer zu erraten: Er hätte lieber gehabt, dass die Rolle der jungen, durch ihre Liebe zum geheimnisvollen Maxim zerstörten und von der furchterregenden Danny Danvers terrorisierten Frau an Vivien Leigh gegangen wäre, seine Verlobte und zukünftige Ehefrau. Hitchcock hat Joan zwar aus Heerscharen von Bewerberinnen ausgewählt, unterwirft sie am Set jedoch täglichen Qualen. Er macht sie wahnsinnig, weil er stets will, dass sie noch nervöser, noch ängstlicher ist, noch … einfach alles. Er erhöht den Druck, indem er sie vom Rest der Truppe isoliert, in der Überzeugung, dass sie die Rolle besser spielen kann, wenn sie die zerstörerische Einsamkeit der jungen Frau am eigenen Leib spürt. »Hitchcock hat uns bewusst voneinander getrennt, er wollte absolute Macht über mich und schien sich daran zu weiden, dass sich alle Schauspieler am Ende der Dreharbeiten gehasst haben. Er hatte krankhafte Freude daran, mich aus dem seelischen Gleichgewicht zu bringen. Immer wieder sagte er, dass mich niemand für eine gute Schauspielerin halten würde, ja dass alle über mich lästern würden. Nur er nicht, natürlich.«[293]

Divide et impera, teile und herrsche, lautet der Modus Operandi des Genies. Und ohne es zu ahnen, hilft ihm dabei auch die Biografie seiner Hauptdarstellerin. Um in die Rolle der zweiten Mrs de Winter (von der man den Vornamen nie erfahren wird) zu schlüpfen, die mit dem Gespenst der ersten Ehefrau kämpft, bringt sich Joan persönlich vollständig ein. Ohne sich dessen wirklich bewusst zu sein, »nutzt« sie die Erinnerung an die Minderwertigkeitsgefühle als Kind Olivia gegenüber. Und die Schilderungen ihres Mannes, dessen ehemalige Verlobte vor Jahren gestorben ist. Doch seit *Rebecca* entwickelt sich auch endlich für Joan alles atemberaubend gut. Sie erhält ihre erste Oscar-Nominierung, und in Hollywood wird spekuliert, Hitchcock habe sich in sie verguckt: eine Hypothese, die sich ein Jahr später zu bestätigen scheint, als er sie auch für *Verdacht* auswählt. Eine bösartige Unterstellung der Klatschpresse, denn bevor er sie engagiert, macht Hitch zahlreiche Probeaufnahmen. Was ihn dann erneut überzeugt, sind ihr Talent und ihre sanfte, beruhigende, leicht kühle Schönheit – Wachs in den Händen des Gruselmeisters, der sie während der gesamten Dreharbeiten psychisch manipuliert.

Ein Opfer, das ihr den ersten und einzigen Oscar ihrer langen Filmkarriere einbringt.

Ein historisches Urteil

Stille Wasser sind tief.

Angesichts einer bewundernden, devoten, vielleicht sogar leicht weinerlichen Miene sollte man stets auf der Hut sein, denn dahinter kann sich ein unglaublicher Kampfgeist verbergen.

Olivia, die Shakespeare schon mit der Muttermilch einge-sogen hat, fühlt sich in eine Schublade gedrängt. Sie ist zur Rolle der eleganten Naiven verurteilt, zu der der zuckersüßen Freun-din. Sie ist es leid, das schmückende Beiwerk vom »Teufel von Tasmanien«, Errol Flynn, zu sein: Sie möchte auch andere Fi-guren spielen können, hat die Nase voll von der unschuldigen, verträumten Verlobten! Das Tüpfelchen auf dem i: Wie kann es sein, dass Warner Flynns Honorar nach ihren ersten Erfolgen auf 2250 Dollar die Woche erhöht, während ihres bei 500 stecken bleibt?

»Was willst du mehr als Erfolg?«, heißt es.

»Respekt«, erwidert sie und fährt die Krallen aus, die ihren gefügigen Rollen abgehen.

Passiert ist Folgendes:

Olivia hat erkannt, dass die interessantesten Rollen nicht bei den Warner-Studios zu finden sind. Ungeduldig wartet sie da-rauf, dass ihr Vertrag ausläuft, der im Juni 1943 enden soll. Doch als sie, deutlich erleichtert, zu Jack Warner geht, um sich höflich zu verabschieden, lässt er sie mit allwissendem Blick erstarren, indem er sagt, der Vertrag sei gar nicht ausgelaufen, da er jedes Mal ausgesetzt worden sei, wenn sie einen Film abgelehnt habe. Diese Auszeiten müssten natürlich zur Vertragslaufzeit hinzuaddiert werden.

Olivia kehrt angewidert nach Hause zurück, sie fühlt sich als Gefangene eines allmächtigen Chefs, der an sechs von sieben Wochentagen über ihr Leben bestimmt, und das neun Stunden am Tag, der um halb sieben Uhr morgens in der Maske beginnt und erst abends endet. Damit nicht genug, dass sie bei jedem Anlass makellos aussehen muss, sie darf auch nicht gegen den herrschenden Moralkodex und natürlich auch nicht gegen das Gesetz verstoßen. Sogar ihr Privatleben wird von den unersättlichen Werbeleuten der Studios beherrscht, die, häufig in Komplizenschaft mit so neugierigen Journalistinnen wie Louella Parsons oder Hedda Hopper, genau wissen, wie man wahre Leben »erfindet« und Ammenmärchen in ihren Klatschblättern platziert. Wer vor Olivia versucht hat, berechtigte Ansprüche zu stellen, wurde bestraft: so auch James Cagney und Bette Davis, die mehrfach (einschließlich Gehalt) wegen Gehorsamsverweigerung suspendiert wurden.

Am Boden zerstört, aber kämpferisch vertraut sich Olivia dem Anwalt Martin Gang an und sagt, sie sei die Übermacht der Studios »mit ihren Heerscharen von Anwälten« satt. Daraufhin ist er so genial, ein kalifornisches Gesetz auszugraben, das eigentlich für Landwirte geschaffen wurde und besagt, dass alle Verträge mit einer längeren Laufzeit als sieben Jahre als Sklaverei gelten.

Geschafft, denkt sich Olivia, die am 23. August 1943 Klage gegen Jack Warner einreicht.

Warner tobt. »Egal, ob du nun gewinnst oder verlierst, du wirst keinen einzigen Film mehr in Hollywood drehen«, so die noch höflichste Drohung. Er schreibt halb Hollywood an, darunter auch Produzenten, die schon seit Jahren keinen Film mehr gemacht haben. Sie sollen Olivia boykottieren. Sie hingegen ist so schlau, sich nicht um Rollen zu bewerben. Der Krieg hat bei Tausenden von Amerikanern angeklopft, und Olivia spielt stattdessen vor den Truppen. Als Warner, der die Uniform eines Oberst trägt, ohne je eine Waffe in der Hand gehabt zu haben, den Armeestab auffordert, das abzustellen, bereitet man ihm einen kühlen Empfang. Der Fall erregt Aufsehen, die Schauspielergewerkschaft schließt sich ihrem Protest an, Olivia weicht keinen Millimeter zurück und wird bei ihren Kollegen nur noch beliebter, darunter auch Clark Gable und James Stewart, die sich, nachdem sie an der Front waren, der Suspensionsklausel beugen mussten.

Am 8. Dezember 1944 gelingt der (vorgeblich) Naiven, was ihre Freundin Bette Davis vor Jahren nicht geschafft hat: Sie zieht durch alle Instanzen bis zum kalifornischen Berufungsgericht und gewinnt ihre folgenschwere Schlacht.

Das Urteil »De Havilland gegen Warner«, unterschrieben vom Richter Clemente Lawrence, wird zu einem Meilenstein der Rechtsprechung und als solcher als »De Havilland Law« in das kalifornische Arbeitsgesetz aufgenommen (California Labor Code Section 2855): »Ich bekam ständig nur die Rolle des braven Mädchens, nie hatte ich Liebesszenen, die nicht im Stehen oder bis obenhin zugeknöpft stattgefunden hätten. Im wahren Leben hatte ich jedoch ein ganz anderes Naturell und habe meinen Kampf gegen den übermächtigen Arbeitgeber gewonnen.«[294]

Dank einer Frau ändert sich das Leben der Schauspieler – auch der männlichen Kollegen – in Hollywood grundlegend.

»Nach diesem Sieg habe ich mich endlich frei gefühlt und konnte mir aussuchen, in welchen Filmen ich spielen möchte. Als

Paramount mir das Drehbuch von *Mutterherz* vorgelegt hat, habe ich die Herausforderung, für die ich so gekämpft habe, angenommen.«[295]

Eine rasche, unaufhaltsame Karriere.

Auf den Film von Mitchell Leisen, der ihr 1947 den Oscar einbringt, folgt 1948 *Die Schlangengrube* von Anatole Litvak, in dem Olivia die schizophrene Virginia Stuart spielt, die in der Psychiatrie eingesperrt ist. Erneut wird sie für den Oscar nominiert, 1949 für die Coppa Volpi in Venedig. Sie ist stolz, sich mit einem Thema beschäftigt zu haben, das zu dieser Zeit tabu ist: »Wir haben diesen Film gedreht, als man psychische Erkrankungen noch so wie im Mittelalter gesehen hat. Die Leute haben nicht darüber geredet, es galt als Schande.«[296] Dann kommt *Die Erbin* von William Wyler mit Montgomery Clift und Ralph Richardson nach dem Roman *Washington Square* von Henry James: Darin spielt sie eindringlich eine junge, naive Frau, die sich an dem Mann rächt, der ihr nur des Geldes wegen den Hof macht. Er bringt ihr 1950 den zweiten Oscar ein und den Preis des New York Film Critics Circle, einer der größten Filmkritikervereinigungen der Vereinigten Staaten.

Nicht immer hat sie Erfolg, wenn sie bereitwillig Anwälte und Gerichte beschäftigt, bei denen sie leichtes Spiel hat.

Fast schon romanhaft ist der 2017 von Olivia angestrengte Prozess gegen den Fernsehsender FX und dessen Moderator Ryan Murphy. Ihm wirft die Schauspielerin vor, sich zu Unrecht auf ihre Kosten bereichert zu haben, außerdem Majestätsbeleidigung: »Ich finde es völlig normal, gegen Leute vorzugehen, die etwas Unrechtes tun«,[297] sagt Olivia ganz offen, die Murphy beim obersten Gericht von Los Angeles wegen »Angriff auf die Menschenwürde« verklagt. Zankapfel ist die Miniserie *Feud: Bette and Joan,* die hinter die Kulissen des Psychothrillers *Was ge-*

schah wirklich mit Baby Jane? von 1962 unter der Regie von Robert Aldrich schaut, mit einer sadistischen Bette Davis, die wie ein Kabuki-Schauspieler geschminkt ist und die von Joan Crawford gespielte gelähmte Schwester quält. *Feud* inszeniert die belegte Antipathie zwischen Davis (Susan Sarandon) und Crawford (Jessica Lange) sowie ihre komplizierte Beziehung während der Dreharbeiten. Catherine Zeta-Jones spielt Olivia.

»Als ich von *Feud* erfuhr, war ich extrem neugierig, wie sie wohl meine liebe Freundin Bette darstellen. Dann meldeten sich Freunde und Verwandte und erzählten mir, dass meine Figur ohne meine Zustimmung in dem Film vorkommt und, was noch viel schlimmer ist, die ›Figur‹ Olivia de Havilland die ›Figur‹ Joan Fontaine als ›Nutte‹ beschimpft.« Ein Gerichtsprozess im Alter von hundertein Jahren. Für sie wäre es undenkbar, Ausdrücke wie »Nutte« zu verwenden. Eine Frage der Ehre, natürlich.

»Ich fühlte mich tief getroffen und habe Klage eingereicht.« Über die Anwältin Suzelle M. Smith schickt sie einen Link zur Encyclopedia Britannica, die die Dauer des Applauses und ihre ehrenamtlichen Auftritte zur Truppenunterhaltung im Krieg anführt.

Vergeblich. Diesmal verliert Olivia den Prozess, und das oberste Gericht erkennt das Recht der Drehbuchautoren an, die Figur der Schauspielerin gemäß dem Ersten Verfassungszusatz frei zu interpretieren.

Herzblatt

Wir schreiben die letzte Juniwoche im Jahr 1939, als Joan den renommierten englischen Schauspieler Brian Aherne in die Arme schließt. Er ist groß und stark wie eine Eiche, genau der Typ, den jede Frau gern um sich hat. Schauplatz dieser Liebe auf den ersten Blick ist ein Fest in seinem Haus am Rodeo Drive, Beverly Hills. Die englische Kolonie Hollywoods ist vollständig versammelt, Joan hat die Mutter und Olivia dabei, als ihr ein gewisser Joseph Levy, der behauptet, wahrsagen zu können, prophezeit, sie sei in einer Woche verlobt.

»Aber ich bin bereits verlobt«, erwidert Joan, die zu dieser Zeit mit einem Musiker flirtet. »Nein, meine Liebe, in diesem Moment befindest du dich im Haus deines zukünftigen Mannes.«[298]

Joan muss lachen, aber hinter ihr steht ausgerechnet Aherne, der die Prophezeiung sehr ernst nimmt und sie sich zunutze macht: »Wenn es das Schicksal so will, hochverehrtes Fräulein, sollten wir uns doch mal verabreden. Ich habe am Mittwoch, am Donnerstag … und am Freitag Zeit.«[299]

Es dauert eine Woche, und die beiden sind verlobt. Sieben Wochen nach ihrer ersten Begegnung heiraten sie. Zum Empfang am Vorabend der Hochzeit kommt Olivia Arm in Arm mit ihrem neuen Liebhaber, einem der reichsten, faszinierendsten und mächtigsten Männer Hollywoods: dem exzentrischen Milliardär, Luftfahrtpionier und Produzenten Howard Hughes, den sie am Set von *Vom Winde verweht* kennengelernt hat. Sie ist sich sicher, dass Hughes früher oder später um ihre Hand anhalten wird, doch er zweifelt, zögert, schiebt die Entscheidung immer weiter hinaus: »Ich will nicht heiraten, ehe ich fünfzig bin. Vorher hab ich noch viel zu viel zu erledigen«, rechtfertigt er sich. Olivia verteidigt ihn. »Er war immer sehr schüchtern, aber seine Schüchternheit täuscht. Wir haben zusammen im Restaurant *Victor Hugo* ins neue Jahr hineingefeiert, wir haben getanzt, falls man sein Schlurfen als Tanzen bezeichnen kann. Wenn wir uns nicht sehen, ruft er jeden Sonntag an und schickt eine Schachtel mit dreißig weißen Orchideen.«[300] Dass sie ihr Opfer dann doch fallen lässt, liegt an diesem Fest.

Vielleicht verliebt er sich tatsächlich Knall auf Fall – fest steht nur, dass er beschwipst ist: Als Hughes mit der zukünftigen Braut tanzt, zieht er sie an sich und bittet sie, den Verlobten sitzen zu lassen, stattdessen ihn zu heiraten. Joan ist schockiert: »Ich wusste, dass Olivia viel an ihm liegt, auch wenn die Gerüchte, dass er sich neben ihr regelmäßig mit anderen Schauspielerinnen wie der Hepburn oder Ginger Rogers trifft, begründet sind. Aber als er mir einen Zettel mit seiner Telefonnummer zusteckte, war ich einfach fassungslos.«[301] Ob nun aus Loyalität oder aus subtiler Gemeinheit – Joan erzählt das alles Olivia, der nichts Besseres einfällt, als sie zu beleidigen und Hughes zu verlassen – wobei sie allerdings die Schwester für die gescheiterte Beziehung verantwortlich macht.

Am Tag darauf, dem 19. Oktober 1939, ehelicht Joan ihren Brian, und Olivia ist ihre Brautjungfer. Sie ist einundzwanzig, er siebenunddreißig. Brian ist der perfekte Mann, von dem die jüngere der beiden Schwestern schon immer träumt: Er bietet ihr eine Schulter zum Anlehnen, ist so etwas wie ein Vater für sie, den Joan nie gehabt hat. Er führt ein gutbürgerliches »englisches« Leben, und nach Jahren des Herumvagabundierens hat sie endlich ein großes Haus, in dem sie die Freundinnen zum Five o'Clock Tea bewirten und im Abendkleid dinieren kann.

Doch die Beziehung zu Aherne ist nichts weiter als der Auftakt zu einer ganzen Reihe verschiedener Liebschaften und … Hochzeiten. Joan kann es tatsächlich nicht lassen zu heiraten, sie hat ein äußerst bewegtes Privatleben, Beziehungen, die durchschnittlich fünf, sechs Jahre dauern und in dramatischen Scheidungen enden, ohne dass sie ansatzweise Verantwortung dafür übernehmen würde.

»1941 habe ich gemerkt, dass meine Ehe gefährdet ist.«[302] Sie ist häufig nicht da, Brian ein faszinierender Mann und Schürzenjäger, in Hollywood wimmelt es nur so von schönen jungen Frauen, das Telefon klingelt auch mitten in der Nacht, und der Postbote bringt zu viele Briefe, die eindeutig eine weibliche Handschrift tragen. Bei der Scheidung weiß Joan nicht, was sie ihm sagen soll. Sie ist kein sentimentaler Typ. 1945 ist die Scheidung durch. Joan verliert keine Zeit, schon im Jahr darauf heiratet sie erneut.

Der zweite Versuch erfolgt in Mexiko-Stadt, sie heiratet den Schauspieler/Produzenten William Dozier. Eine Tochter, Deborah, dann 1949 die Trennung. Von einer Villa in Brentwood und einem fantastischen japanischen Koch einmal abgesehen haben die beiden nicht viel gemeinsam. Willies Träume nerven sie, seine Worte langweilen sie, und da reicht Joan, die ihn der Vernachlässigung bezichtigt, 1950 die Scheidung ein, die pünktlich im Januar 1951 ausgesprochen wird. Zwei Jahre später heiratet er die Schauspielerin Ann Rutherford, die er in der Rolle von Scarlett O'Haras Schwester Carole in *Vom Winde verweht* kennengelernt hat. Doch kurz vor der Trennung findet Joan die Zeit und Liebe, ein fünfjähriges peruanisches Mädchen zu adoptieren, Martita Pareja, ein Pseudogeschwisterchen für Deborah, das zu einer waschechten Amerikanerin erzogen werden soll: »Ich habe mir für die Mädchen etwas gewünscht, das ich nie hatte: ein ruhiges Leben voller Liebe.«[303] Ein Wunsch, der sich im Lauf der Zeit als bloße Illusion entpuppt.

Am 12. November 1952 kommt der dritte Mann ins Bild. Der

Produzent und Schriftsteller Collier Young, der zukünftige Entwickler der fürs Fernsehen produzierten Krimiserie *Der Chef*, lässt sich von Joan Fontaines dominanter Persönlichkeit verführen. Die Heirat ist eine Wiedergeburt, ein Neubeginn, und Joan hofft jedes Mal, dass es für immer ist. Doch auch die Ehe mit Collier dauert gerade mal so lange, wie es nötig ist, einander überdrüssig zu werden. Acht Jahre später haben beide genug: Sie trennen sich und lassen sich am 3. Januar 1961 scheiden, kurz bevor ein verheerendes Feuer ihre Luxusvilla in Bel Air zerstört. Für Joan ist das ein Zeichen: Sie muss Hollywood verlassen. New York und ein elegantes Penthouse mit Blick auf den Central Park nehmen die Single-Frau freudig auf. Sie hat sich fest vorgenommen, emotional unabhängig zu bleiben (finanziell ist sie es längst). Drei Jahre hält die unruhige Fontaine durch, bis sie am 23. Januar 1964 den *Sports Illustrated*-Journalisten Alfred Wright jr. heiratet. Vielleicht hat sie schon Übung, bei ihm gibt es keine lange, mühsame Trennung, sondern schon 1969 die Blitzscheidung.

Launisch? Wankelmütig? Stets auf der Suche nach einer Vaterfigur?

Sie wird es zwar nie zugeben, aber Lilians langer Schatten scheint auf Joans schwieriges Liebesleben zu fallen: Gut möglich, dass sie für die Bindungsunfähigkeit ihrer Tochter mitverantwortlich ist. Die Sicherheit, nach der sich Joan so sehr sehnt, wird sie nie durch ihre jeweiligen Ehen und darauf folgenden Scheidungen erlangen, sondern ausschließlich durch das Geld, das sie mit ihrer Arbeit verdient. Das ist ihre einzige Gewissheit. Neben den Golfplätzen, auf denen sie so gerne ihre Zeit verbringt, dem Angeln, dem Kochen und dem Pilotenschein, den sie zwischen der einen und der anderen Ehe macht.

Solchen Liebeshändeln scheint Olivia die Händel in der Welt des Kinos vorzuziehen.

Auch wenn sie unzählige Verehrer hat, behauptet sie mit beneidenswerter Nonchalance, sie sei »nicht der Typ für Affären, sondern ein ganz normaler Mensch, ohne den Glamour und das Auftreten Joans«. Nichts könnte weniger wahr sein. Zu Olivias Liebesleben gehörten auch der Schnurrbart, die Feder und die Strumpfhose von Errol. Ein Paar auf der Leinwand, aber nicht im Leben, auch wenn Flynn alles versucht, um das zu erreichen: »Ich musste mich einfach in ihn verlieben. Bei einem Mittagessen – ich war damals zwanzig – hat er mir gestanden, dass er seine Frau, die französische Schauspielerin Lili Damita, nicht mehr liebt. Er gab mir zu verstehen, dass er sein Leben mit mir verbringen will. Natürlich habe ich beschlossen, ihn nicht mehr zu sehen, bis er geschieden ist. Drei Jahre habe ich gewartet, und nichts ist passiert ...«[304]

Flynn kann man als »Jugendliebe« abtun, die anderen Flirts sind mehr oder weniger alle offiziell. Olivia erliegt der Faszination von Ronald Reagan, Robert Mitchum, Frank Sinatra, sie verlobt sich mit James Stewart, legendär ist ihre Beziehung zu John Huston, der dann doch eine andere heiratet, worüber schwer getuschelt wird, auch wenn Olivia, als sie Jahre später an diese Zeit zurückdenkt, bemerkt, dass »der damalige Tratsch mehr Stil hatte«.

Die Kette mehr oder weniger überzeugter Lover unterbricht Marcus Goodrich, ein texanischer Marineveteran, Drehbuchautor und Schriftsteller, der achtzehn Jahre älter ist als sie und der Öffentlichkeit wegen eines einzigen Romans, *Delilah*, bekannt ist, der 1941 erschien. Sie heiraten am 24. Januar 1946, und die Hochzeit wird bald zum x-ten Anlass für einen öffentlichen Streit zwischen den Hollywood-Schwestern. Grund ist eine sar-

kastische Bemerkung Joans, als diese von der Hochzeit erfuhr:
»Von ihm weiß ich nur, dass er viermal verheiratet war und ein
Buch geschrieben hat, schade für Olivia, dass es nicht umgekehrt
ist.«[305] Das kann die stolze Olivia nicht vergessen. Noch Jahre
später sagt sie 1957 in einem Interview: »Meine Schwester ist sehr
schlagfertig, aber dass der ›Hollywood Reporter‹ ihre Kritik veröffentlicht, ist offen gestanden ein Skandal. Ich bin ein loyaler
Typ, ich bin unglaublich, ja extrem loyal. Ich bin mit viktorianischen Romanen aufgewachsen. Wenn man beleidigt wurde, zeigt
man keine Wut, dann ist der andere einfach für einen gestorben.
Joan hätte sich bei mir entschuldigen müssen, doch das hat sie nie
getan. Letztlich hätte ein Blumenstrauß gereicht.«[306]

Am 1. Dezember 1946 wird Benjamin Marcus geboren.

Ein paar Jahre lebt Olivia ein erfülltes Leben, doch die Ehe
entpuppt sich als herbe Enttäuschung. Sie endet undramatisch
und mündet in eine Freundschaft, die auch nicht zerbricht, als
jenseits des Ozeans eine brandneue Liebe wartet, Tausende Kilometer weit weg, die jedoch wegen eines albernen Missverständ-
nisses zu scheitern droht.

April 1953. Olivia ist zu den Internationalen Filmfestspielen
von Cannes eingeladen, gemeinsam mit mehreren Freunden und
Kollegen wie Kirk Douglas, Walt Disney, Gary Cooper. Sie will
schon absagen, ist beleidigt über die Weigerung der Organisatoren, ihr ein zweites Ticket zu zahlen, das aus deren Sicht bestimmt für irgendeinen Lover reserviert ist. Erst als Olivia klar-
stellt, dass ihr Begleiter der vierjährige Benjamin ist, entschuldigt
sich die Filmfest-Leitung und empfängt Mutter und Sohn, die
am Flughafen von Orly landen, mit allen Ehren, inmitten eines
Blitzlichtgewitters der sich hinter den Absperrungen drängen-
den Fotografen. In der Menge, die auf den Star aus Hollywood
wartet, befindet sich auch ein faszinierender, vornehmer Herr, der

Paris Match-Journalist Pierre Galante. Er bietet ihr an, sie mit dem Wagen zur Côte d'Azur zu bringen. Unterwegs lädt er sie ins *Colombe d'Or* in Saint-Paul-de-Vence zum Mittagessen ein und folgt ihr während des gesamten Cannes-Traras auf Schritt und Tritt. Bei Festen, Abendessen und Spaziergängen bei Sonnenuntergang, umhüllt von süßem Lavendelduft, wirbt Pierre hartnäckig, aber diskret um sie.

Weil er nicht nur Galante heißt, sondern auch so ist, erobert er sie.

Nach dem Filmfest begleitet er Olivia nach London und dann nach Los Angeles, tut alles dafür, um mit auf eine Kreuzfahrt der berühmten Journalistin Elsa Maxwell zu den griechischen Inseln eingeladen zu werden.

Am 2. April 1955 heiraten sie in Yvoy-le-Marron, ohne Lilian, ohne Joan, ohne den Glamour von Hollywood im Hintergrund, sprich in einem Dorf mit gerade mal sechshundert Einwohnern im Loire-Tal. In der Rue Bénouville, im luxuriösen 16. Arrondissement von Paris, nur wenige Schritte vom Bois de Boulogne und dem Anwesen der Windsor-Herzöge entfernt, hat Olivia ihr neues Domizil. Dem Kino sagt sie Adieu. Zumindest beinahe.

Normalerweise verlassen die Stars Hollywood nicht, zumindest nicht die amerikanischen: Greta Garbo und Luise Rainer sind Ausländerinnen; Marlene Dietrich war nie wirklich dort, und Grace Kelly verrät das Kino zugunsten des Fürstentums Monaco, und zwar ausgerechnet dank ... Olivia und ihrem Cupido Pierre im Frühjahr 1955, als das Ehepaar Galante im luxuriösen Train Bleu von Paris nach Cannes reist, zusammen mit Grace Kelly, die zu den Filmfestspielen eingeladen wurde, um *Ein Mädchen vom Lande,* für den sie einige Monate zuvor einen Oscar gewonnen hatte, in Europa vorzustellen. Galante schlägt seinem Chefredakteur Gaston Bonheur eine Reportage mit Fürst Rai-

nier vor, und es ist Olivia, die ihre Freundin Grace überredet mit-
zukommen und so nichts ahnend das Treffen mit dem Fürsten in
die Wege leitet.

Wie es nach der Reportage weiterging, ist weltbekannt.

Olivia zieht nicht wegen eines Fürsten nach Paris, sondern um
zu fliehen. Die Tage der Illusionen und Saufgelage Hollywoods
sind gezählt. Ihr Abschied ist eine Methode, einen ganzen Ozean
zwischen sich und eine Welt zu bringen, die gerade untergeht:
»Ich habe meinen Mann genau im richtigen Moment kennengelernt. Das Kino, das ich kannte, starb langsam vor sich hin, und
ich war fest davon überzeugt, dass es nie mehr so werden würde
wie früher.«[307]

Sie will keine Fürstin sein, hat aber »Lust auf ein reales Leben.
Damals galt eine Schauspielerin ab fünfunddreißig mehr oder
weniger als verbrannt. Ich hatte das Sorgerecht für meinen Sohn,
und Hollywood war nicht der richtige Ort, um ein Kind großzu-
ziehen. Mein Paris ist nicht das von Godard, Truffaut und Bri-
gitte Bardot, sondern das von Voltaire, Monet und Rodin«.[308]

In ihrem Halb-Exil vom Set stürzt sich Olivia in das Leben
einer großbürgerlichen Ehefrau mit Mann und zwei Kindern –
Benjamin und, seit dem 18. Juli 1956, Gisèle Galante. Statt Coco
Chanel gibt sie Christian Dior den Vorzug, sie liebt es, »von
echten Palästen, echten Schlössern, echten Kirchen umgeben zu
sein, die von keinem Szenenbildner entworfen wurden«. Mit der
Zeit wird die Liste immer länger: »Ich bewundere die Franzosen
für ihre Liebe zum Leben, für ihr Essen und ihren Wein, für ihre
Unterhaltungen – Französisch ist Musik in meinen Ohren«,[309]
schreibt sie in einem humorvollen Beitrag über ihre Versuche,
sich an die Sitten und Gebräuche ihres Gastlandes anzupassen.

Hollywood fehlt ihr nicht. Das Kino ein wenig.

Mit den Monaten kühlt die Liebe ab, bis sie ganz erlischt. Die

Melodie des Hochzeitsmarsches bekommt einen traurigen Bei-
klang, doch Olivia fühlt sich inzwischen als Pariserin und möchte
bleiben. Pierre und Olivia trennen sich 1962, bleiben aber eng befreundet. Auch um die Beziehung zu Gisèle aufrechtzuerhalten,
zieht Pierre in das Haus gegenüber und unterhält beste Beziehungen zu seiner Ex-Frau. 1979 lassen sie sich scheiden, und man
kann sich leicht vorstellen, wie Joan, die inzwischen zum vierten
Mal verheiratet ist, die Lippen zu einem triumphierenden Grinsen verzieht.

Meine liebe Rabenmutter

Jede unglückliche Beziehung ist auf ihre Weise unglücklich – so
wie die Familien bei Tolstoi. Glaubt man jedoch George Cukor,
der beide Schwestern kennt und liebt, »liegt das einzig und allein
an Lilian, ein Diktator in Frauenkleidung. Ihre Liebe galt abwechselnd der einen und dann wieder der anderen, was Zwie-
tracht säte.« Joan und Olivia haben ein Leben lang versucht, sich
von ihrem strengen Blick zu befreien, der jedoch nach allem, was
man weiß, nie auf ihren Filmen geruht hat: Lilian hat kein einziges Mal zugegeben, auch nur einen davon gesehen zu haben.

Als Joan ihr sagt, dass sie schwanger ist, erwidert die Mutter nur bissig, sie könne ihr Kind ja neben den Oscar ins Regal
stellen. Denselben Ton schlägt sie auch gegenüber Louella Parsons an, und zwar nach der Premiere von *Rebecca*, im Restaurant
Ciro's von Beverly Hills: »Das sind ja wirklich goldene Zeiten für
Sie, Mrs Fontaine … Dank dieses Films zählt Ihre Tochter jetzt
zu den größten Leinwandstars überhaupt!« Joans Version geht
so: »Meine Mutter musterte sie nur mit ihrer vornehmen Adler-
nase von oben herab und sagte: ›Joan mag im wahren Leben so

falsch sein, wie sie will: Auf der Leinwand ist sie richtig glaub-
würdig.«»[310]

Launenhaftigkeit, Unglück, Intrigen, der ganze Druck – all
das ist wenig hilfreich für Joan. Für sie wird die Mutterschaft zu
einer großen Enttäuschung voller Irrtümer. Als Deborah Leslie
1948 zur Welt kommt, im selben Jahr, in dem auch *Brief einer Unbekannten* von Max Ophüls in die Kinos kommt, wird Joan folgender Satz nachgesagt: »Ich kann Olivia nicht Bescheid geben,
dass sie Tante wird, weil wir uns gerade in einer Phase der Diver-
genzen befinden.« Diese »Phase« dauert, bis Deborah volljährig
ist. Joans Beziehung zu ihr, von der frühen Kindheit einmal abgesehen, verschlechtert sich von Jahr zu Jahr. Joan bemüht sich
sehr, eine unbeschwerte Familienatmosphäre zu schaffen. Ja, sie
geht sogar so weit, die kleine Martita zu adoptieren. Die Perua-
nerin aus bescheidensten Verhältnissen soll zu einer »waschechten kleinen Amerikanerin« erzogen werden. Aber als sie sechzehn
ist, weigert sich die junge Frau trotz eines Rückflugtickets nach
Los Angeles, nach Peru zu gehen, um ihre leiblichen Eltern zu
besuchen, und taucht ab. Sie will nur noch weg, keinerlei Kontakt
mehr zur Adoptivmutter. 1978 geht Joan auf dieses Thema ein
und sagt zu Journalisten: »Solange meine Adoptivtochter nicht
nach Peru zurückkehrt, um ihre leiblichen Eltern zu finden, ist sie
hier nicht mehr willkommen. Ich habe es versprochen, und ich
vergebe niemandem, der mich zwingt, mein Wort zu brechen.«

Nicht einmal Joan Crawford, die in ganz Hollywood für ihre
Aversion gegen die Mutterrolle bekannt ist, wäre so weit gegangen. Deborah tritt in die Fußstapfen ihrer Adoptivschwester. Sie
bricht jeden Kontakt zur Mutter ab und lädt sie nicht einmal zu
ihrer Hochzeit ein. Die Feindseligkeit zwischen den De-Havill-
land-Schwestern scheint sich auch auf die schwierige Beziehung
zwischen Joan und der älteren Tochter auszuwirken, die stattdes-

sen eine enge Beziehung zu Tante Olivia unterhalten wird, die wiederum nicht möchte, dass Benjamin und Gisèle Tante Joan sehen, geschweige denn mit ihr reden.

Dass beide weit voneinander entfernt in ihrem jeweils eigenen Reich leben – die eine in Paris, die andere in New York –, führt dazu, dass die Waffen schweigen. Der Ruhm, das Leben in den Studios, die Gemeinheiten der Produzenten, der Kampf um die Oscars: All das scheint, wenn schon nicht vergessen, dann wenigstens unter den Teppich gekehrt zu sein. In einem Interview rutscht Joan heraus, dass nichts davon wahr sei, dass sie oft miteinander sprechen würden, dass ihre Rivalität eine reine Erfindung der Presse sei: »Zwei schöne junge Frauen, die sich gernhaben, sind keine Nachricht wert.«

Es ist eine melodramatische Mischung, die zwischen Wutausbrüchen und bescheidenen Versöhnungsversuchen bei sporadischen Treffen hin- und herschwankt. Treffen, die ihnen anscheinend von den Studios aufgezwungen werden. Im Lauf der Jahre gab es immer wieder rigoros inszenierte Annäherungsversuche: Weihnachten 1961 treffen sich alle mit Kind und Kegel in Joans New Yorker Wohnung vor den Objektiven der Fotografen – nur um dann so heftig zu streiten, dass die Vermieterin anschließend sagt: »Es war schlimmer als Hiroshima.« 1967 wiederholt sich das Experiment auf einem zu Ehren von Marlene Dietrich organisierten Fest im *Rainbow Room*, New York. Joan und Olivia werden solidarisch lächelnd verewigt, und als die normalerweise umsichtige Joan 1969 einen finanziellen Einbruch erlebt, ist es die Schwester, die sie in ihrer Pariser Wohnung aufnimmt und »sie unterstützt, indem sie ihr einen dicken Scheck in die Handtasche steckt«.[311] Die letzte von Zeitungen bezeugte Show findet 1972 statt, als sie sich von der Fotografin Ellen Graham zu einem Ar-

tikel überreden lassen, für den sie sich neben der Mutter umarmen.

1975 überschlagen sich die Ereignisse.

Lilian bekommt Krebs. Olivia will sie gleich operieren lassen,
während Joan den Eingriff, den sie für viel zu riskant für eine
Achtundachtzigjährige hält, ablehnt.

Es sind Olivia und Gisèle, die sie in ihrem Haus in Santa Barbara pflegen und auf die »himmlische Cocktailparty, auf der sie
an einem Martini nippend alle treffen wird, die sie einmal geliebt
hat«, vorbereiten.

Lilian stirbt in der Nacht des 20. Februar zu Hause in ihrem
Bett. Es ist Deborah, die ihre Mutter telefonisch informiert, dass
die Oma nicht mehr lebt. Dann wird die Verbindung unterbrochen. Joan ist gerade mit dem Stück *Die Kaktusblüte* auf einer
sechsundzwanzigwöchigen Theatertournee, sie kann die Truppe
nicht einfach so im Stich lassen, sonst droht die Kündigung.
Olivia beschränkt sich darauf, dem Produzenten ein Telegramm
zu schicken, ohne sich die Mühe zu machen, die Schwester selbst
aufzustöbern. Joan bekommt es erst auf der nächsten Touretappe
zu lesen: zwei Wochen später.

Wäre sie rechtzeitig aufgebrochen, hätten sie sich noch einmal
sehen, sich aussprechen, sich vielleicht wiederfinden können.

Damit nicht genug, dass die Organisation ihr den Bestat-
tungstermin verschweigt: Sie ist nicht mal eingeladen. Es sind
Olivia und der Testamentsvollstrecker, die sich Lilians Nachlass
(die in ihrem Testament nur ihre Kinder bedenkt) annehmen –
nicht ohne eine letzte Gemeinheit: Der Leichnam der Mutter
wird unter absoluter Geheimhaltung eingeäschert, und eine
Kluft des Schweigens, der Eifersucht und des Unausgesprochenen tut sich auf. Voller Wut und Schmerz droht Joan mit einem

Skandal: Darf sie nicht an der Bestattung teilnehmen, wird sie der Presse alle Geheimnisse ihrer Beziehung zu Olivia enthüllen, und zwar ohne Zensur. Aus Angst vor einem Skandal, der den Ruf der gesamten Familie beschädigen könnte, wird die Zeremonie um zwei Tage verschoben, damit Joan anreisen kann.

Es regnet in Strömen. Der Garten der Villa Montalvo, dem kleinen Theater in Saratoga, das die Schauspielschule beherbergt, die Lilian mitgegründet und an der sie einige Stücke inszeniert hatte, scheint Geheimnisse, Verletzungen und Ungerechtigkeiten zu bergen. Und Liebe.

Inmitten der Vegetation, die jeden Lichteinfall zu verhindern scheint, herrscht Schweigen. Die Zeugen – die Enkel Benjamin, Deborah und Gisèle, die beiden Ex-Schwiegersöhne Brian Aherne und Collier Young – beobachten die Szene, aber die imaginierten Scheinwerfer sind ausschließlich auf Joan und Olivia gerichtet. Sie stehen nebeneinander und tragen Trauer, sieben Jahre nachdem sie die Asche des Vaters vor der Insel Guernsey ins Meer gestreut haben. Fest, aber liebevoll überreichen sie sich die Urne. Schon die harmloseste Geste kann alles zerstören, während sie eine Mutter in Form von Staub ausgerechnet dort verstreuen, wo das Schweigen, das Gelächter und das Gezänk zweier Mädchen zu erklingen scheinen. Aber die Vergangenheit, die dieser Tod wieder zum Leben erweckt, ist mehr als nur ein Häuflein Asche. Und während sich ihre schönen Hände wie bei einem Tanz der Erde nähern, treffen sich die Blicke der berühmtesten Hollywood-Schwestern voller Tränen, die zu spät kommen.

Eine eisige, unnachgiebige Stille trennt sie, die fast schon vertraut ist.

Liebe, Groll, Fehden, Ehen, Kinder, eine Reihe von Filmen, Oscars, zerbrochene Beziehungen und Verrat – alles, was im

Laufe eines Lebens erlebt wurde, materialisiert sich in einer Handvoll Staub.

Alte Narben beginnen erneut zu schmerzen. Jetzt, wo der mütterliche Puffer fehlt, ist der Riss nicht mehr zu kitten: »Man kann sich von seiner Schwester scheiden lassen wie von einem Ehemann. Ich hatte sie schon Jahre nicht mehr gesehen und habe auch nicht vor, es wieder zu tun«,[312] sagt Joan im entscheidenden Moment.

Die Hollywood-Schwestern brechen alle Brücken ab.

Die Feindschaft ist endgültig.

Ihr durch Blutsverwandtschaft besiegelter Bund ist für immer gelöst.

Von wegen auf Rosen gebettet!

So sein wie sie, nur anders. In Olivias Fußstapfen treten, in der ständigen Angst, etwas falsch zu machen, wohl wissend, dass sie die Fehlerhafte ist und der Konflikt schon seit jeher besteht – in ihr, aber auch jenseits davon. Das war Joan. Aber ihre Erfolge haben sie neuen Mut schöpfen und auch künstlerisch unabhängig werden lassen. Nach Hitchcocks *Verdacht,* zwischen einer Ehe und der nächsten, reiht sich ein Triumph an den anderen: 1942 *This Above All* von Anatole Litvak mit Tyrone Power, 1943 *Liebesleid* von Edmund Goulding mit Charles Boyer und *Die Waise von Lowood* mit Orson Welles, 1944 *Der Pirat und die Dame* von Mitchell Leisen, 1947 *Ivy* von Sam Wood, 1948 die Musical-Komödie *Kaiserwalzer* unter der Regie von Billy Wilder und *Bis zur letzten Stunde* von Norman Foster. Im Jahrzehnt darauf sind *Born to Be Bad* von Nicholas Ray mit Robert Ryan, *Liebesrausch auf Capri* von William Dieterle 1950 und *Wofür das Leben sich lohnt* mit Ray

Milland 1952 eher halbe Flops; *Ivanhoe – Der schwarze Ritter*, auch von 1952, gefällt dem Publikum, Joan ist eine fantastische Lady Rowena, die jedoch durch die violetten Augen von Liz Taylors Lady Rebecca in den Schatten gestellt wird. Ihre letzten wichtigen Rollen verdankt sie den zwei Veteranen Fritz Lang in *Jenseits allen Zweifels* von 1956 und Henry King in *Zärtlich ist die Nacht*, sechs Jahre später.

Es ist der Beginn des Niedergangs, dem Joan entgegenzuwirken versucht, indem sie aufs Theater setzt, auf den Broadway in der Rolle der Laura in *Anders als die anderen* mit Anthony Perkins und, in den Sechzigern, auf *Private Lives, Die Kaktusblüte* und *Der Löwe im Winter*.

Der Abschied von der großen Leinwand findet 1966 statt, mit dem Horrorfilm *Der Teufel tanzt um Mitternacht* unter der Regie von Cyril Frankel.

Doch mittlerweile ist Joan eine schöne blonde Dame, leicht rundlich, wie es ihrem Alter entspricht, mit einem verbitterten, aber dann auch wieder herzlichen Lächeln, redselig und mit dem Oscar als Nippesfigur auf dem Kaminsims. Mit zunehmender Reife können wir uns die beiden Schwestern auf dem Boulevard der Dämmerung vorstellen: Die Produzenten begegnen ihnen mit Mitleid, und die einundsechzigjährige Joan beschließt, sich einen Triumph zu gönnen. In Schriftform. In ihren Memoiren *No Bed of Roses*, in denen sie ihre als Kind so beneidete Schwester keineswegs schont, erzählt sie ohne offensichtliche Auslassungen und sichtlich gern von sich – eine Lektüre für alle Kino- und Theaterfans, die aus erster Hand etwas über jene Leinwandgöttin wissen wollen, die eigentlich nicht dazu ausersehen war, eine zu sein. Es ist kein Tagebuch mit bis dato uneingestandenen Geheimnissen, aber die geschönte Schilderung der unvergessenen Oscar-Verleihung 1942 ist nicht ohne Ironie: »Olivia hat es nicht gut aufgenommen. Ich weiß, dass das kein schöner Moment für sie gewesen sein kann. Sie hatte schon im Vorjahr mit *Vom Winde verweht* verloren.« Aber auch nicht ohne Bitterkeit: »Ich kann mich an keine einzige liebevolle Geste vonseiten Olivias erinnern.« Den Tod der Mutter beschreibt sie als »endgültige Trennung«.

Nachdem sie die Seiten gelesen hat, bemerkt Olivia, dass »sie kein Körnchen Wahrheit enthalten.«

Es ist der 3. April 1978.

Olivia de Havilland und Joan Fontaine gehören zu den Stars, die zum fünfzigsten Oscar-Jubiläum eingeladen sind. Seit nunmehr vier Jahren haben sie sich nicht mehr gesehen, sie reden nicht mehr miteinander. Sie schaffen es, sich in der Halle des Beverly Hills Hotel zu ignorieren, können sich aber im Salon schlecht aus dem Weg gehen, wo der Fotograf der Academy schon darauf wartet, von allen Gewinnerinnen und Gewinnern Erinnerungsfotos zu machen. Seine Assistenten bemühen sich, alle in eine Reihenfolge zu bringen, die niemanden verletzt. Alles klappt wie am Schnürchen, aber die Illusion eines noch nie da gewesenen Friedens zwischen den beiden berühmtesten Schwestern Hollywoods dauert kaum länger als eine Minute: Noch während der Aufnahme unterbrechen Joan und Olivia den Fotografen und bitten ausdrücklich darum, an entgegengesetzten Enden der Bühne sitzen zu dürfen. Zurück in Frankreich wird Olivia – und das ist bereits ein Ritual – mal wieder gefragt, ob sie sich je mit der Schwester aussöhnen wird, und ihre Antwort ist ein höfliches »Ich glaube, es ist besser, wenn wir das nicht tun«.

Zehn Jahre später wiederholt sich das Spektakel. Als sie zum sechzigsten Oscar-Jubiläum eingeladen werden, gehen die Organisatoren ein hohes Risiko ein: Joan und Olivia landen zufällig in zwei benachbarten Suiten des Four Seasons Beverly Hills. Doch Joan möchte nichts davon wissen und lässt sich eine andere Suite geben, um jeden Kontakt zu vermeiden. Außerdem verkündet sie, in Zukunft nicht mehr an den Oscar-Zeremonien teilnehmen zu wollen.

Olivia hingegen kehrt 2003 anlässlich des fünfundsiebzigsten Oscar-Jubiläums nach Hollywood zurück. Als sie die Bühne betritt, während die Titelmelodie von *Vom Winde verweht* gespielt wird, in einem knallblauen Kleid, das weiß gewordene Haar leicht gewellt zurückgenommen, empfängt sie ein vierminütiger tosender Applaus der gesamten Kollegenschaft. Sie hält eine rührende Ansprache: »Dieser Abend wird mir wirklich unvergesslich bleiben, so wie der vor dreiundfünfzig Jahren. Seitdem hat sich so einiges geändert, doch etwas ist gleich geblieben: unsere Liebe zum Film und seine Fähigkeit, uns zu inspirieren und selbst in schwierigen Momenten zu helfen.«

»Ich hoffe, mit hundertfünf im Theater zu sterben, während ich auf der Bühne Peter Pan verkörpere«, hatte Joan noch 1983 in Berlin gesagt, als sie der Jury der dortigen Filmfestspiele vorsaß, um die Rivalität zum x-ten Mal als Legende abzutun: Mit einem Satz, den man auch in den Walk of Fame einlassen könnte, in ihren Stern in der Vine Street 1645 oder in den von Olivia, wenige Meter weiter, am Hollywood Boulevard 6762: »Ich möchte gerne sagen, dass Olivia und ich uns nie gestritten haben. Zwischen uns ist nie ein böses Wort gefallen. Alles, was über uns erzählt wird, ist auf dem Mist der Presse gewachsen!«[313]

»Ich habe als Erste geheiratet, als Erste den Oscar gewonnen und bin als Erste Mutter geworden. Sollte ich auch als Erste sterben, werde ich sie auch auf diesem Gebiet besiegt haben.«[314]

Sie schafft es. Joan stirbt in ihrer Villa im kalifornischen Carmel-by-the-Sea eines natürlichen Todes, und zwar am 15. Dezember 2013 im Alter von sechsundneunzig Jahren. Als Olivia davon erfährt, behauptet sie, bestürzt und traurig über den Tod der Schwester zu sein: »Meine Nichte und ich möchten uns gern bei allen bedanken, die uns ihr Mitgefühl und ihre Großzügigkeit bekundet haben.«

Im Wettstreit der beiden Hollywood-Schwestern, die sich auf ihre Art geliebt haben, indem sie jeweils voneinander profitierten, ist das letzte Wort gesprochen.

Oder etwa doch nicht?

Die drei L

1964 spielt Olivia als Teil eines fantastischen Duos mit Bette Davis in *Wiegenlied für eine Leiche* von Robert Aldrich, 1965 ist sie die erste Frau, die der Jury der Filmfestspiele von Cannes vorsitzt, seit den Sechzigerjahren arbeitet sie fürs Fernsehen in *Love Boat*, im Film *Die Romanze von Charles und Diana*, wo sie die Queen Mum spielt, in der Miniserie *Anastasia: The Mystery of Anna*, in der Rolle der Kaiserin von Russland, die ihr einen Golden Globe und eine Emmy-Nominierung einbringt. 1977 ist sie in *Verschollen im Bermuda-Dreieck* eine Überlebende, gemeinsam mit Schauspielveteranen wie Joseph Cotten und James Stewart.

Alles scheint in bester Ordnung, ja perfekt zu sein, als Olivia mit dem furchtbarsten Schmerz überhaupt konfrontiert wird: 1991 stirbt Benjamin mit zweiundvierzig Jahren an einem Hodgkin-Lymphom, das bei ihm schon mit neunzehn festgestellt wurde. Wenn das eigene Kind vor einem stirbt, fehlen einem die Worte. Nichts als Trauer und Verzweiflung, auch drei Wochen später, als ihr erster Mann Marcus stirbt.

»Die einzige Überlebende der Darsteller von *Vom Winde verweht*«, »die älteste noch lebende Oscar-Gewinnerin«, »die lang-
lebigste Schauspielerin aller Zeiten«: Auch wenn sie sich darüber
beschwert, dass die Zeitungen nur noch über ihr Alter berichten,
lässt sich Olivia vom Lauf der Zeit kaum beeindrucken und erlebt das langsame, unaufhaltsame Verschwinden ihrer Welt, ohne
zusammenzubrechen. Ihr langes Leben schreibt sie den drei Ls
love, laughter and light zu: Liebe, Lachen, Licht. Die ebenso raffi-
nierte wie elegante Old Lady mit englischen Wurzeln hat ihren
musikalischen Tonfall und ihren unwiderstehlichen Humor keineswegs verloren: »Wie viele Frauen auf der Welt können sich
rühmen, von einem jungen Mann Frühstück ans Bett gebracht
zu bekommen? Ich schon!«[315]

Sie ist stolz auf ihre Aktivitäten und Auszeichnungen: 2009
leiht sie ihre Stimme dem traurigen Dokumentarfilm *I Remember
Better When I Paint*, der dem positiven Einfluss der Kunstthera-
pie auf Alzheimerkranke gewidmet ist. 2010 ist Nicolas Sarkozy
gerührt, als er »Melanie« die Ehrenlegion anstecken darf. Zu
ihrem hundertundersten Geburtstag ernennt Königin Elizabeth
sie zur Dame Commander des britischen Königreichs. Wer sie
danach fragt, wie sie als über Hundertjährige so ihre Tage verbringt, dem antwortet sie, ohne auch nur im Geringsten an Anmut eingebüßt zu haben: »Auf einer Chaiselongue, in Parfüm
gehüllt, in einem Samtkleid, mit Perlenohrringen und mit einer
Champagnerflöte, an der ich nach und nach nippe – hocherfreut,
dass ich gerade das letzte Rätsel in meinem Kreuzworträtselheft
gelöst habe.«[316]

Olivia wird gelassen zur Legende.

An ihrem letzten Geburtstag, dem 1. Juli 2020, beglückwünscht
sie die ganze Welt und ruft ihr in Erinnerung, dass sie nach dem
Tod von Kirk Douglas im Alter von hundertdrei Jahren am 5. Fe-

bruar 2020 »der letzte Dinosaurier Hollywoods ist«. Sie scheint das ewige Leben zu haben. Am 26. Juli 2020 stirbt sie im Schlaf im Luxuskokon einer Suite im Hotel Saint James von Paris. Auf dem Nachttisch »ihr Lieblingsparfüm Chanel N°5«[317] und eine Champagnerflöte. Sie ist leer.

Nach dem Trauergottesdienst am 1. August 2020 in der Amerikanischen Kathedrale in Paris wird sie in der französischen Hauptstadt wegen der strengen Pandemieregeln im kleinsten Kreis beigesetzt.

Olivia und Joan: zwei Leinwandgöttinnen, die jahrzehntelang auf dem Herzen der jeweils anderen herumgetrampelt sind.

Zwei unvereinbare Parallelwelten, zwei miteinander verwobene Mosaike zweier Mädchen, die sich gegenseitig an den Haaren gezogen haben – mit dem einzigen Wunsch, sich zu umarmen. Sie konnten sich nie verzeihen, beide triumphieren zu wollen.

Im Kino.

Und was die (Nicht-)Liebe ihrer Mutter anbelangt.

Dank

Bücher entstehen nicht im Alleingang. Es gibt immer Freundinnen, die bereit sind zu helfen. Dazu zählen auch Cinzia Nicoletto und Manuela Boni Barabino, die mir ihre Dissertationen über Eleonora Duse und Sarah Bernhardt zur Verfügung stellten.

Dank schulde ich auch:

Maria Grazia Gregori für ihren Artikel über Eleonora Duse.

Susanna Ciucci, die das Buch Schritt für Schritt begleitet und mich ebenso liebevoll wie streng auf Abschweifungen hingewiesen hat, Lösungen vorschlug und mich als aufmerksame Lektorin wieder auf den rechten Weg zurückführte.

Federica Albini, der auch gar nichts entgeht und die alles in Ordnung bringt: Rechtschreibfehler, unvollständige Zitate, Tippfehler.

Vicki Satlow, seit zwanzig Jahren meine Freundin, Agentin und Verbündete.

Gió Soresi, der es schafft, zu lesen und noch mal zu lesen – ja, der immer einen guten Rat zur rechten Zeit weiß.

Literaturnachweis

Sarah Bernhardt | Eleonora Duse

1 Arthur Gold und Robert Fizdale, *The Divine Sarah: A Life of Sarah Bernhardt*, Vintage Books, New York 1992.

2 Giuliana Altamura, *La Duse sulla scena parigina*, in: *Eleonora Duse. Viaggio intorno al mondo*, hrsg. von Maria Ida Biggi, Mailand, Skira, 2010.

3 Nino Masiello, *Il teatro Sannazaro*, Roma, Edizioni di Gabriele e Mariateresa Benincasa, 1985.

4 William Weaver, *Duse: A Biography*, Mariner Books, 1985.

5 ebda.

6 »Saturday Review« vom 8. Juni 1895.

7 W. Weaver, *Duse: A Biography*, a. a. O.

8 ebda.

9 *Revue dramatique*, 30. Juni 1897.

10 W. Weaver, *Duse: A Biography*, a. a. O.

11 A. Gold und R. Fizdale, *The Divine Sarah*, a. a. O.

12 ebda.

13 Peter Rader, *Playing to the Gods: Sarah Bernhardt, Eleonora Duse, and the Rivalry that Changed Acting Forever*, Simon & Schuster, 2018.

14 Helen Sheehy, *Eleonora Duse. A biography*, Knopf 2009.

15 Emil Alphons Rheinhardt, *Das Leben der Eleonora Duse*, S. Fischer, Berlin 1928.

16 Sarah Bernhardt, *Mein Doppelleben, Memoiren*. Deutsch von Franz Neubert und Dr. Frohwalt Küchler. Schulze & Co., Leipzig 1908.

17 ebda.

18 Aus einem Artikel von André de Lorde im »Journal de la femme«, wiederveröffentlicht in »Il Dramma«, Februar 1937.

19 E. A. Rheinhardt, *Das Leben der Eleonora Duse*, a. a. O.

20 S. Bernhardt, *Mein Doppelleben*, a. a. O.

21 ebda.

22 Françoise Sagan, *Die Lust zu leben*. Sarah Bernhardt. Ullstein, Frankfurt am Main 1991. Deutsch von Giò Wäckerlin-Iduni.

23 Manuela Boni Barabino, »La Traviata in fotografia«, Magisterarbeit, Accademia di Belle Arti di Brera, Dipartimento di Progettazione e Arti applicate, Mailand, 2011.

24 Laura Mariani, *L'attrice del cuore. Storia di Giacinta Pezzana attraverso le lettere*, Firenze, Le Lettere, 2005.

25 »Il Mattino«, 1878.

26 Ugo Ojetti, zitiert nach Giovanna Pastega, in »Il Piccolo«, 4. März 2013.

27 Eleonora Duse, *Brief an Francesco D'Arcais* vom 4. August 1884, in: Camillo Antona-Traversi, *Eleonora Duse. Sua vita, sua gloria, suo martirio*, Pisa, Nistri-Lischi, 1926.

28 Gabrielle Houbre, *Le livre des courtisanes: archives secrètes de la police des mœurs, 1861–1876*, Paris, Tallandier, 2006.

29 Félix Duquesnel, *Les debuts de Sarah Bernhardt*, in: »Le Figaro« vom 16. September 1894.

30 Bino Binazzi, *La grande donatrice*, in: »Il Resto del Carlino« vom 23. April 1924.

31 Emil Alphons Rheinhardt, *Das Leben der Eleonora Duse*, a. a. O.

32 S. Bernhardt, *Mein Doppelleben*, a. a. O.

33 *Sarah Bernhardt, sa vie, ses folies*, Dokumentarfilm aus der Reihe »Secrets d'Histoire«, France 2 vom 6. August 2013.

34 Arthur Gold und Robert Fizdale, *The Divine Sarah: A Life of Sarah Bernhardt*, a. a. O.

35 Rupert Hart-Davis (Hrsg.), *The Letters of Oscar Wilde*, New York, Harcourt, Brace & World, 1962.

36 Lucia Re, *D'Annunzio, Duse, Wilde, Bernhardt: il rapporto autore/attrice fra decadentismo e modernità*, in: »MLN«, 117 vom 1. Januar 2002, S. 115–152.

37 Brief an Francesco D'Arcais vom 4. August 1884, in C. Antona-Traversi, *Eleonora Duse*, a. a. O.

38 W. Weaver, *Duse: A Biography*, a. a. O.

39 L. Re, *D'Annunzio, Duse, Wilde, Bernhardt*, a. a. O.

40 Lytton Strachey, *Biographical Essays*, Harcourt, Brace & World, 1949.

41 Ernst L. Freud (Hrsg.), *Letters of Sigmund Freud*, McGraw-Hill Book Company, 1964.

42 A. Gold und R. Fizdale, *The Divine Sarah*, a. a. O.

43 Sacha Guitry, *Si j'ai bonne mémoire et autres souvenirs …*, Perrin, 2007.

44 Ortega y Gasset hat dieses Geständnis 1946 in seine *Ideas sobre el teatro y la novela* (Gesammelte Werke, Band 19), Alianza Editorial, 2005, aufgenommen.

45 Mirella Schino, *Tecniche di tournée per Eleonora Duse*, in Maria Ida Biggi

(Hrsg.), *Eleonora Duse. Viaggio intorno al mondo*, Mailand, Skira, 2010.

46   A. Gold und R. Fizdale, *The Divine Sarah*, a.a.O.

47   Jules Lemaître, *Les Contemporains: études et portraits littéraires*, Société française d'imprimerie et de librairie, 1897.

48   Piero Nardi, *Vita di Arrigo Boito*, Mailand, Mondadori, 1942.

49   John Stokes, Michael Booth und Susan Bassnett, *Bernhardt, Terry, Duse: The Actress in her Time*, Cambridge University Press, 1988.

50   Olga Signorelli, *Eleonora Duse, Leben und Leiden der großen Schauspielerin*, im Deutschen Verlag, Berlin 1940.

51   Matilde Serao, *La Duse nei ricordi di Matilde Serao*, in: »L'Illustrazione Italiana«, post 1927.

52   Franca Minnucci (Hrsg.), *Sarah Bernhardt e Gabriele D'Annunzio. La poesia del teatro*. Carteggio inedito 1896–1919, Pescara, Ianieri Editore, 2005.

53   Emil Alphons Rheinhardt, *Das Leben der Eleonora Duse*, a.a.O.

54   Sarah Bernhardts Brief an Samuel-Jean Pozzi vom 4. Oktober 1915, ebda.

55   Brief an Giovanni Rosadi, in: Cesare Molinari, *L'attrice divina. Eleonora Duse nel teatro italiano fra i due secoli*, Rom, Bulzoni, 1985.

56   A. Gold und R. Fizdale, *The Divine Sarah*, a.a.O.

57   Franco Perrelli, *Eleonora Duse's Idealistic Ibsen*, in: »North West Passage«, 4, 2007.

58   W. Weaver, Duse: A Biography, a.a.O.

59   Interview mit der Rai, Wiederholung im Rahmen von Rai Storia in »Il giorno e la storia« vom 3. Oktober 2019.

60   »Le Figaro« vom 27. März 1923.

61   »Los Angeles Times« vom 28. März 1923.

62   Giovanna Pastega, *La »divina« Eleonora Duse rivive alla Cini di Venezia nella collezione Strasberg*, in: »Il Piccolo« vom 16. Juli 2015.

63   »Los Angeles Daily Times« vom 20. Februar 1923.

64   W. Weaver, *Duse: A Biography*, a.a.O.

Coco Chanel | Elsa Schiaparelli

65   Irene Brin, *Il mondo. Scritti 1920–1965*, Rom, Atlantide, 2017.

66   Elsa Schiaparelli, *Shocking Life*, Die Autobiographie der Elsa Schiaparelli, Parthas Verlag, Berlin 2014. Deutsch von Ute Astrid Rall.

67   ebda.

68   ebda.

69   ebda.

70 Edmonde Charles-Roux, *Coco Chanel. Ein Leben*, Fischer, Frankfurt 2005. Deutsch von Erika Tophoven-Schöningh.

71 Michel Déon, *Bagages pour Vancouver*, Gallimard, 1985.

72 »Le nouveau femina«, März 1954.

73 Elsa Schiaparelli, *Shocking Life*, a.a.O.

74 Marisa Berenson, *Elsa Schiaparelli's Private Album*, Double-Barrelled Books, 2014.

75 »La Tribuna« vom 28. Juli 1911.

76 Elsa Schiaparelli, *Shocking Life*, a.a.O.

77 Meryle Secrest, *Elsa Schiaparelli: A biography*, Penguin, 2014.

78 ebda.

79 Elsa Schiaparelli, *Shocking Life*, a.a.O.

80 Caroline Young, *Living with Coco Chanel: The Homes and Landscapes that Shaped the Designer*, White Lion Publishing, 2019.

81 *Coco Chanel, die Revolution der Eleganz*, Dokumentarfilm unter der Regie von Jean Lauritano, 2019.

82 ebda.

83 Paul Morand, *Die Kunst, Chanel zu sein: Coco Chanel erzählt ihr Leben*, Neuauflage, Schirmer und Mosel, Dezember 2020. Deutsch von Annette Lallemand.

84 ebda.

85 *Coco Chanel, die Revolution der Eleganz*, Dokumentarfilm, a.a.O.

86 Edmonde Charles-Roux, *Coco Chanel. Ein Leben*, a.a.O.

87 Elsa Schiaparelli, *Shocking Life*, a.a.O.

88 ebda.

89 ebda.

90 ebda.

91 Paul Morand, *Die Kunst, Chanel zu sein: Coco Chanel erzählt ihr Leben*, a.a.O.

92 Elsa Schiaparelli, *Shocking Life*, a.a.O.

93 ebda.

94 Isadora Duncan, *My Life*, Boni and Liveright, 1927.

95 Marisa Berenson, *Au-delà du miroir*, Michel Lafon, 1995.

96 Elsa Schiaparelli, *Shocking Life*, a.a.O.

97 ebda.

98 ebda.

99 Judith Watt, *Vogue on: Elsa Schiaparelli*, Quadrille Publishing, 2022.

100 Carmel Snow und Mary Louise Aswell, *The World of Carmel Snow*, Mc Graw-Hill Book Company, 1962.

101 Justine Picardie, *Chanel – Ihr Leben*, Steidl, 2012.

102 Françoise Giroud, *Implacable Chanel*, in: »L'Express« vom 15. Mai 2003.

103 Elsa Schiaparelli, *Shocking Life*, a.a.O.

104 *Coco Chanel, die Revolution der Eleganz*, Dokumentarfilm, a.a.O.

105 Judith Watt, *Vogue on: Elsa Schiaparelli*, a.a.O.

106 M. Secrest, *Elsa Schiaparelli*, a.a.O.

107 Elsa Schiaparelli, *Shocking Life*, a.a.O.

108 ebda.

109 M. Secrest, *Elsa Schiaparelli*, a.a.O.

110 Paul Morand, *Die Kunst, Chanel zu sein: Coco Chanel erzählt ihr Leben*, a.a.O.

111 Judith Watt, *Vogue on: Elsa Schiaparelli*, a.a.O.

112 ebda.

113 Janet Wallach, Coco *Chanel,* Kabel, 1999.

114 Paul Morand, *Die Kunst, Chanel zu sein: Coco Chanel erzählt ihr Leben*, a.a.O.

115 »Paris Match« vom 23. Januar 1971.

116 Marie-Dominique Lelièvre, *Chanel & Co: Les Amies de Coco*, J'Ai Lu, 2015.

117 Judith Watt, *Vogue on: Elsa Schiaparelli*, a.a.O.

118 Salvador Dalí, *Das geheime Leben des Salvador Dalí*, Schirmer & Mosel, München 2004. Deutsch von Ralf Schiebler.

119 Sam Goldwyn an Laura Mont in »Collier's«, 1931.

120 »Paris Match«, Januar 1954.

121 Edmonde Charles-Roux, *Coco Chanel. Ein Leben*, a.a.O.

122 »Women's Wear Daily« vom 2. November 1933.

123 Dilys E. Blum, *Shocking! The Art and Fashion of Elsa Schiaparelli*, Philadelphia Museum of Art, 2004.

124 M. Berenson, *Elsa Schiaparelli's Private Album*, a.a.O.

125 E. Schiaparelli, *Shocking Life*, a.a.O.

126 Judith Watt, *Vogue on: Elsa Schiaparelli*, a.a.O.

127 Richard H. Stamelman, *Perfume. Joy, Obsession, Scandal, Sin: a Cultural History of Fragrance from 1750 to the Present*, Random House Incorporated, 2006.

128 Lindy Woodhead, *War Paint. Madame Helena Rubinstein and Miss Elizabeth Arden: Their Lives, Their Times, Their Rivalry*, Weidenfeld & Nicolson, 2003.

129 Bettina Ballard, *In my fashion*, Seguier, 1960.

130 E. Schiaparelli, *Shocking Life*, a.a.O.

131 Hal Vaughan, *Coco Chanel: Der schwarze Engel – Ein Leben als Nazi-Agentin*, dtv, München 2013. Deutsch von Dr. Bernhard Jendricke, Gerlinde Schermer-Rauwolf und Robert A. Weiß.

132 Judith Watt, *Vogue on: Elsa Schiaparelli*, a.a.O.

133 M. Berenson, *Elsa Schiaparelli's Private Album*, a.a.O.

134 Louise de Vilmorin, *Mémoires de Coco, Editions Gallimard, Paris 2019.*

135 Pépita Dupont, *Michel Déon raconte Chanel*, in: »Paris Match« vom 31. Oktober 2008.

136 ebda.

137 Marcel Haedrich, *Coco Chanel, Geheimnis eines Lebens*, Blanvalet, Berlin 1972

138 Pierre Galante, *Les années Chanel*, Editions Pierre Charron & Mercure de France, 1972.

139 Ebda.

140 *Coco Chanel, die Revolution der Eleganz*, Dokumentarfilm, a.a.O.

141 Pierre Galante, *Les années Chanel*, a.a.O.

142 Henri Ponchon, *L'enfance de Chanel. Enquête et découvertes*, Bleu Autour, 2016.

143 Françoise Giroud, *Implacable Chanel*, a.a.O.

144 M. Berenson, *Au-delà du miroir*, a.a.O.

Helena Rubinstein | Elizabeth Arden

145 Sie wird einmal die erste in die Vereinigten Staaten ausgewanderte Chinesin sein, die an der Columbia University in Wirtschaftswissenschaften promoviert.

146 Alfred Allan Lewis und Constance Woodworthy, *Miss Elizabeth Arden, an unretouched portrait*, London und New York, W.H. Allen, 1973.

147 Michèle Fitoussi, *Helena Rubinstein. La femme qui inventa la beauté*, Edition Grasset & Fasquelle, 2010.

148 Patrick O'Higgins, *Madame: An Intimate Biography of Helena Rubinstein*, Viking Press, 1971.

149 M. Fitoussi, *Helena Rubinstein*, a.a.O.

150 ebda.

151 Patrick O'Higgins, *Madame*, a.a.O.

152 ebda.

153 Alfred Allan Lewis und Constance Woodworthy, *Miss Elizabeth Arden*, a.a.O.

154 ebda.

155 P. O'Higgins, *Madame*, a.a.O.

156 ebda.

157 »Table Talk«, vom 4. August 1904.

158 P. O'Higgins, *Madame*, a.a.O.

159 ebda.

160 M. Fitoussi, *Helena Rubinstein*, a.a.O.

161 Mark Tungate, *Branded Beauty: How Marketing Changed the Way We Look*, Kogan Page Ltd, 2011.

162 Alfred Allan Lewis und Constance Woodworthy, *Miss Elizabeth Arden*, a.a.O.

163 Donald L. Miller, *Supreme City: How Jazz Age Manhattan Gave Birth to Modern America*, Simon & Schuster, 2014.

164 Alfred Allan Lewis und Constance Woodworthy, *Miss Elizabeth Arden*, a.a.O.

165 D.L. Miller, *Supreme City*, a.a.O.

166 M. Tungate, *Branded Beauty*, a.a.O.

167 Alfred Allan Lewis und Constance Woodworthy, *Miss Elizabeth Arden*, a.a.O.

168 M. Fitoussi, *Helena Rubinstein*, a.a.O.

169 Hedda Hopper, *From Under My Hat*, Forgotten Books, 2018.

170 Lindy Woodhead, *War Paint. Madame Helena Rubinstein and Miss Elizabeth Arden: Their Lives, Their Times, Their Rivalry*, Weidenfeld & Nicolson, 2003.

171 Elaine Brown Keiffer, *Madame Rubinstein: The little lady of Kraków has made a fabuluos success of selling beauty*, in: »Life« vom 21. Juli 1941.

172 Alfred Allan Lewis und Constance Woodworthy, *Miss Elizabeth Arden*, a.a.O.

173 E. Brown Keiffer, *Madame Rubinstein*, a.a.O.

174 Edgar Morin, *Les stars*, Points, 2015 (Neuausgabe).

175 ebda.

176 ebda.

177 Alfred Allan Lewis und Constance Woodworthy, *Miss Elizabeth Arden*, a.a.O.

178 M. Fitoussi, *Helena Rubinstein*, a.a.O.

179 ebda.

180 ebda.

181 E. Brown Keiffer, *Madame Rubinstein*, a.a.O.

182 Helena Rubinstein, »Why I Love Jewels«, in Michèle Fitoussi et al., *Helena Rubinstein. The Adventure of Beauty*, Flammarion, 2019.

183 P. O'Higgins, *Madame*, a.a.O.

184 M. Fitoussi, *Helena Rubinstein*, a.a.O.

185 P. O'Higgins, *Madame*, a.a.O.

186 Alfred Allan Lewis und Constance Woodworthy, *Miss Elizabeth Arden*, a.a.O.

187 Elizabeth Arden, Ruler of a Far flung Empire, in: »The Guardian« vom 7. Juni 1957.

188 Alfred Allan Lewis und Constance Woodworthy, *Miss Elizabeth Arden*, a.a.O.

189 »Time«, Februar 1944.

190 M. Fitoussi, *Helena Rubinstein*, a.a.O.

191 L. Woodhead, *War Paint*, a.a.O.

192 Alfred Allan Lewis und Constance Woodworthy, *Miss Elizabeth Arden*, a.a.O.

Hedda Hopper | Louella Parsons

193 Hedda Hopper, *From Under My Hat*, Forgotten Books, 2018.

194 ebda.

195 Amy Fine Collins, *The Powerful Rivalry of Hedda Hopper and Louella Parsons*, in: »Vanity Fair« vom 1. April 1997.

196 Hedda Hopper, *From Under My Hat*, a.a.O.

197 ebda.

198 ebda.

199 ebda.

200 Hedda Hopper, *The Whole Truth and Nothing But*, Graymalkin Media, 1963.

201 Samantha Barbas, *The First Lady of Hollywood: A Biography of Louella Parsons*, University of California Press, 2005.

202 ebda.

203 Ethel Maude Colson Brazelton, *Writing and Editing for Women: A Bird's-eye View of the Widening Opportunities for Women in Newspaper, Magazine and Other Writing Work*, Funk & Wagnalls Company, 1927.

204 Louella Parsons, *The Gay illiterate*, Doubleday, Doran & Co., 1944.

205 Hilary A. Hallett, *Go West, Young Women! The Rise of Early Hollywood*, Berkeley – Los Angeles – London, University of California Press, 2013.

206 H. Hopper, *The Whole Truth and Nothing But*, a.a.O.

207 H. Hopper, *From Under My Hat*, a.a.O.

208 ebda.

209 ebda.

210 ebda.

211 ebda.

212 ebda.

213 S. Barbas, *The First Lady of Hollywood*, a.a.O.

214 H. Hallett, *Go West, Young Women!*, a.a.O.

215 H. Hopper, *From Under My Hat*, a.a.O.

216 S. Barbas, *The First Lady of Hollywood*, a. a O.

217 ebda.

218 Edgar Morin, *Les stars*, a.a.O.

219 H. Hopper, *From Under My Hat*, a.a.O.

220 ebda.

221 ebda.

222 H. Hopper, *From Under My Hat*, a.a.O.

223 ebda.

224 ebda.

225 Edgar Morin, *Les stars*, a.a.O.

226 Glenn Frankel, *High Noon: The Hollywood Blacklist and the Making of an American Classic*, Bloomsbury, 2017.

227 H. Hopper, *From Under My Hat*, a.a.O.

228 Edgar Morin, *Les stars*, a.a.O.

229 George Eells, *Hedda and Louella: Hedda Hopper and Louella Parsons*, W.H. Allen/Virgin Books, 1972.

230 Edgar Morin, *Les stars*, a.a.O.

231 S. Barbas, *The First Lady of Hollywood*, a.a.O.

232 H. Hopper, *From Under My Hat*, a.a.O.

233 ebda.

234 S. Barbas, *The First Lady of Hollywood*, a.a.O.

235 Jennifer Frost, *Hedda Hopper's Hollywood: Celebrity Gossip and American Conservatism*, New York University Press, 2011.

236 Oriana Fallaci, *I sette peccati di Hollywood*, Milano, Longanesi, 1958.

237 Ruth La Ferla, *For Gossip Columnist Hedda Hopper, Flamboyance Was Her Brand*, in »The New York Times«, 10. November 2015.

238 Edgar Morin, *Les stars*, a.a.O.

239 O. Fallaci, *I sette peccati di Hollywood*, a.a.O.

240 Louella Parsons, *Tell It to Louella*, Lancer Books, 1963.

241 H. Hopper, *From Under My Hat*, a.a.O.

242 O. Fallaci, *I sette peccati di Hollywood*, a.a.O.

243 ebda.

244 ebda.

245 Roberto Casalini und Maria Grazia Ligato, *L'avventurosa storia degli Oscar. Le notti delle stelle dal 1927 al 2000*, Mailand, Rizzoli, 2002.

246 ebda.

247 H. Hopper, *From Under My Hat*, a.a.O.

248 Claire Bloom und Kendra Bean, *Vivien Leigh: An Intimate Portrait*, Running Press, 2013.

249 R. Casalini und M.G. Ligato, *L'avventurosa storia degli Oscar*, a.a.O.

250 ebda.

251 R. Casalini und M.G. Ligato, *L'avventurosa storia degli Oscar*, a.a.O.

252 H. Hopper, *From Under My Hat*, a.a.O.

253 Raymond Sarlot und Fred E. Basten, *Life at the Marmont: The Inside Story of Hollywood's Legendary Hotel of the Stars*, Penguin Books, 2013.

254 H. Hopper, *From Under My Hat*, a.a.O.

255 O. Fallaci, *I sette peccati di Hollywood*, a.a.O.

256 H. Hopper, *From Under My Hat*, a.a.O.

257 ebda.

Joan Fontaine | Olivia de Havilland

258 Joan Fontaine, *No Bed of Roses*, William Morrow and Co., New York, 1978.

259 Oliver O. Jensen, *Sister Act*, in »Life«, 1942.

260 Joan Fontaine, *No Bed of Roses*, a.a.O.

261 ebda.

262 ebda.

263 O.O. Jensen, *Sister Act*, a.a.O.

264 Danièle Georget, »*Autant en emporte le vent*«: La malédiction de Mammy, in: »Paris Match« vom 25. Juni 2020.

265 William Stadiem, *Olivia de Havilland and the Most Notorious Sibling Rivalry in Hollywood*, in: »Vanity Fair« vom 29. April 2016.

266 J. Fontaine, *No Bed of Roses*, a.a.O.

267 ebda.

268 W. Stadiem, *Olivia de Havilland and the Most Notorious Sibling Rivalry in Hollywood*, a.a.O.

269 J. Fontaine, *No Bed of Roses*, a.a.O.

270 ebda.

271 W. Stadiem, *Olivia de Havilland and the Most Notorious Sibling Rivalry in Hollywood*, a.a.O.

272 J. Fontaine, *No Bed of Roses*, a.a.O.

273 W. Stadiem, *Olivia de Havilland and the Most Notorious Sibling Rivalry in Hollywood*, a.a.O.

274 Joan Fontaine in einem Interview mit Jeanne Thomas, 1977, in *Joan Fontaine on Olivia de Havilland – Diva on Diva*, eine Reihe von Fernsehinterviews der Schauspielerin zwischen 1954 und 1991.

275 O.O. Jensen, *Sister Act*, a.a.O.

276 J. Fontaine, *No Bed of Roses*, a.a.O.

277 ebda.

278 W. Stadiem, *Olivia de Havilland and the Most Notorious Sibling Rivalry in Hollywood*, a.a.O.

279 J. Fontaine, *No Bed of Roses*, a.a.O.

280 ebda.

281 Charles Higham, *Sisters: The Story of Olivia de Havilland & Joan Fontaine*, Coward-McCann, 1984.

282 Scott Feinberg, *New Details About the Joan Fontaine – Olivia de Havilland Feud Revealed*, in: »The Hollywood Reporter« vom 17. Dezember 2013.

283 J. Fontaine, *No Bed of Roses*, a.a.O.

284 ebda.

285 ebda.

286 ebda.

287 S. Feinberg, *New Details About the Joan Fontaine – Olivia de Havilland Feud Revealed*, a.a.O.

288 Susan King, *A fresh breeze for »Wind«*, in: »Los Angeles Times« vom 7. November 2004.

289 »The Times« vom 27. Juli 2020.

290 W. Stadiem, *Olivia de Havilland and the Most Notorious Sibling Rivalry in Hollywood*, a.a.O.

291 ebda.

292 J. Fontaine, *No Bed of Roses*, a.a.O.

293 Donald Spoto, *La face cachée d'un génie: la vrai vie d'Alfred Hitchcock*, Albin Michel, 1994.

294 »Le Figaro« vom 27. Juli 2020.

295 The Associated Press, 2016 (zum hundertsten Jubiläum).

296 »The Times« vom 27. Juli 2020.

297 »Los Angeles Times«, 2017.

298 J. Fontaine, *No Bed of Roses*, a.a.O.

299 ebda.

300 Angela Taylor, *For Olivia de Havilland, a Real-Life Mother Role*, in »The New York Times« vom 1. Juli 1976.

301 J. Fontaine, *No Bed of Roses*, a.a.O.

302 ebda.

303 ebda.

304 A. Taylor, *For Olivia de Havilland, a Real-Life Mother Role*, a.a.O.

305 C. Higham, *Sisters*, a.a.O.

306 The Associated Press, 1957.

307 Olivia de Havilland, *Every Frenchman Has One*, Penguin Random House, 1961.

308 ebda.

309 ebda.

310 C. Higham, *Sisters*, a.a.O.

311 S. Feinberg, *New Details About the Joan Fontaine – Olivia de Havilland Feud Revealed*, a.a.O.

312 »People«, 1978.
313 S. Feinberg, *New Details About the Joan Fontaine – Olivia de Havilland Feud Revealed*, a. a. O.
314 Joan Fontaine in einem Interview mit »People«, 1978.
315 »Entertainment Weekly«, 2015, Zweitverwertung eines Artikels in: »People« vom 10. August 2020.
316 »Daily Express«, 27. Juli 2020.
317 Victoria Amador, *Olivia de Havilland: Lady Triumphant*, University Press of Kentucky, 2019.

Ein Leben auf dem Thron

Paola Calvetti

Die Queen

Elisabeth II – Porträt einer Königin

Aus dem Italienischen von
Esther Hansen
Piper Taschenbuch, 336 Seiten
€ 14,00 [D], € 14,40 [A]*
ISBN 978-3-492-31151-9

Mit jugendlichen 25 Jahren bestieg Elisabeth II. den Thron, sie war über 70 Jahre lang im Amt und hat in dieser Zeit mehr Krisen überstanden, als irgendein Politiker sich vorstellen kann. Die Queen gab der Öffentlichkeit in ihrer langen Regentschaft nur wenig über ihr Leben preis. Doch Fotografen – von Marcus Adams über Cecil Beaton bis Annie Leibovitz – war es immer wieder gelungen, einen Zugang zu ihr zu finden. Über die berühmten Fotos nähert sich Paola Calvetti der Biografie der ehemaligen Queen und skizziert dabei ein persönliches, fast intimes Porträt der großen Monarchin.

Leseproben, E-Books und mehr unter www.piper.de

PIPER